Peter Bender

Deutsche Parallelen

Peter Bender

Deutsche Parallelen

Anmerkungen zu einer gemeinsamen Geschichte zweier getrennter Staaten

im
Siedler Verlag

Inhalt

Vorbemerkung

Die Nachkriegsgeschichte Deutschlands war die Geschichte der Teilung in Staaten und der Trennung der Menschen. Sie war die Geschichte eines kalten Bürgerkriegs, der erst nach Jahrzehnten in einen politischen Waffenstillstand überging und allmählich in ein gebremstes, mißtrauisches Arrangement. Sie war eine Geschichte der Unterschiede und Gegensätze: zwischen demokratisch-kapitalistischen und diktatorisch-sozialistischen Verhältnissen, zwischen Überfluß- und Mangelwirtschaft, zwischen relativer Zufriedenheit und verringerter, aber zählebiger Unzufriedenheit.

Aber die Nachkriegsgeschichte Deutschlands war auch eine Geschichte der Parallelen und Ähnlichkeiten, sogar der Gemeinsamkeiten und der Abhängigkeit voneinander. Bundesrepublik und DDR entstanden nicht aus eigenem Willen, sondern auf Anordnung der Besatzungsmächte. Beide mußten innere Konflikte wegen ihrer außenpolitischen Orientierung durchstehen, und in beiden setzten sich die Politiker durch, die der West- beziehungsweise Ost-Bindung absoluten Vorrang gaben; am Rhein wie an der Spree wurde um so mehr von der Einheit Deutschlands gesprochen, je weniger dafür getan wurde. Beide deutschen Staaten brauchten Jahrzehnte, bis sie das Mißtrauen gegen Deutsche und Deutschland leidlich überwanden. Beide mußten sich in ihrem politischen Umfeld – die Bundesrepublik im Westen, die DDR im Osten – bewähren, um Handlungsspielraum, Souveränität und schrittweise Gleichberechtigung zu erlangen.

Beide gewannen mit zunehmendem wirtschaftlichem Erfolg allmählich politisches Gewicht. Beide waren sehr um ihre Sicherheit besorgt und daher bestrebt, sich in ihrem Bündnis unentbehrlich zu machen. Beide entwickelten sich zu den Frontstaaten und eifrigsten Mitgliedern ihrer jeweiligen Allianz, beide wurden zu Wächtern über die Einheit ihres Lagers, Kritiker der Säumigen und Abweichler, zeitweise sogar »Juniorpartner« ihrer Großmacht. Beide hatten Bedeutung erlangt durch den Kalten Krieg und fürchteten die Entspannung - die Deutschen waren die letzten in Europa, die sich dem allgemeinen Streben nach Ost-West-Ausgleich anschlossen. Für beide ging es dabei nicht nur um Außen-, sondern ebenso um Innenpolitik; beide neigten zur Hysterie, sahen allerorten »Agenten« oder »Diversanten«, bauten hohe Barrieren gegen tatsächliche oder vermeintliche Einwirkung der Gegenseite.

Aber allmählich ermüdeten beide in einem Kampf, den keiner gewinnen konnte. Beide entdeckten, daß Entspannung auch ihnen nützte. Beide erfuhren, daß ihre Vormächte nicht nur Hilfe waren, sondern auch Hindernis sein konnten. Beide bemerkten, daß die Ost-West-Aufteilung des Kontinents nicht das letzte Wort sein durfte. Beide begaben sich, halb bewußt, halb instinktiv, auf die Suche nach ihrem Platz in Europa. Beide definierten schließlich ihre Interessen gleich: sie bleiben feste Mitglieder ihrer Bündnisse, sind aber dringend darauf bedacht, daß zwischen den Bündnissen Ruhe herrscht und eine ausgleichende praktische Vernunft regiert.

Auch in ihrem Verhältnis zueinander gingen sie gleiche Wege. Sie mußten ihr eigenes Leben führen und taten es auch, sie entfremdeten sich und kamen trotzdem nicht voneinander los. Schließlich versuchten sie, sich aneinander zu gewöhnen. Und allmählich wurde ihnen klar, daß sie nicht nur gegensätzliche, sondern auch gemeinsame Interessen haben und daß sie miteinander weiterkämen als gegeneinander.

Natürlich macht es einen gewaltigen Unterschied, ob man dem sowjetischen Imperium angehört oder dem amerikanischen Commonwealth und ob die Mehrheit der Bevölkerung gegen das Bündnis ist oder dafür. Noch wichtiger erscheint, ob ein Staat demokratisch oder autoritär (früher sogar totalitär) verfaßt ist. Wenn Bundesrepublik und DDR in einem Atem genannt werden, ist fast immer Differenzierung nötig. In Bonn verfocht die Opposition außenpolitisch fast durchweg andere Auffassungen als die jeweilige Regierung, und die Bevölkerung der DDR gründete ihre Hoffnungen lange Zeit mehr auf die westdeutschen als auf die eigenen Politiker, nicht wenige tun es bis heute. Aber regiert wird von den Regierungen; nur die Partei- und Staatsführung der DDR bestimmt die Politik der DDR und vertritt sie auch dort, wo Bonns Alleinvertretungsanspruch nie hinreichte und doch die Wahrung der ostdeutschen Interessen am dringendsten ist: in Moskau und im Warschauer Pakt.

Die Ost-West-Unterschiede bildeten die Hauptsache im Nachkriegsdeutschland, die Übereinstimmungen waren jedoch weit mehr als eine Nebensache. Bundesrepublik und DDR sahen sich mit den gleichen Gegebenheiten und Notwendigkeiten konfrontiert, und oft fanden sie darauf auch gleiche Antworten, nur spiegelverkehrt und nicht immer zur gleichen Zeit. Aber nicht die Ähnlichkeit mancher Lösungen, sondern die Gemeinsamkeit der Probleme verbindet die Geschichte der Bundesrepublik und der DDR und läßt es sinnvoll erscheinen, von einer »Nachkriegsgeschichte Deutschlands« zu sprechen.

Beide deutsche Staaten gingen aus einer Niederlage hervor und sind die Erben Hitlers; beide mußten sich mit einer übermächtigen Vormacht arrangieren und in eine neue, fremde Umwelt hineinfinden; die Westdeutschen taten es willig, die Ostdeutschen höchst unwillig. Beide mußten mit dem Zwiespalt zwischen Einheitswünschen und Teilungszwängen fertigwerden, außerdem mit der Insel West-Berlin, einem unlösbaren Problem für beide, das sie immer wieder gegeneinander aufbrachte und doch auch miteinander verband. Beide entwickelten schließlich das Bedürfnis, aus dem Chaos der Ideologien, Allianzen und Traditionen zu sich selbst zu finden. Aus der Not, zugleich Mitte und Grenze zu sein, entdeckten beide Europa, das allein den Widerspruch überbrücken und vielleicht einmal aufheben kann.

Erstes Kapitel

Die Niederlage

> Es ist trotz allem eine große Stunde, die Rückkehr Deutschlands zur Menschlichkeit.
>
> *Thomas Mann*
> *am 10. Mai 1945*

Am Anfang steht eine Niederlage, wie sie in der deutschen Geschichte noch nicht vorgekommen ist. Auf dem Höhepunkt des Hitler-Reiches herrschten die Deutschen nahezu über ganz Europa - im Sommer 1945 verfügten sie nicht einmal mehr über sich selbst. Hybris, Barbarei und die Unfähigkeit, sich selbst zu befreien, führten sie vom totalen Krieg in die totale Niederlage, von der Allmacht in die Ohnmacht, vom Herrenvolk zum Paria des Kontinents.

Sie waren verachtet wegen Auschwitz, verzweifelt an sich selbst. Nicht ohne Grund wurde das Wort »Zusammenbruch« zum gängigen Ausdruck, es traf die Empfindungen der großen Mehrheit. Beinahe alles, was die Deutschen geglaubt und was sie hochgehalten hatten, war zusammengebrochen: Deutschland, das Reich, der Nationalsozialismus, Preußen - es war nicht einmal mehr sicher, ob man sich im Angesicht der Vernichtungslager überhaupt noch als Kulturvolk fühlen konnte.

Auch die ungeheure Erleichterung, daß der Krieg endlich vorbei war, nahm der Niederlage wenig von ihrer Schärfe. Sogar die Widerständler erlebten zwar dankbar ihre Befreiung, aber auch sie litten unter dem Zusammenbruch und lernten vielfach erst mit der Zeit, daß die Befreiung nur durch die Niederlage erreicht werden konnte. Vor allem fehlte jede Perspektive. Viele rechneten mit Jahrzehnten, bis wieder ein leidlich normales Leben möglich sein würde, die meisten aber rechneten nur bis zum nächsten Tag, denn auch die persönlichen Lebensverhältnisse waren zusammengebrochen. Millionen hatten Familie, Heimat, Haus oder Beruf verloren und oft nicht mehr als das eigene Leben gerettet. Thornton Wilders Theatertitel »Wir sind nochmal davongekommen« wurde zum zweiten gängigen Ausdruck allgemeinen Empfindens.

Die Niederlage von 1945 unterschied sich grundlegend von der des Jahres 1918. Im Ersten Weltkrieg hatte Deutschland im Osten gesiegt und im Westen rechtzeitig kapituliert; es wurde nicht erobert, und das Reich blieb bestehen, die Alleinschuld am Kriege konnte man begründet zurückweisen, und die abgehackten Kinderhände, von denen die gegnerische Propaganda sprach, waren eine böswillige Verleumdung. Man hatte den Krieg verloren, aber nicht den Mut – im Gegenteil: alle Parteien der Weimarer Zeit blieben sich einig in der Absicht, den auferlegten Friedensvertrag von Versailles zu revidieren. Dieser Mut brachte – neben anderen Gründen – schließlich Hitler die Macht und die Möglichkeit, noch einmal zu versuchen, Deutschland »groß« zu machen.

Dieser Mut war den Deutschen 1945 endgültig vergangen: darin liegt wohl der entscheidende Unterschied zwischen der ersten und der zweiten Nachkriegszeit. 1945 hat für Deutschland die Bedeutung, die 1815 für Frankreich hatte – Golo Mann zog einmal diese Parallele. Nach Napoleon war den Franzosen der Ehrgeiz vergangen, die Herren

Europas zu werden; sie haben es seither nie mehr probiert.

Die Niederlage des Jahres 1945 veränderte nicht nur die politischen Verhältnisse, sondern auch die Menschen. Sie brach den Deutschen das Kreuz und nahm ihnen die Kraft als Nation. Materiell kamen sie, jedenfalls in der Bundesrepublik, erstaunlich gut und schnell aus der Katastrophe heraus; der seelische Zusammenbruch aber wirkt bis heute weiter, ohne ihn läßt sich die deutsche Nachkriegsgeschichte schwer verstehen.

Als Anfang August 1945 die Amerikaner, Russen und Engländer in Potsdam sich das Ziel setzten: »Der deutsche Militarismus und Nazismus werden ausgerottet« - da war das Ziel in der Hauptsache längst erreicht. Die Nationalsozialisten selber hatten dafür gesorgt, indem sie Deutschland so gründlich ruinierten wie überhaupt möglich.

Wäre der 20. Juli gelungen, so wären die Auflagen der Sieger kaum milder ausgefallen. Besetzung, Verlust der Ostgebiete (wohl nicht bis zur *westlichen* Neiße), Reparationen, Demontagen, Kriegsverbrecherprozesse, Entnazifizierung und mehr Hunger als im Krieg - hätte eine deutsche Regierung, auch eine nationale, die nahezu totale Entmündigung innenpolitisch durchgestanden? Hätte sich eine Wiederholung Weimars mit »Novemberverbrechern« und einer Dolchstoßlegende verhindern lassen - diesmal verstärkt noch durch den Glauben an einen »Führer«, der früher schon das Unglaubliche vollbracht hatte und auch den »Endsieg« noch geschafft hätte?

Viele Leben wären gerettet, und vielleicht wäre sogar die Teilung vermieden worden. Wer aber wußte in der Bevölkerung 1944 schon ganz sicher, daß der Krieg verloren war? Wer hatte eine Vorstellung von dem Haß, den die deutsche Herrschaft im Westen wie im Osten hervorgerufen hatte? Noch lebte die Hoffnung auf ein militärisches oder politisches Wunder, auf neue Waffen oder ein neues Bündnis mit dem Westen gegen den Osten. Noch hatte Hitler viel Macht über die Deutschen, nicht nur terroristische, immer noch auch geistige Macht.

Die traurige Wahrheit ist wohl: Niemand konnte den Führerglauben zerstören außer dem Führer selbst; nur die Nationalsozialisten konnten die Deutschen vom Nationalsozialismus befreien. Der Krieg mußte bis zu Ende verloren werden. Deutschland mußte ganz und gar zugrunde gerichtet sein. Hitler mußte sichtbar versagen und durch Selbstmord sein Versagen dokumentieren. Erst im Mai 1945 waren Zweifel nicht mehr möglich, gab es keine Ausreden mehr, konnte keine Dolchstoßlegende mehr entstehen. Die Deutschen mußten den Kelch bis zur Neige leeren, um geheilt zu werden.

Die Heilung geschah gründlich. Mit Hitler und seinen Gefolgsleuten waren die Deutschen fertig, damit wollten sie nichts mehr zu tun haben, davon wollten sie nicht einmal mehr etwas wissen. So wird verständlich, daß im Mai 1945 Nazis wie Nationalsozialismus über Nacht verschwunden waren, wie ein Spuk, der verflog. Wären nicht die Ruinen der Städte gewesen, wären nicht fremde Soldaten durch die Straßen patrouilliert, man hätte glauben können, das alles habe es gar nicht gegeben.

Natürlich herrschten Opportunismus und Angst, besonders die Angst derer, die kurz vorher selbst noch Angst verbreitet hatten. Natürlich wollte keiner Nazi gewesen sein, als man begann, Nazis zu verhaften. Aber das erklärt nicht alles. Nachdem nun jedermann sah und am eigenen Leib spürte, daß die braunen Herren Deutschland in die Katastrophe gejagt hatten, war es beschämend, zumindest peinlich geworden, daß man dazugehört hatte. Nach dem Mai 1945 konnte man nicht mehr Nazi sein.

Als Politik und als politische Möglichkeit war der Nationalsozialismus mit der totalen Niederlage tot. Weder Nazis noch Neonazis hatten im Nachkriegsdeutschland eine Chance. Die Parteien und Gruppen, die sich zu verschiedenen Zeiten bildeten, erregten mehr Aufsehen, als ihrer Bedeutung entsprach; das gilt sogar für die Fälle, wo sie bis zu Terror und Mord gingen. Außerdem war es immer eine ahistorische Vorstellung, in den fünfziger oder gar achtziger Jahren könne sich wiederholen, was Anfang der Dreißiger möglich war. Eine Gefahr kommt niemals im selben Gewande.

Dennoch blieb der Nationalsozialismus auch nach 1945 ein Problem, es bestand nicht in seiner Wiederkehr, sondern in seiner personellen und geistigen Erbschaft; außerdem in der Frage, wie man sich zu einer Zeit stellen sollte, in die so viele selbst verstrickt waren. Davon handelt das nächste Kapitel.

Auch mit dem Militarismus, den auszurotten die Großen Drei in Potsdam beschlossen, war es vorher schon vorbei. Als die Alliierten Deutschland besetzten, rechneten sie mit Partisanenkämpfen, aber völlig zu Unrecht. Von Krieg und Kampf und Soldat-Sein hatte jedermann genug – die allermeisten sogar endgültig. Als die Siegermächte wenige Jahre später deutsche Soldaten für den eigenen Gebrauch suchten, kostete es Bonn wie Ost-Berlin große Mühe, sie zu finden: »Ohne mich« war eine Zeitlang die populärste Parole in der Bundesrepublik; und die DDR wagte erst nach dem Mauerbau, als keiner mehr weglaufen konnte, die allgemeine Wehrpflicht einzuführen.

In keinem der deutschen Staaten erhielt das Militär wieder die Bedeutung, die es früher in Preußen und Deutschland hatte. Eine Tradition von Jahrhunderten ist zu Ende gegangen. Der Stolz in alten Zeiten, »gedient« zu haben, die gesellschaftliche Sonderstellung der Offiziere, die Gefahr, daß die Generäle regieren oder mitregieren oder die Armee einen Staat im Staate bildet - nichts von alledem gibt es heute mehr. Der Primat der Politik ist in der Bundesrepublik ebenso gesichert wie die Kontrolle der Partei über die Volksarmee der DDR. Soldat-Sein gilt als ein Beruf schon fast wie jeder andere, auf der Westseite noch mehr als auf der östlichen. Wo eine Soldatengewerkschaft die Einhaltung der Dienststunden anmahnt, braucht vor Militarismus keiner mehr Sorge zu haben.

Wann immer Bonn und Washington über militärische Fragen in Streit gerieten, ging es in der Regel darum, daß die Amerikaner mehr von der Bundeswehr und die Deutschen mehr von der US-Armee erwarteten. Wenn das Weiße Haus Kanonenboot-Politik betrieb, hielten die Bonner Kanzler, gleich welcher Couleur, sich mit Zustimmung zurück. Präsident Reagans Luftattacke auf Libyen rief nur Kopfschütteln hervor. Politische Probleme militärisch zu lösen, gilt in der Bundesrepublik als unklug. Die Deutschen verstehen es nicht, wenn die Großmächte heute tun, was sie selbst früher taten, als sie noch Großmacht waren. Für die DDR-Regierung scheint das gleiche zu gelten, jedenfalls seit den achtziger Jahren. Ulbricht hatte, soviel man weiß, keine Scheu, die Volksarmee 1968 in die Tschechoslowakei einmarschieren zu lassen, wo sie sich dann allerdings verstecken mußte. Honecker, so heißt es, wußte 1981 sehr wohl, was es bedeutet hätte, deutsche Soldaten nach Polen zu schicken; er riet von einer militärischen Intervention des Warschauer Pakts ab.

In dieses Bild fügt sich die Friedensbewegung. Wie immer man deren Antriebe und Lebensdauer beurteilt - in keinem größeren Staat Europas gewann sie eine solche Ausstrahlung und politische Bedeutung wie in der Bundesrepublik. Auch die DDR hat, obwohl in anderen Formen, eine Friedensbewegung und unterscheidet sich damit von den anderen Oststaaten, wo die kritischen Geister das Gewicht mehr auf Freiheit als auf Frieden legen. Die Deutschen lieben den Frieden sicher nicht mehr als andere, aber es sieht so aus, als fürchteten sie den Krieg noch mehr als die anderen.

Im Strudel der Niederlage versanken nicht nur die Extreme Nationalsozialismus und Militarismus, es schwand auch das Deutsche Reich dahin. In den ersten Nachkriegsjahren sprachen noch alle Parteien davon, auch Sozialdemokraten, doch nach der Gründung von Bundesrepublik und DDR kam das Wort außer Gebrauch. Es war (wenn man nicht gerade »Drittes Reich« sagte) nicht belastet, aber erschien allmählich als unzeitgemäß. »Reich« ist mehr als nur ein Staat, wie die anderen europäischen Nationen ihn haben; »Reich« birgt, auch wenn man es nicht betont, einen Anspruch auf Vormachtstellung im Abendland. Vom Reich zu reden wurde grotesk in einem Lande, das dem Besatzungszustand kaum entwachsen war und in dem man schon glücklich gewesen wäre, wenigstens die Einheit als Nationalstaat zu erreichen und von den anderen als ebenbürtig anerkannt zu werden. Was immer die Juristen konstruierten -

das Deutsche Reich ist 1945 untergegangen, als Idee ebenso wie als Realität.

Schwierigkeiten hatten die Deutschen aber bereits mit der Tatsache, deutsch zu sein. Wer ins Ausland kam, mußte die prüfenden Blicke ertragen, ob man wohl alt genug war, um als Okkupant beteiligt gewesen zu sein - und wenn: in welcher Uniform und in welcher Funktion. Noch Jahrzehnte später verschwieg mancher lieber seine Nationalität oder versteckte sich hinter einer anderen. Die politisch Engagierten strebten danach, in einer übernationalen Gemeinschaft aufzugehen - im Westen war es die europäische, im Osten die sozialistische. Viel guter Wille lag darin, aber die meisten nahmen nicht wahr, daß sie auch vor sich selber flohen. Sie sahen nicht, daß es für ein moralisch geschlagenes Volk leicht war, den Nationalismus hinter sich zu lassen.

Das erschütterte Selbstbewußtsein wirkte auch auf das Geschichtsbewußtsein zurück. Deutschland - das war Hitler, in der Vorstellung der übrigen Welt ebenso wie großenteils in der eigenen Selbstbesinnung. Die deutsche Geschichte erschien als bloße Vorgeschichte zu Hitler; manche fingen schon bei Luther an, andere erst bei Friedrich dem Großen, der nun Friedrich II. hieß. Auch wo nicht so schlicht gedacht wurde - aus völlig heiterem Himmel konnte der Mann aus Braunau ja nicht gekommen sein, historische Vorläufer und Voraussetzungen mußte es wohl geben.

Die Deutschen flohen. Wie sie von Hitler nichts mehr wissen mochten, wollten sie ihre ganze Vergangenheit vergessen. Geschichte wurde nach wie vor an den Universitäten gelehrt, an den Schulen aber immer weniger, und sie hatte keinerlei Einfluß auf das allgemeine Bewußtsein. Im Osten versank sie in totaler Ideologisierung: alle menschliche Entwicklung lief auf den Sozialismus und schließlich den Kommunismus zu. Aber auch im Westen verkündeten in den ersten Nachkriegsjahren die ganz Eifrigen, Sinn der Geschichte sei die Verwirklichung der Demokratie. Geschichte also nicht als Geschichte, sondern als zielgerichteter Prozeß.

Überhaupt trat das historische Denken zurück, man betrachtete die Erscheinungen jetzt systematisch. In der DDR herrschte die Sozialideologie des Marxismus-Leninismus, in der Bundesrepublik regierten die Sozialwissenschaften von der Soziologie über die Psychologie bis zur Politologie. »Gesellschaft« war alles und erklärte alles. Erst seit den siebziger Jahren werden die Deutschen langsam wieder fähig zu leisten, was jede Generation zu leisten hat und was nach der »deutschen Katastrophe« doppelt nötig ist: die Vergangenheit im Lichte der eigenen Erfahrungen neu zu verstehen und darzustellen.

Die Blicke richteten sich nach außen. Zuerst wurde der große Nachholbedarf gestillt, den die Isolation der Nazi-Jahre geschaffen hatte; bald jedoch begann eine fast kritiklose Übernahme fremder Maßstäbe, Umgangsformen, Begriffe und Geschmacksnormen. Wie man im 18. Jahrhundert und teilweise noch im 19. Jahrhundert französisch dachte und sprach, wurde nun im westlichen Deutschland alles amerikanisch; doch was sich in früheren Zeiten auf die »gebildeten Stände« beschränkte, erfaßte jetzt das ganze Volk - mit der Konsequenz, daß weniger die guten als die trivialen Hervorbringungen der USA das Land überschwemmten. Unter dieser Form der »Amerikanisierung« leidet ganz Westeuropa, aber nirgendwo waren und blieben die Tore diesem Einfluß so weit geöffnet wie in der Bundesrepublik, nirgendwo zeigte sich so wenig Nationalcharakter, der widersteht.

Die Demoralisierung durch die Niederlage beeinflußte das gesamte politische Leben in beiden deutschen Staaten, doch drei Erscheinungen erwiesen sich als besonders folgenreich; sie werden meist als selbstverständlich betrachtet, sind aber sehr erstaunlich, wenn man sich der ersten Nachkriegszeit erinnert.

Weimar, so heißt es mit einiger Übertreibung, sei eine Demokratie ohne Demokraten gewesen. Das bezog sich nicht allein auf Nazis und Kommunisten, sondern auf fast alles rechts vom Zentrum; es galt nicht nur den Parteien, sondern der Reichswehr, großen Teilen der höheren Beamtenschaft, der Universitäten und der Großindustrie, überhaupt des Besitz- und Bildungsbürgertums. Diese Deutsch-Nationalen (im weitesten Wortsinn) akzeptierten die Republik höchstens halbherzig und nur zeitweilig, es war nicht ihr Staat und die Demokratie nicht ihre Staatsform. Leute wie Papen und der alte Hindenburg brachten dann Hitler in die Reichskanzlei; alle Parteien außer den Sozialdemokraten (und den aus dem Reichstag verjagten Kommunisten) »ermächtigten« ihn zur Diktatur.

In der zweiten Republik gehören diese Gruppen und Schichten zu den loyalen Trägern des Staates und respektieren die Regeln der Demokratie. Parteipolitisch wandten sie sich, manche über Umwege, der CDU/CSU, einige der FDP zu. Die Union wird - zu Recht - dafür gelobt, daß sie diese Kräfte »eingebunden« habe; aber die Demokratisierung der Rechten ist im wesentlichen nicht ihr Werk, sondern das Ergebnis der Niederlage von

1945. Wie die Welt der Nazis brach im Mai 1945 auch das Weltbild der Deutsch-Nationalen zusammen; und ebenso wie die Nazis beugten sie sich nicht nur dem Zwang der Verhältnisse: Auch sie waren unmöglich geworden; schwarz-weiß-rot ging einfach nicht mehr und konnte, wie der Nazismus, nur im geistigen Untergrund als Erbschaft fortwirken. Die Reaktionäre und Konservativen mußten sich in den demokratischen Staat einordnen, sie mußten sich sogar bemühen und beeilen, um aus den Mühlen der Entnazifizierung heraus- und in die alten Positionen wieder hineinzukommen. In Weimar hatten sie Loyalität hochmütig verweigern können, in Bonn mußten sie froh sein, wieder mitmachen zu dürfen. All das schließt Einsicht nicht aus, aber auch ehrliche Einsicht war sekundär.

Die zweite Erstaunlichkeit liegt in der Passivität, mit der die Deutschen den Verlust der Gebiete jenseits der Oder und Neiße hinnahmen. Ein Viertel ihres Landes war amputiert, die Bewohner wurden verjagt oder als slawische Ureinwohner vereinnahmt - viel geringere Verluste hatten nach dem Ersten Weltkrieg die Freikorps in den bewaffneten Kampf getrieben. Die Ostgrenzen des Versailler Vertrags, die damals allen Parteien unerträglich erschienen waren, wurden nun, als die »Grenzen von 1937«, zum unerreichbaren Gipfel aller Wünsche.

Ost-Berlin wie Bonn wollten die Oder-Neiße-Grenze nicht hinnehmen, aber die DDR wurde gezwungen, sie anzuerkennen; sie machte dann aus der Not eine Tugend und propagierte die »Friedensgrenze«. Die Bundesregierungen verweigerten bis 1970 zwar jede formelle Bestätigung der Grenze, aber mehr als Worte und Noten widmeten sie der Sache nicht; selbst ihre Rhetorik blieb durch Verschwommenheit gemäßigt. Die Rückgabe der verlorenen Provinzen wurde lediglich von den Vertriebenenvertretern ausdrücklich gefordert, die Regierenden sprachen selten konkret; wenn ein Minister in Sonntagsreden zu offen revisionistisch wurde, bekam er meist Ärger mit seinem Kanzler.

Auch von der Öffentlichkeit ging kein Druck aus. Vor allem aber zeigten sich die Betroffenen, wenn man ihr Schicksal bedenkt, bemerkenswert zurückhaltend und diszipliniert. Sie hatten Flucht, Umsiedlung oder Vertreibung erduldet, hatten ihre Angehörigen, allen Besitz und ihre Heimat verloren, viele mußten bis weit in die fünfziger Jahre in Lagern leben, Arbeitslosigkeit und Aussichtslosigkeit beherrschten lange ihr Dasein. Acht Millionen waren es, doch sie machten keine Revolution, keine soziale und keine nationale. Sie bildeten keine OAS wie die Algerien-Franzosen, keine PLO wie die Palästinenser, sie wurden keine Terroristen. Sie verweigerten die Eingliederung in die westdeutsche Gesellschaft nicht, betrieben sie vielmehr mit großer Energie. Sie warteten nicht auf den Tag der Heimkehr, sondern feierten den Tag der Heimat – mit Wiedersehenstreffen und politischen Reden, die nichts bedeuteten, aber ihrer verletzten Seele wohltaten.

Die Vertriebenenverbände verzichteten schon 1950 auf »Rache und Vergeltung« und verfochten ihre Interessen ebenso wie andere Interessengruppen. Sie bildeten eine riesige Lobby, setzten nötige soziale Ansprüche für ihre Anhänger durch und stifteten politisch viel Unheil, weil sie Illusionen wachhielten und Jahrzehnte lang be- oder verhinderten, daß die Bundesrepublik mit dem Osten in ein normales Verhältnis kam. Aber gefährlich wurden sie nie, hatten auch niemals einen Repräsentanten von politischem Format.

Die Eingliederung der Vertriebenen gilt mit Grund als eine der großen Leistungen der Bundesrepublik; die DDR unterstützte ihre über drei Millionen Umsiedler erheblich weniger, bewahrte sie jedoch vor Illusionen über eine mögliche Rückkehr. Aber nicht den Staaten gebührt das Hauptverdienst daran, daß die Heimatlosen sich ohne Rebellion in eine neue Heimat hineinfanden - deren Ruhe war die Ruhe der Resignation. Die Vertriebenen verhielten sich, wie alle Deutschen sich lange verhielten: sie vergaßen die Politik und sahen zu, wie sie sich und ihre Familien irgendwie durch die Zeiten brachten. Ihre Resignation war die Resignation des ganzen Volkes.

Am erstaunlichsten erscheint der Umgang der Deutschen mit ihrer Teilung - auch hier Passivität. Zwanzig Jahre lang erkannte kein deutscher Politiker die Spaltung an, aber keiner tat auch nur das geringste, was die Welt hätte in Unruhe bringen können. Die britische Labour-Party machte sich bald nach dem Ungarnaufstand 1956 Gedanken, was geschehen könnte, wenn die Ostdeutschen sich erheben würden, der 17. Juni lag erst drei Jahre zurück: Würde die Bundeswehr zusehen und Gewehr bei Fuß stehen bleiben, wenn ihre Landsleute drüben zusammengeschossen würden? Ähnliche Überlegungen gingen auch in anderen westlichen Hauptstädten um; und in Bonn gehörte bis zur Mitte der sechziger Jahre zum ständigen Vokabular: erst die deutsche Wiedervereinigung könne gesicherten Frieden für Europa bringen. Umgekehrt wurde die SED-Führung nicht müde, vor den »Hitler-Generälen« und »Blitzkriegsstrategen« am Rhein zu warnen, die den ganzen Kontinent bedrohten.

Nichts von alledem war jemals wahr. Wenn aus

den deutschen Nachkriegsverhältnissen ein Krieg zu entstehen drohte, dann kam die Gefahr aus dem Streit der Großmächte über Deutschland und vor allem über Berlin. Zwischen den deutschen Staaten gab es lange ein Bürgerkriegsdenken, nie aber eine Bürgerkriegsgefahr. Und wenn »das Volk« sich erhob, spontan einen Willen bekundete, in Massen demonstrierte, dann geschah es entweder gegen den Osten oder für den Frieden. Auch der 17. Juni begann als soziale Revolte, die sich erst später und nur stellenweise zu nationalen Forderungen steigerte. Ein »Aufstand für die Wiedervereinigung« (Rolf Schroers 1962) fand niemals statt, weder gewaltsam noch politisch, weder in der DDR, wo man wußte, wie das endet, noch in der Bundesrepublik, wo kein Risiko damit verbunden war.

War alles nur Besonnenheit und Wirklichkeitssinn? War alles nur durch Machtverhältnisse erzwungen, die den Deutschen wenig Bewegungsmöglichkeit ließen, besonders im Militärischen? Natürlich war es vernünftig, daß selbst um der Einheit willen niemand mit dem Feuer spielte - Gott sei Dank. Aber die Deutschen waren früher keineswegs immer vernünftig. Auch die übrige Welt, im Osten wie im Westen, hielt es nicht für selbstverständlich, daß eine Nation sich widerstandslos und dauerhaft teilen ließe. Und bei den Deutschen hielten die anderen das für besonders unwahrscheinlich.

Aber die Deutschen sind nicht mehr dieselben Deutschen wie vorher. Sie haben unter Hitler den Nationalismus bis zum letzten Extrem ausgelebt, das liegt nun hinter ihnen. Sie haben ihre Kräfte für das Vaterland bis zum Äußersten erschöpft, nun sorgt jeder für sich selbst. Sie haben Hitler mühsam überlebt, nun wollen sie nur noch leben.

Auch in der Kernfrage der Nation, die nichts mit Nationalismus zu tun hat, zeigt sich ein gebrochenes Volk. Einsicht, Vernunft und Realismus bestehen, doch sie sind sämtlich Produkte der Schwäche. Auch die wirtschaftliche, militärische und politische Stärke, die im Laufe der Jahrzehnte beiden deutschen Staaten zuwuchs, hat die moralische Schwäche nicht aufgehoben. Den Deutschen ist als Nation die Kraft ausgegangen.

Ihre Ziele, Maßstäbe und Ideale haben sich geändert. Nicht mehr der Staat ist wichtig, sondern die Wirtschaft. Nicht mehr auf die Macht richtet sich der Ehrgeiz, sondern auf den Wohlstand. Nicht mehr Einheit, Ehre und Ruhm ihres Volkes bewegen die jüngeren Generationen, die mit dem Wort Vaterland nichts mehr anfangen können, sondern Gerechtigkeit in der Gesellschaft und Rettung der Umwelt. Die Deutschen bedrohen niemanden mehr, aber als »nationale Persönlichkeit« (de Gaulle) sind sie nur noch unscharf zu erkennen. Der Preis für die Vernunft ist hoch, denn die Niederlage hat nicht nur die schlechten Traditionen fortgeschwemmt, auch die guten sind mit über Bord gegangen.

Zweites Kapitel

Schuld und Sühne

Wir alle, ob schuldig oder nicht,
ob jung oder alt,
müssen die Vergangenheit annehmen.

Richard v. Weizsäcker
am 8. Mai 1985

Hitlers Taten

Hitler war nicht Deutschland, aber die Deutschen ermöglichten Hitler, sie verhalfen ihm zu seinen Triumphen und erlebten sie als eigene Triumphe, sie folgten ihm bis zu seinem Tod und müssen die Folgen seiner Taten tragen.

Hitlers erste Tat war: er zerstörte Deutschland. Er hat die Oder-Neiße-Linie nicht gezogen und das Land nicht geteilt - das taten die Siegermächte -, aber er schuf die Voraussetzungen dafür. Sein Pakt mit Stalin erlaubte der Sowjetunion 1939, bis zum Bug vorzurücken; sein Überfall auf die Sowjetunion gab Stalin 1945 die Macht bis zur Elbe und die Möglichkeit, Polen im Westen auf deutsche Kosten zu entschädigen. Hitlers Spiel mit den deutschen Minderheiten und seine Versklavungspolitik im Osten erzeugten Haß und die Entschlossenheit, keine deutschen Minderheiten mehr zu dulden - mindestens zwölf Millionen Deutsche mußten ihre Heimat verlassen. Sein größenwahnsinniger Krieg ließ Deutschland zum wehrlosen Objekt werden, gab Amerikanern und Russen die volle Verfügung über Mitteleuropa und damit überhaupt erst die Möglichkeit, sich darüber zu zerstreiten. Ohne Hitlers Krieg hätte es keinen Kalten Krieg gegeben und keine zwei deutschen Staaten.

Weit wichtiger aber ist Hitlers zweite Tat. Er brachte nicht allein die Großmacht Deutschland, sondern die Weltmacht Europa ans Ende; das deutsche Nachkriegsschicksal bildete nur den Extremfall des europäischen. Der Niedergang der Alten Welt hatte schon vorher begonnen. Am Anfang des Ersten Weltkrieges prophezeite der britische Außenminister Edward Grey: »In Europa gehen die Lichter aus«. Nach dem zweiten Krieg erloschen sie ganz - man bemerkte es nur nicht überall sogleich oder wollte es nicht wahrhaben. Schon nach wenigen Jahren wurde jedoch klar, daß es nur zwei Gewinner gab: die Amerikaner und die Russen; die anderen hatten militärisch mitgesiegt, politisch aber verloren. Ihre Länder waren verwüstet, ihre Bevölkerung dezimiert, ihre Wirtschaft ruiniert, ihre Kräfte erschöpft. Die Weltmächte Großbritannien und Frankreich sanken im Laufe der fünfziger Jahre zu Mittelmächten ab, alle anderen zu halben Vasallenstaaten. Europa, das noch fünfzig Jahre vorher den halben Globus beherrscht hatte, wurde zum Vorfeld zweier »halbeuropäischer« (George Kennan) Großmächte.

Die Richtung dieser Entwicklung war vorgezeichnet, nicht aber ihr Tempo und Ausmaß. Hitlers Krieg hat das Unvermeidliche sehr beschleunigt, vor allem hat er es provoziert, ins Extrem getrieben und in der schrecklichsten Form geschehen lassen, die möglich war. Der Abstieg Europas hätte nicht von Verheerung und von mindestens 35 Millionen Toten begleitet werden müssen, er mußte sich nicht durch einen »Bürgerkrieg« zwischen den Europäern vollziehen. Ende der zwanziger Jahre schien auch eine andere Entwicklung möglich, und deutsche Politiker waren schon auf gutem Weg, dem Reich wieder einen gleichberechtigten

Platz in Europa zu schaffen. Der Zweite Weltkrieg bewies, welche Kraft noch in der Alten Welt steckte - kaum vorstellbar, was die ungeheuren Energien hätten bewahren und schaffen können, die dann zur Zerstörung des Kontinents verbraucht wurden.

Hitlers dritte Tat war die Einführung einer neuen Form der Expansion. Bis dahin annektierte man andere Länder, unterwarf sich andere Völker, versuchte höchstens, sie der eigenen Religion, Kultur oder Sprache anzupassen. Himmlers »Generalplan Ost« zielte darauf, die »minderwertigen« Slawen in Etappen immer weiter nach Osten zu verdrängen, um »Lebensraum« für Deutsche und andere Germanen zu gewinnen. Polen, Ukrainer, Weißrussen und Russen waren die Opfer; Vertreibung, Versklavung und »Liquidierung« der Führungsschichten waren die Methoden - Rassismus als höchste Stufe des Nationalismus.

Hitlers vierte Tat war Auschwitz. Während sein Ost-Imperialismus immerhin noch einen politischen Zweck hatte, lag in der Ermordung von über fünf Millionen Juden und dem Plan, die jüdische »Rasse« ganz und gar auszurotten, nichts mehr, was mit Politik, Rationalität oder wenigstens mit begreiflichen menschlichen Leidenschaften erklärt werden kann. Auschwitz war nicht einmal eine Orgie der Rache oder ein Ausbruch des Hasses. Was Auschwitz historisch beispiellos macht, war der kalte Fanatismus, das emotionslose Töten, das Verbrechen aus Pflichterfüllung - von der Staatsführung befohlen, organisiert und fabrikmäßig ausgeführt. Man kann es die Tat eines Wahnsinnigen nennen, aber der Wahnsinnige fand genügend Helfer, die das Unvorstellbare vollbrachten.

Der Krieg und die Eroberung fast ganz Europas

trugen den Deutschen den Haß und die Feindschaft der Völker ein. Ihre barbarische Herrschaft im Osten und die Vernichtungslager erzeugten hingegen Entsetzen und Verachtung. Die Deutschen wurden ausgeschlossen aus dem Kreis der gesitteten Völker, sie erschienen anders als die anderen, und zwar von Natur aus. Wie ihnen Hitler zuvor eingeredet hatte, sie seien die geborenen Herren, so hörten sie nun, sie seien die geborenen Anbeter der Macht, ebenso Untertanen wie Unterdrücker. Auch wo nicht übertrieben wurde, herrschten Zweifel: Können die Deutschen sich ändern? Können sie wirkliche Partner werden?

Nicht nur Ausländer fragten so, viele Deutsche, die mit wachsendem Schrecken die Entwicklung ihres Landes seit Beginn des Jahrhunderts erlebt hatten, wurden von denselben Sorgen geplagt – ein Teil der späteren Politik Adenauers erklärt sich aus dem Zweifel an der eigenen Nation.

Aus der moralischen Dimension der Niederlage ergab sich das erste Erfordernis der deutschen Nachkriegsgeschichte: Um aus der Katastrophe hinauszukommen, brauchte man mehr als Politik. Bevor das Spiel mit den Interessen wieder beginnen konnte, mußte man glaubwürdig und allmählich auch vertrauenswürdig werden. Die ersten Nachkriegsjahre waren zwar vom Kampf ums Dasein (fast im genauen Wortsinn) beherrscht, doch sie waren auch die Zeit einer deutschen »Gewissenserforschung«, wie sie mit solchem Ernst und solcher Radikalität später nie wieder unternommen wurde. Nie wieder wurde so viel und so ehrlich über Schuld und Verantwortung, über Sühne, Buße und Katharsis gesprochen: »Schuld bleibt Schuld und muß bezahlt werden. Das ist die einzig anständige Haltung. Was in unserem Namen begangen wurde, dafür müssen wir alle einstehen und es nach besten Kräften wieder gutmachen. Ehe die Einsicht in diese moralische Verpflichtung, von der uns kein Verhalten der anderen losbindet, nicht durchgedrungen ist, eher ist der Beweis für eine Änderung der Haltung des deutschen Volkes nicht erbracht, und eher können wir auch nicht aus voller Überzeugung eine andere Behandlung verlangen«.

So stand es im März 1947 in den *Nordwestdeutschen Heften,* einer der zahlreichen Zeitschriften, in denen damals die Diskussion geführt und schon fast alles gesagt wurde, was zu erkennen und zu tun für Deutsche notwendig war. Manches davon erscheint heute so aktuell wie vor vierzig Jahren. Allerdings beschränkte sich die Selbstprüfung auf eine schmale Minderheit. Alliierte wie deutsche Beobachter waren sich zwei Jahre nach Kriegsschluß einig, daß ihre Versuche, »dem Mann auf der Straße einen Begriff vom nazistischen Verbrechen zu vermitteln, merkwürdig unwirksam geblieben« seien. Der Psychologe C. G. Jung hatte schon kurz nach Kriegsschluß geschrieben: »Der Deutsche ist heute wie ein Betrunkener, der am nächsten Tag mit einem Katzenjammer erwacht. Er weiß nicht, was er getan hat und will es nicht wissen. Das einzige Gefühl ist das eines ungeheuren Elends. Er wird den Anklagen und dem Haß der Welt gegenüber krampfhaft versuchen, sich zu rehabilitieren; aber das ist nicht der richtige Weg. Die einzige Erlösung liegt ... in der restlosen Anerkennung der Schuld«.

Was hätte das bedeutet? Anerkennung der Schuld gebot die Einsicht, daß man den Krieg zu Recht verloren hatte, ja noch mehr: daß man ihn gar nicht hätte gewinnen dürfen. Auch unter denen, die Hitler aktiv widerstanden, unterschieden viele sorgfältig zwischen Hoch- und Landesverrat: den Mann umbringen ja, aber den Feinden zum Sieg verhelfen - dazu vermochten sich außer den Kommunisten nur wenige durchzuringen. Dem Durchschnittsdeutschen erschien fast widernatürlich, was nach Kriegsschluß von ihm verlangt wurde. Sechs Jahre hatte man gekämpft, Millionen Deutsche waren gefallen und umgekommen, noch mehr waren aus ihrer Heimat vertrieben, die Städte waren Ruinen - und nun sollte man die Niederlage auch noch begrüßen? Sollte als Befreiung empfinden, was Millionen, vor allem im Osten, als Vergewaltigung erlebt hatten? Den Deutschen ging es in den ersten Nachkriegsjahren viel zu schlecht, als daß sie Distanz zu sich selbst und ein Gefühl für andere aufgebracht hätten. Sie waren viel zu sehr mit dem eigenen Unglück befaßt, um zu verstehen, daß sie anderen vorher viel größeres Unglück zugefügt hatten.

Die verhinderte Besinnung

Der Selbsterkenntnis standen außerdem drei besondere Schwierigkeiten entgegen. Die größte war, daß die Deutschen sich nicht selbst befreit hatten. Auch nach dem Mai 1945 brach keine »Revolution« aus, es kam nicht zum »Ausbruch einer spontanen Wut des deutschen Volkes gegen all diejenigen, die als prominente Vertreter des Naziregimes bekannt waren« (Hannah Arendt). Was deutsche Sache gewesen wäre, taten die Siegermächte, und damit entstanden von vornherein falsche Fronten. Aufklärung über Auschwitz sowie Kriegsverbrecherprozesse und Entnazifizierung erschienen der Mehrheit nicht als deutsche Notwendigkeit, sondern als Besatzungspolitik; die Selbsttäuschung fiel um so leichter, als beides nicht sehr überzeugend geriet.

Und hier lag die zweite Schwierigkeit. Die vier Mächte hatten sich zwar Mühe gegeben, besonders die Amerikaner hofften, Maßstäbe für alle Zukunft zu setzen: Wie sie in der Atlantik-Charta die Grundlage einer neuen Politik schaffen wollten, so sollte im Hauptkriegsverbrecherprozeß die »Grundlage eines neuen Völkerrechts« gelegt werden. Das Verfahren erbrachte auch eine Überfülle von Beweisen für die Schuld der Angeklagten und die erste Dokumentation dessen, was der Nationalsozialismus wirklich war. Trotzdem sah sich die Justiz der Sieger bald dem Vorwurf ausgesetzt, Siegerjustiz zu sein.

Doch nicht darin lag ihre eigentliche Schwäche – denn wer sollte die Göring und Kaltenbrunner zur Rechenschaft ziehen, nachdem die Deutschen dazu nicht imstande gewesen waren. Der unheilvoll nachwirkende Fehler lag darin, daß die Ankläger nicht die weise Unterscheidung trafen, die Sebastian Haffner später in seinem berühmten Hitler-Buch exemplarisch vorführte. Sie trennten nicht zwischen Angriffskrieg, Kriegsverbrechen und Völkermord. Das erste hatten Staaten zu allen Zeiten getan; seit je überfielen, beraubten und unterdrückten sie einander. Das zweite, Kriegsverbrechen im engeren Sinn, hatten die Deutschen in besonderem Umfang begangen, sie aber nicht allein. Wer Dresden noch kurz vor Kriegsschluß zerstört und sogar zwei Atombomben auf Japan geworfen hatte, befand sich nicht in starker Position, wenn er Anklage erhob gegen »mutwillige Zerstörung von Städten, Märkten und Dörfern oder jede durch militärische Notwendigkeit nicht gerechtfertigte Verwüstung«.

Das dritte aber, Massenmord als Staatspolitik, war beispiellos.

Indem die Nürnberger Anwälte wegen Aggression, Kriegsausschreitungen und Völkermord gleichermaßen anklagten, verwischten sie - unwillentlich - die eigentliche Besonderheit der nationalsozialistischen Verbrechen. Die Schwäche der ersten beiden Anklagepunkte ermöglichte es, die Anklage insgesamt anzuzweifeln und damit auch den dritten Punkt. Auschwitz wurde relativiert; wer das ohnehin Unglaubliche nicht glauben mochte, hatte es leichter, der Wahrheit auszuweichen.

Daß die »Entnazifizierung« mißglückte, bestreitet heute fast niemand mehr. In den westlichen Besatzungszonen wurde sie meist ohne Gefühl für die Lebens- und Überlebensbedingungen im Gestapo-Deutschland betrieben, so schematisch und fanatisch, aber auch wieder so inkonsequent, daß ständig Ungerechtigkeiten entstanden und die Sache ihre Glaubwürdigkeit verlor. »Das Ergebnis ist vorerst weniger Denazifizierung als Renazifizierung«, schrieb im Juli 1947 Eugen Kogon. Der ehemalige KZ-Häftling (und Autor des Buches *Der SS-Staat*) fuhr fort: »Das böse Wort läuft um: ›Seitdem uns die demokratische Sonne bescheint, werden wir immer brauner‹. Deutsche Mängel und alliierte Fehler haben einander mit verhängnisvoller Sicherheit, als ob sie aufeinander abgestimmt gewesen wären, ergänzt und die Anstrengungen der Einsichtigen bisher beinahe um jeden Erfolg gebracht.«

In der sowjetischen Zone zeigte sich eine eindrucksvolle Radikalität und Konsequenz, aber der große Besen erfaßte auch dort Unschuldige wie Schuldige; und Ungerechtigkeit hatte weit schlimmere Folgen, weil die Methoden rücksichtslos waren; in den Lagern und bei der Deportation kamen viele um, die in den Westzonen überlebt hätten. Vor allem spürte man bald die politische Absicht: nicht nur Nazis sollten von der Macht entfernt, sondern Kommunisten an die Macht gebracht werden. So sahen sich Gefolgsleute Hitlers und Gegner Stalins oft gleichermaßen ausgeschlossen - bisweilen eingeschlossen im selben Lager.

Der Kalte Krieg war Ursache der dritten Schwierigkeit. Bereits drei Jahre nach ihrem Sieg waren die Westmächte und die Sowjetunion so sehr in Konflikt miteinander geraten, daß sie meinten, diese neue Auseinandersetzung nicht ohne Hilfe der Deutschen führen zu können. Das hatte Konsequenzen. Man konnte nicht mehr die Vergangenheit von Hunderttausenden durchstöbern, wenn man Wohlwollen oder sogar Unterstützung brauchte; 1948 zogen sich alle vier Mächte aus der Entnazifizierung zurück. Auch konnte man den deutschen Militarismus nicht mehr ungehemmt verdammen, wenn man die militärischen Fähigkeiten der Deutschen zu nutzen gedachte. Man konnte nicht mehr deutsche Generäle vor Gericht stellen, wenn man deren Kameraden in Dienst nehmen wollte. Man mußte sogar die schon Verurteilten aus der Haft entlassen, als die ersten Bundeswehrsoldaten die Uniform anzogen.

Für die Westdeutschen war es eine kopernikanische Wende. Daß sie Europa gegen »Asien« verteidigen müßten, hatten ihnen schon Hitler und Goebbels gesagt; und daß sie mit dem Westen gegen den Osten Front machen könnten, hatten sie gehofft, seit die Sowjetarmeen auf Deutschland marschierten. Nun endlich, so schien es, hatten auch die Amerikaner und Engländer begriffen, wo der wahre Feind saß.

Mit der Entstehung des Ost-West-Konflikts änderte sich auch das Weltbild der Siegermächte. Gegen Hitlers Deutschland hatten westliche Demokraten und sowjetische Kommunisten zusammengehalten; »Bolschewismus« erschien noch eher erträglich als Nationalsozialismus, »Imperialismus« nicht so gefährlich wie Faschismus. Doch mit der politischen Enttäuschung und Entfremdung der ersten Nachkriegsjahre bildeten sich die früheren ideologischen Fronten neu. Im Westen erkannte man Gemeinsamkeiten in der Hitler- und der Stalin-Herrschaft - beide nannte man totalitär. Im Osten kehrte man zu der Überzeugung zurück, daß der »Hitler-Faschismus« nur die extremste Ausprägung des Kapitalismus gewesen sei.

So wurde der Kalte Krieg für die Deutschen zur moralischen Erlösung. Wenn der Nationalsozialismus mit dem Kommunismus oder Imperialismus vergleichbar war, dann konnte er nicht so einmalig furchtbar gewesen sein, und die neuen Bedrohungen aus dem Osten oder Westen waren ebenso furchtbar. Und wenn nun deutsche Staaten begründet und als Bundesgenossen gesucht wurden, mußten die Deutschen doch die respektablen Leute sein, für die sie sich immer gehalten hatten. Hitler reduzierte sich zu einem politischen Unfall, wie er jedem Land einmal passieren kann.

Zweierlei Denkweise

Die Deutschen hatten sich nicht selbst befreit; die Entnazifizierung der Sieger war mißglückt, und als die Deutschen schließlich mit der Selbstreinigung beginnen sollten, erschien das Vergangene nur noch halb so schlimm. Bundesrepublik wie DDR mißrieten denn ihre Bemühungen auch, mit der Vergangenheit überzeugend fertigzuwerden – allerdings auf unterschiedliche Weise.

Im Osten ging man mit Übereifer ans Werk, im Westen mit Laxheit. Die DDR führte die sowjetische Praxis fort, überbot sie sogar, die Bundesrepublik bemühte sich um Beendigung und Revision der alliierten Maßnahmen. Die DDR verstand sich als Anwalt der Bestrafung deutscher Kriegsverbrecher, die Bundesrepublik als deren Verteidiger. Die DDR sprach 1950 – in den »Waldheimer Prozessen« – 32 Todesurteile aus und vollstreckte 26; die Bundesrepublik versuchte alles, um die »Rotjacken«, die im Landsberger Zuchthaus der Alliierten auf ihre Hinrichtung warteten, vor dem Galgen zu retten. Selbst für die letzten fünf, sämtlich als Einsatzgruppenführer verantwortlich für den Tod von Zehntausenden von Juden, machte sich eine Parlamentsdelegation unter Führung des Bundestagspräsidenten Hermann Ehlers auf den Weg, um den amerikanischen Hochkommissar McCloy zu einer Amnestie zu bewegen. Die DDR verurteilte in Waldheim zu hohen Freiheitsstrafen (vier Fünftel der Verurteilten erhielten mehr als zehn Jahre Haft); Bundeskanzler Adenauer rühmte 1952 als Erfolg seiner Regierung, daß über zwei Drittel der deutschen Häftlinge im Westen entlassen seien. Die DDR-Richter gingen meist von der Schuldvermutung ganzer Gruppen aus (Offiziere, Juristen, höhere Parteimitglieder oder Angestellte der Industrie); in der Bundesrepublik herrschte nahezu unbeschränkte Unschuldsvermutung – Adenauer mußte einmal warnend anmerken: »Nicht alle in Gewahrsam befindlichen Personen sind eines Gnadenerweises würdig«.

Die Extreme berührten sich beinahe. Während

die einen in die Nähe einer Kumpanei mit Nazis und Massenmördern gerieten, forderten die anderen den Vergleich mit den Nationalsozialisten heraus. Die Form, oder besser Formlosigkeit, in der die Waldheimer Prozesse verliefen und nicht nur Kriegsverbrecher, sondern auch Gegner der SED trafen, bewog Thomas Mann 1951 zu einem Brief an Walter Ulbricht. Er mahnte den ersten Mann im östlichen Deutschland, nicht »im Stil jenes zur Hölle gefahrenen Roland Freisler, der genau so seine Zuchthaus- und Todessprüche verhängte, aburteilen zu lassen«.

Die Unterschiede ergaben sich aus dem Charakter der beiden Staaten. Die Parteien der Bundesrepublik, auf Wähler angewiesen, spiegelten die allgemeine Stimmung im Lande (auch in der DDR), die SED brauchte weit weniger Rücksicht zu nehmen. Unter den Kanzlern und Ministern in Bonn bildeten Widerstandskämpfer, Naziopfer und Emigranten die Ausnahme, in der Führungsspitze Ost-Berlins waren sie die Regel. Die Politiker der Bundesrepublik hatten in ihrer Mehrzahl das »Dritte Reich« mitgetragen oder in irgendwelchen Nischen überstanden. Die Kommunisten hatten die größten Blutopfer gebracht; Kampf und Widerstand gegen Hitler waren die prägende Erfahrung der Generation, die nach 1945 in Ost-Berlin an die Macht gelangte.

Auch die Vorstellungen darüber, wie eine Wiederkehr des Übels zu verhindern sei, gingen weit auseinander. Den westdeutschen Politikern erschien es am wichtigsten, parlamentarische Demokratie, Rechtsstaat und Grundfreiheiten fest zu verankern. Das Neue zu entwickeln war wichtiger, als das Alte zu bekämpfen. Wie ein gutwilliger, aber etwas sorgloser Arzt, kümmerte man sich in der Bundesrepublik vor allem darum, daß der Patient sich insgesamt erholte. Die unangenehme Vergangenheit wurde möglichst wenig erwähnt; die Kompromittierten durften - soweit es irgend ging - in ihre alten oder in gleichwertige Stellungen zurückkehren; Wohlstand und Zufriedenheit sollten sich ausbreiten. Falls man überhaupt weiterdachte, vertraute man auf die natürlichen Kräfte der Selbstheilung.

Die Marxisten der Sozialistischen Einheitspartei glaubten, sie könnten einem neuen Faschismus buchstäblich den Boden entziehen, indem sie ihm die wirtschaftliche und soziale Grundlage nähmen. Folglich enteigneten und entmachteten sie die »Junker und Monopolherren«, überhaupt die »Bourgeoisie«, und reinigten den »Staatsapparat«. Justiz, Verwaltung, Universitäten und Schulen wurden leergefegt und mit neuen, meist jungen Leuten besetzt. Drei Viertel aller Lehrer und vier Fünftel aller Richter und Staatsanwälte verloren ihre Stellung. Die Kommunisten gingen wie Chirurgen vor: Sie operierten heraus, was sie für den Krankheitsherd hielten, machten noch ein wenig Nachbehandlung und meinten, die Arbeit sei getan.

Demokratischer Opportunismus

In der Bundesrepublik überlebte von den großen Nazis politisch keiner, aber die mittlere Garnitur, die Hitlers Staat gedient hatte, galt größtenteils als »entlastet« und übernahm den neuen Staat; sie diente ihm ebenso loyal und, meist, mit besserem Gewissen. Die Bundesrepublik erreichte, was weder die Weimarer Republik noch die DDR geschafft haben: sie wurde ein Staat fast ohne Staatsfeinde.

Ähnlich gingen die Dinge in der Wirtschaft. Die in Nürnberg verurteilten Industriellen kamen bis Februar 1951 frei, aus manchem »Wehrwirtschaftsführer« wurde ein fähiger Großmanager. Schon Ende der fünfziger Jahre gab es eine ökonomisch gedeihende, politisch stabile deutsche Demokratie. Bonn wurde nicht Weimar.

Weder die Zeitgenossen noch die Jüngeren haben diesen Erfolg ausreichend gewürdigt - er wurde allerdings teuer erkauft. Die Bundesrepublik hatte zwar keine tätigen Nazis, aber auch nur wenige tätige Antinazis. Die »Sozialistische Reichspartei« wurde 1952 verboten: eine aktive Fortsetzung des Nazismus konnte die Regierung nicht dulden - doch eine aktive Bekämpfung auch nicht. Über die Vergangenheit wurde wohl noch geredet, aber kaum mehr nachgedacht; und auch das Reden hörte allmählich auf, weil es Ruhe und Aufbau störte. Nur Minderheiten wagten noch, nachhaltig zu stören. Immer mehr Politiker mieden das Thema, auch Funk und Zeitungen konzentrierten sich auf die Tagesfragen, und die Geschichtsprofessoren und -lehrer endeten am liebsten bei Bismarck. Das befreiende, inspirierende Gefühl der »Stunde Null« verflog, der geistige Schwung verlor sich im Aufschwung der Wirtschaft. Die Selbsterforschung wich einem neuen Selbstgefühl, das sich allein auf Fleiß, Tüchtigkeit und Leistung gründete.

Das »rechte« Problem der Bundesrepublik war nicht das Hakenkreuz, sondern der Stahlhelm: die Deutsch-Nationalen stützten den neuen Staat, aber färbten ihn auch ein. Sie setzten konservative Maßstäbe und nutzten den allgemeinen Drang nach Selbstrechtfertigung; sie bestimmten und bestätigten, wer ein guter und wer ein fragwürdiger Deutscher ist: der eine hatte an der Front seine Pflicht getan, der andere sich im Zwielicht von Emigration oder Verschwörung bewegt. Mit Wehners kommunistischer und Brandts sozialistischer Vergangenheit machten die Unionsparteien bis weit in die sechziger Jahre Wahlkampfeffekte, sogar Adenauer scheute nicht vor Anspielungen auf Brandts Emigration zurück. Die »Männer des 20. Juli« wurden jährlich gerühmt und dienten, besonders für das Ausland, als Zeugen für das bessere Deutschland; seit 1960 wurden auch Bundeswehrkasernen nach ihnen benannt. Ihr Versuch aber, Hitler zu töten, war lange umstritten.

Ein Flaggenstreit wie der von Weimar blieb der zweiten Republik erspart; aber zwischen Schwarz-Weiß-Rot und Schwarz-Rot-Gold Kompromisse zu finden, wurde zur Daueraufgabe der Unionsparteien - bis in die Gegenwart. Als sich mit der Wiederbewaffnung der Wunsch erhob, die Eisernen Kreuze des Zweiten Weltkriegs, auf denen sich ein Hakenkreuz befand, wieder zu tragen, hatte die Regierung nicht den Mut zu sagen, daß dieser Krieg im Zeichen des Hakenkreuzes geführt worden war. Sie entfernte das Nazi-Symbol und ersetzte es durch Eichenlaub: Vergangenheitsbewältigung durch Retusche, Hitlers Krieg ein Krieg wie alle anderen! Ebenso halbherzig war der Ausweg, den Adenauer aus dem Streit um die Nationalhymne fand: Das Deutschlandlied wurde wieder zur Hymne, aber nur die dritte Strophe und, wenn Zurückhaltung geboten erscheint, nur Haydns Kaiserquartett und nicht das Lied. Daß auch die Melodie politisch verbraucht war, nachdem eine ganze Generation sie mit erhobenem Arm und gemeinsam mit Horst Wessels »Die Fahne hoch« hatte hören und singen müssen - die Verantwortlichen empfanden es nicht.

So blieb nahezu alles Halbheit, was die Bundesrepublik während der beiden ersten Jahrzehnte im Blick auf die Vergangenheit tat. Sie leistete Wiedergutmachung an die Opfer der NS-Verfolgungen – achtzig Milliarden Mark wurden bis Ende 1987 aufgebracht, davon drei Milliarden für den Staat Israel. Es war ein großes Werk, ebenso unpopulär wie unvermeidlich, ebenso verdienstvoll wie nutzbringend. Die Bundesrepublik hatte keine Wahl; die Fortführung der Wiedergutmachung gehörte zu den Pflichten, die sie übernehmen mußte, als sie die Souveränität erhielt. Doch viele deutsche Politiker, die dann die Gesetze ausarbeiteten, taten es aus eigener Überzeugung; das Abkommen mit Israel handelte Adenauer sogar im Alleingang mit Ministerpräsident Ben Gurion aus.

Andererseits steckte in der Wiedergutmachung zu viel Außenpolitik, als daß sie moralisch ganz zu überzeugen vermochte. Gezahlt wurde fast immer nur dort, wo die Reputation der Bundesrepublik es zwingend gebot. Juden erhielten Entschädigung, Zigeuner nicht. Wer in westlichen Ländern lebte, konnte sie beantragen, wer im Osten war, ging leer aus (außer einer späten Regelung zugunsten der Opfer ärztlicher Menschenversuche). Auch die praktische Umsetzung stieß auf vielfältigen Widerstand. Nach fast einhelliger Meinung hatten Hinterbliebene, Versehrte, Vertriebene, Flüchtlinge und Ausgebombte mehr Recht auf staatliche Hilfe als die Verfolgten. »Was soll man machen, wenn ein ganzes Volk bockt«, sagte einer der Beauftragten für die Entschädigung.

Das Ansehen, das die Bundesrepublik mit der Wiedergutmachung erwarb, verspielte sie gleichzeitig: Sie entschädigte Nazi-Opfer, aber verschonte die Nazis – wie auch sonst gab man nach jeder

Seite nach. Die Enthüllungen über Nazis in hohen Ämtern und die Verschleppung von Prozessen gegen Nazi-Verbrecher bilden eine Skandalchronik, die bis in die achtziger Jahre reicht. Die Bundesrepublik bestand schon fast zehn Jahre, bis (in Ludwigsburg) überhaupt eine zentrale Instanz für die Ermittlung von NS-Verbrechen geschaffen wurde. Sie bestand sechzehn Jahre, bis die ersten Urteile gegen die Exekutoren von Auschwitz ergingen; der Hauptangeklagte erhielt achtzehn Jahre Haft, von denen er eines verbüßte. Der westdeutsche Staat bestand über fünfundzwanzig Jahre, bis die Täter von Majdanek ihre Richter fanden. Er bestand sechsunddreißig Jahre, bis der Bundestag erklärte, den Entscheidungen des Volksgerichtshofs, der Freislerschen Todesurteilsmaschine, komme »keine Rechtswirksamkeit« zu. Daß die »Waldheimer Urteile« gegen Kriegsverbrecher »jeglicher Rechtswirksamkeit« entbehrten, hatte das Berliner Kammergericht schon 1954 beschlossen, drei Jahrzehnte früher. Gegen Kommunisten ging es allezeit schneller als gegen Nationalsozialisten. Und während gegen Richter in der DDR, die Unrechtsurteile fällen, noch heute von einer Spezial-Staatsanwaltschaft in Salzgitter ermittelt wird, wurde von den Richtern und Staatsanwälten des Volksgerichtshofs nicht einer rechtskräftig verurteilt.

Wäre nicht die Rücksicht auf das westliche Ausland gewesen, das mit Argusaugen auf die Bundesrepublik sah - wahrscheinlich wäre noch weniger getan worden. Nach dem Willen der konservativliberalen Bundesregierung hätte alle Verfolgung von Nazimördern schon 1965 ein Ende genommen, weil für deutsches Recht damals Mord nach zwanzig Jahren verjährte. Die Opposition im Lande, vor allem aber die Flut der Proteste im Ausland verhinderte es.

Nach herrschender Auffassung in der Bundesrepublik war ein Ehrenmann, wer nicht verurteilt oder nicht vor Gericht gestellt wurde. Daß ein Mann untragbar ist, obwohl seine Taten nicht justiziabel sind - dafür fehlte das Gefühl sogar Konrad Adenauer, der gegen alle Widerstände seinen Staatssekretär Globke, den Kommentator der Nürnberger (Rasse-) Gesetze, im Kanzleramt hielt. So bewältigte die Bundesrepublik den personellen und kriminellen Teil der Vergangenheit nicht politisch, sondern biologisch; erst Alter und Tod machten den Skandalen allmählich ein Ende und ließen Prozesse zwecklos erscheinen.

Im übrigen entnazifizierte sich die Bundesrepublik mit Hilfe des Antikommunismus. Hitler war tot, aber Stalin lebte, und auch als Stalin starb, blieb Moskau weiter der Weltrevolution verpflichtet - wer da von unerfreulichen Vorkommnissen während des letzten Krieges redete, lenkte von der eigentlichen Gefahr ab. Das Ereignis, an dem die Westdeutschen sich innerlich aufrichten sollten, war der Aufstand der Ostdeutschen: auch die Gedenkredner des 20. Juli verwiesen auf den 17. Juni. Man gewöhnte sich an - viele tun es bis heute -, von »Totalitarismus« zu sprechen, wenn man Nationalsozialismus meinte. Das heikle Wort, das auf die Deutschen weist, verschwindet, und ein Begriff geht ins Bewußtsein ein, bei dem die meisten an den Osten denken. Auch sonst entwickelte es sich in weiten Kreisen zur festen Übung, an Moskau oder die SED zu erinnern, wenn die Rede auf den Nationalsozialismus kommt. Die Denkweise, an der sich später der »Historikerstreit« entzündete, ist mehr als dreißig Jahre alt.

Der Feind im Osten erlaubte auch, die eigene Verantwortung für das deutsche Schicksal zu verdrängen. Das Land war geteilt, weil der Kreml »die Zone« nicht freigab; die Ostprovinzen waren abgetrennt, weil die polnischen Kommunisten sie besetzt hielten. Bald bürgerte sich ein, die nationalen Wünsche als Kampf für die Freiheit erscheinen zu lassen; auch das ging bis in die achtziger Jahre: Als Jaruzelski in Warschau das Kriegsrecht verhängte, nahm die Lautstärke derer hörbar zu, die Schlesien für immer noch deutsch erklären. So entstand ein Zeitgeschichtsbild, in dem die Mehrzahl der Bundesbürger sich bequem einrichtete und großenteils noch heute lebt. Danach begann die deutsche Misere 1945, und ihre Ursachen lagen in Jalta und Potsdam, vor allem im sowjetischen Weltmachtstreben. Der deutsche Krieg als die Ursache aller Ursachen verschwand aus dem Bewußtsein, die Mehrheit der Deutschen empfand sich als Opfer und fühlte sich wieder im Stande der Unschuld.

Kommunistische Selbstgerechtigkeit

Wo die Demokraten lavierten, handelten die Kommunisten. Kriegsverbrecher kamen in der DDR nicht mit Bagatellstrafen davon, Kriegsverbrecherprozesse wurden nicht verzögert; nahezu 95 Prozent aller Verfahren waren 1950 bereits abgeschlossen. Ehemalige Nationalsozialisten duldete die SED-Führung nur selten in öffentlichen Ämtern, und die früheren Wehrmachtoffiziere, die sie zum Aufbau der Volksarmee brauchte, pensionierte sie, sobald sie entbehrlich erschienen. Die kleinen Nazis domestizierte sie in einer eigens dafür geschaffenen Partei, der NDPD, deren Leitung sie einem Altkommunisten anvertraute. Neonazistische Gruppierungen ließ sie so wenig hochkommen wie andere selbständige Organisationen. Die Konzentrationslager gestaltete die DDR zu Mahn- und Gedenkstätten; die Widerstandskämpfer, nur die kommunistischen allerdings, ehrte sie mit Erinnerungstafeln bis in die letzten Gemeinden; den »Opfern des Faschismus« zahlt sie eine hohe Rente. Und da die Verantwortlichen selbst von braunen Flecken frei waren, bot die DDR ein Bild, das sich von der Bundesrepublik mit ihren ewigen Skandalen, Peinlichkeiten und Halbheiten erfreulich abhob.

Dieses Bild war keineswegs falsch. Die Abkehr vom Nationalsozialismus vollzog sich östlich der Elbe radikal und konsequent; dort gab es kein Schwanken und keine Undeutlichkeiten, kein Augenzwinkern und kein Ausweichen, sondern nur die scharfe, klare Verurteilung, die auch ihre Wirkung hatte. Bis auf Randerscheinungen, die sich erst Mitte der achtziger Jahre zeigten, hat selbst erbitterte Opposition gegen den kommunistischen Staat, soweit bekannt, nie nazistische Züge angenommen.

Auch hat der Grundsatz, daß politische Sauberkeit wichtiger sei als fachliche Eignung, der DDR zwar geschadet, denn sie mußte sich lange mit unausgebildeten oder sogar unfähigen Kräften behelfen; aber Grund zum Vorwurf bildete es nicht. Was aber die kommunistische Form, Deutschlands Vergangenheit zu überwinden, schon sehr früh fragwürdig machte, war der doktrinäre Ansatz. Nicht der Antifaschismus, von dem dauernd die Rede war, lieferte den entscheidenden Maßstab – Antifaschismus hätte auch Sozialdemokraten sowie bürgerlichen und adligen Hitler-Gegnern ein dauerndes politisches Daseinsrecht gegeben; worauf es in der DDR bald ausschließlich ankam, war Pro-Kommunismus. Nicht die Absage an die alte Lehre gab den Ausschlag, sondern der Eid auf die neue - man mußte ihn nur schnell genug schaffen, um auch als Ex-Nazi eine Chance zu haben. Eine Ideologie ersetzte die andere, die Einspurigkeit des Denkens und der Erziehung blieb, nur die Spur wurde gewechselt.

Da dies aber in voller Glaubensgewißheit geschah, entstand eine schreckliche Selbstgewißheit. Die deutschen Kommunisten fühlten sich nicht verantwortlich für Hitler, und als Person hatten die meisten dazu alles Recht. Warum sollten sie für die Verbrechen eines Mannes büßen, den sie bis zur Gefahr für ihr Leben bekämpft hatten? Die Kommunisten hatten auch, sobald sie die Macht erhielten, den Nationalsozialismus zum Verschwinden gebracht; sie glaubten, nicht nur sie selbst, sondern auch die DDR sei frei davon. Und da in ihrer Regierung kein Globke war, meinten sie, das Problem des Nazismus gebe es nur in der Bundesrepublik. Sie weigerten sich strikt, Wiedergutmachung zu leisten - nicht nur aus Geldmangel, sondern vor allem aus Prinzip, denn jede Wiedergutmachung hätte das Eingeständnis bedeutet, daß auch die DDR für Hitlers Erbe verantwortlich sei. So entstand ein seltsamer Kontrast: Bonn entschädigte Nazi-Opfer, aber ließ die meisten Nazis im Amt; Ost-Berlin warf die Nazis hinaus, aber gab bis zum Ende der achtziger Jahre keinem Juden außerhalb der DDR auch nur einen Pfennig.

Bis dahin sperrten sich die regierenden Kommunisten gegen die Einsicht, daß auch ihr Staat ein Nachfolgestaat des Hitler-Reiches ist. Sie ignorierten, daß die DDR nicht nur von Opfern des Faschismus, sondern ebenso von durchschnittlichen Deutschen bewohnt wird wie die Bundesrepublik und daher ebensoviel von der Vergangenheitslast zu tragen hat. Als der Emigrant Willy Brandt vor dem Warschauer Ghetto-Denkmal niederkniete, übernahm er die Verantwortung für alles, was er selbst nicht zu verantworten hatte. Brandt kniete für Deutschland, die Kommunisten aber erhoben sich über Deutschland: Da sie die Lehren aus der Geschichte gezogen hätten, dürfe die DDR sich zu den »Siegern der Geschichte« zählen.

Wer seine Selbstgerechtigkeit zu blinder Anmaßung steigert, kann die Versäumnisse im eigenen Land nicht erkennen. Auch alte, treue Genossen beklagen, der Faschismus sei nur »machtmäßig bewältigt, aber nicht im Kopf«. Das scheint zu stimmen, obwohl viel getan wurde: Fast jeder, der in der DDR aufwuchs, hat in seiner Schul-, Lehr- oder Armeezeit ein ehemaliges Konzentrationslager besucht; hat von der Grausamkeit der Nazis und dem Unglück erfahren, das Hitler über die Welt gebracht hat; aber er lernt wenig oder jedenfalls viel zu wenig über den Nationalsozialismus selbst: wie er entstand, wie und warum er groß wurde und weshalb die Mehrheit der Deutschen dem »Führer« nachlief. Er hört immer nur Heldensagen vom kommunistischen Widerstand und lebt in der Vorstellung, als habe das halbe deutsche Volk damals gegen den Faschismus gekämpft. Und er weiß beinahe nichts von der Angst und Verlorenheit derer, die im Untergrund das wenige zu tun versuchten, das möglich war.

Außer in den ersten Nachkriegsjahren, an die nur die Alten sich noch erinnern, gab es in der DDR niemals eine Debatte über Schuld und Verantwortung; die schlichte Einteilung in Faschisten und Deutsche erspart bis heute jeden Gedanken an Selbstprüfung. Und wenn in den ersten drei Jahrzehnten der DDR von faschistischer Gefahr die Rede war, dann nur im Blick auf die Bundesrepublik - auch die Mehrzahl der DDR-Bürger bekam allmählich das Gefühl, mit alledem nichts zu tun zu haben. Hitler, so schien es, ist ein Westdeutscher gewesen.

Den Balken im eigenen Auge sah man nicht. So falsch die Gleichsetzung von Nationalsozialismus und Kommunismus ist, so wenig läßt sich bestreiten, daß manche Erscheinungsformen fatale Ähnlichkeit hatten und stellenweise auch noch haben. Wenn sich politische Diktatur und Monopolanspruch auf politische Wahrheit verbinden, werden eigenständige Kräfte und Gedanken nicht geduldet, und der Staat wird zum Werkzeug der Ideologie. Dann bestimmt der Führer oder die Parteiführung, was Recht ist und welches Urteil in politischen Prozessen zu ergehen hat. Dann ist der Staatsbürger der Überwachung, Kontrolle und Geheimpolizei hilflos ausgeliefert. Dann ist politische Zuverlässigkeit oder wenigstens Unauffälligkeit Bedingung einer Berufskarriere. Dann verfügt und organisiert die Regierung, was die Leute wissen, lesen, hören und sehen dürfen; dann entscheiden Funktionäre, was Literatur und Kunst ist. All das war die Realität der DDR zu Stalins Zeiten, und sie blieb es länger als in den meisten vergleichbaren Staaten; die Grundzüge haben sich, obwohl in humanisierten Formen, bis heute erhalten.

Zum totalitären Anspruch kam die autoritäre Tradition. Der alte deutsche Obrigkeitsstaat paßte ins sowjetische Staatsschema ebenso, wie er ins nationalsozialistische gepaßt hatte. Wo Ordnung ein Wert an sich ist und fast allein das Verhältnis zwischen Staat und Staatsbürger bestimmt, wo die einen verordnen und anordnen, die anderen sich unterordnen und alle zusammen die Unordnung verabscheuen, wo Amtspersonen grundsätzlich mehr Rechte haben als Privatpersonen und so auch mit ihnen umgehen, da können Diktatoren jeder Sorte sich gut einrichten. Sie haben es dort leichter als in anderen Ländern, wo das Vaterland mehr ist als der Staat, wo die Freiheit des einzelnen so viel wiegt wie die Rechte des Staates, oder wo das Mißtrauen gegen alles, was von oben kommt, schon zum Instinkt wurde.

Auch deutsche Kommunisten waren und sind Deutsche; die überkommene deutsche Staatsgesinnung lebt auch in ihnen, und sie machten sie sich zunutze, vermutlich sogar unbewußt. Die SED beschwor die revolutionären Traditionen der deutschen Geschichte, aber folgte den reaktionären; sie gebärdete sich links und verhielt sich rechts; der Erziehungs- und Kommandier-Staat DDR, den sie schuf, ist ebenso deutsch wie kommunistisch. Die Touristen, die Unter den Linden vor Schinkels Neuer Wache täglich den allerpreußischsten Paradeschritt bestaunen, sind nicht ohne Grund ratlos: militärisches Zeremoniell zu Ehren der Opfer des Militarismus? Ist es Arroganz oder Naivität, die diesen Staat zu der Überzeugung führte, er brauche nur die Vorzeichen zu ändern, um auch die Sache zu ändern?

Selbsterkenntnisse im Westen

Was die Politiker nicht leisteten und allein auch nie hätten leisten können, das taten in beiden Staaten Wohlstand und Zeit. Je weiter aufwärts es mit der Bundesrepublik und dem einzelnen Bundesbürger ging, desto weiter trat die Vergangenheit zurück. Die Verbindung von Marktwirtschaft und Demokratie, von Lebensstandard und Freiheit entwickelte eine schlagende Überzeugungskraft, die alle Erinnerung überwältigte - die gute wie die bedrückende. Auch gab es Grund zu neuem Selbstgefühl. »Wir sind wieder wer«, verkündete der Vater des Wirtschaftswunders Ludwig Erhard und proklamierte Mitte der sechziger Jahre das »Ende der Nachkriegszeit«. Auch die DDR hatte ihr Wirtschaftswunder. Es kam später, war kleiner und mußte härter erworben werden, bot aber deshalb besonderen Anlaß zu neuem Selbstgefühl.

Die geistige Erbschaft des Nationalsozialismus wurde weniger überwunden als überlagert. Gesunkenes Nazigut hielt sich lange in der Tiefe der Gemüter. Daß »nicht alles falsch war« und Hitler immerhin die Autobahnen gebaut habe, gehört weiter zum festen, fast sprichwörtlich gewordenen Bestand trotzig untergründiger Volksmeinung, aber meist ergänzt durch den Zusatz: »Nur den Krieg hätte er nicht anfangen dürfen.« Friedlich und friedliebend (wie es in der DDR heißt) waren die Deutschen schon 1945 geworden, Krieg wollte und will wirklich niemand mehr. Von den alten Zeiten reden nur die Alten beim Bier, die Jungen wollen von Kriegserlebnissen nichts mehr hören; wo der Lebensstandard zum Maß aller Dinge wird, ist der Tod fürs Vaterland nicht mehr gefragt. Unter den vielen Überlegungen der Kriegsgegner, wie die Deutschen dauerhaft zu zähmen seien, war das Klügste, was Churchill schon 1941 bei einer Kabinettssitzung hinwarf: Man solle nach dem Sieg für das Wohlergehen der Deutschen sorgen, sie müßten »fett, aber impotent« werden.

Die Zeit tat ihre Wirkung in zweierlei Richtung. Einerseits verstärkte sie den Unwillen gegen »die ewige Vergangenheitsbewältigung als gesellschaftspolitische Dauerbüßeraufgabe« (Strauß), andererseits ließ sie immer mehr Menschen reif werden für die Wahrheit. Daß Deutschland am Zweiten Weltkrieg schuld sei, meinte 1952 nur ein Drittel der Bundesbürger, 1967 waren es schon fast zwei Drittel. Man hatte Abstand gewonnen und die Kriegsfolgen hinter sich, da ließ sich unbefangener urteilen. In der Bundesrepublik begannen auch die Jüngeren nachzuholen, was die Älteren versäumt hatten; die Söhne befragten die Väter - oft inquisitorisch und selbstgerecht -, wie sie es damals mit Hitler gehalten hätten. Mit der achtundsechziger Generation und der sozialliberalen Regierung wurde der Nationalsozialismus wieder ein Thema, besonders an den Schulen.

Aufschlußreich für die Bewußtseinsentwicklung erscheint, was die Politiker ihrem Volk und den Wählern jeweils zuzumuten wagten. Adenauer vermied es nach Möglichkeit, öffentlich zu sagen, daß der verlorene Krieg bezahlt werden müsse, aber er handelte danach, als er Verständigung mit dem Westen und Gleichberechtigung suchte. Er setzte sich maßvolle Ziele (die Opposition verlangte mehr) und scheute nicht vor »Vorleistungen« zurück, denn er wußte: es war wichtiger, Vertrauen zu gewinnen als Vorteile. Adenauer mußte viel Kritik ertragen, aber das Wahlvolk billigte seine Politik, weil sie Freundschaft im Westen und Sicherheit vor dem Osten versprach.

Als Brandt 1969 die Verständigung mit dem Osten suchte, hatte er erheblich größere Vorbehalte zu überwinden, denn jetzt ging es um die Verständigung mit dem »Feind« - aber auch die Zeit war weitergegangen. Brandt sagte öffentlich, was kein Kanzler vor ihm riskiert hatte: Deutschland sei »durch eigene Schuld, jedenfalls nicht ohne eigene Schuld« geteilt; und mit der Bestätigung der Oder-Neiße-Grenze werde nichts preisgegeben, »was nicht längst verspielt worden war ... von einem verbrecherischen Regime, vom Nationalsozialismus«. Dem polnischen Ministerpräsidenten erklärte er, als er den Warschauer Vertrag unterzeichnete: »Meine Regierung nimmt die Ergebnisse der Geschichte an.«

Wichtiger als die Moral war an diesem Satz der Wirklichkeitssinn. Der einzige Nazi-Verfolgte unter den Kanzlern der Bundesrepublik empfand, daß es im Osten noch mehr als im Westen auf Glaubwürdigkeit ankam. Wo Deutsche systematisch gemordet und die Völker erniedrigt und beleidigt hatten, mußte sich eine deutsche Regierung, die überzeugen wollte, zur deutschen Verantwortung bekennen. Brandt tat es, und nicht zuletzt deshalb gelang ihm der Brückenschlag nach Osten, den die früheren Regierungen verfehlt hatten.

Doch was außenpolitisch den Erfolg begründete, führte innenpolitisch zu schweren Auseinandersetzungen. Der erbitterte Widerstand gegen die Ostverträge hatte nicht den einzigen, aber vielleicht den tiefsten Grund darin, daß der sozialdemokratische Kanzler seine Landsleute im Gefühl ihrer Unschuld aufstörte und ihnen die schöne Selbsttäuschung nahm, daß alles Unglück der Deutschen von den Russen und Kommunisten käme. Brandt betrachtete die Teilung und den Verlust der Ostprovinzen als selbstverschuldetes Urteil der Geschichte und gewann damit die Freiheit, eine Politik für die Zukunft zu entwerfen.

Viele würdigten diese Haltung. Die Mehrheit

allerdings war 1970 nur reif, die Unabänderlichkeit der Kriegsfolgen zu erkennen, sah aber noch nicht die deutsche Verantwortung dafür. Brandts Kniefall blieb umstritten, doch seine Politik fand große Zustimmung - meist aber nur, weil sie vernünftig war und praktische Verbesserungen erhoffen ließ. Es mußten nochmals ein bis anderthalb Jahrzehnte vergehen, bis die Bundesrepublik auf die Mahnung reagierte, nicht nur bis 1945, sondern bis 1933 zurückzudenken: »Wir dürfen nicht im Ende des Krieges die Ursache für Flucht, Vertreibung und Unfreiheit sehen. Sie liegt vielmehr in seinem Anfang und am Beginn jener Gewaltherrschaft, die zum Kriege führte.« Die Rede Richard von Weizsäckers zum 8. Mai 1985 wurde anderthalb Millionen Mal verlangt, verteilt oder verkauft.

Eine Präsidentenrede als Bestseller, das hat es noch nicht gegeben. Zehn Jahre vorher wären Weizsäckers Worte wahrscheinlich verhallt, und auch 1985 wären sie weit weniger beachtet und noch mehr kritisiert worden, wenn ein sozialdemokratischer Präsident sie gesprochen hätte. Wirkung und politische Bedeutung dieser Mahnung lagen darin, daß sie von »rechts« kam. Nicht ein Emigrant, sondern ein Frontoffizier, nicht ein Atheist, sondern ein ehemaliger Kirchentagspräsident, nicht ein Linker, sondern ein führender CDU-Politiker zerstörte die Lebenslüge der Bundesrepublik, daß sie nur das Opfer unglücklicher Verhältnisse sei.

Auch die anderthalb Millionen, die Weizsäckers Rede lesen wollten, sind nur eine Minderheit, doch sie scheint größer geworden zu sein. Die Selbstprüfung, die 1945 begann und nach 1948 einschlief, wurde in den siebziger Jahren wieder aufgenommen und hat sich in den achtzigern verstärkt. Neben der aggressiver werdenden Ungeduld, nicht »ewig auf die Anklagebank gesetzt zu werden«, wuchsen Bereitschaft und Fähigkeit, der Vergangenheit ins Auge zu sehen. Vor allem wuchsen neue Generationen heran, die sich der Doppelaufgabe annahmen, die Zeit vor und nach 1945 aufzuarbeiten: den Nationalsozialismus und das Versagen bei seiner Bewältigung.

Es gibt kaum noch einen Berufsstand, eine soziale Schicht oder Institution, die nicht auf ihr Verhalten zwischen 1933 und 1945 untersucht wurde, manche auch auf ihr Verhalten danach. Es gab Schuldbekenntnisse, die kaum noch zu erwarten waren, ein halbes sogar von den katholischen Bischöfen in der Bundesrepublik, der DDR und Österreich. Es wurden Mahnmale und Gedenktafeln errichtet, die verstockte Abwehr vorher verhindert hatte; sogar der Staat begann sich zu engagieren. Der Bundesjustizminister will Verfehlungen der Justiz unter Hitler erforschen lassen; die Zigeuner, nunmehr mit ihren eigenen Namen als Sinti und Roma bezeichnet, sollen Entschädigung als rassisch Verfolgte erhalten; für andere Opfer, die mangels Lobby nicht bedacht waren, wurden Stiftungen gegründet; lokale Ausstellungen zeigten, daß SA-Terror und Judenverfolgung in der eigenen Gemeinde stattgefunden hatten und nicht nur irgendwo anders.

Den Höhepunkt bildete die Erinnerung an die »Reichskristallnacht« (wie Nazigegner, nicht Nazis 1938 sagten). Es schien, als wollte die gesamte Bundesrepublik mit einem Mal nachholen, was sie Jahrzehnte lang versäumt hatte: Gedenkstunden, -reden, -artikel, Podiumsdiskussionen, Vorträge, Filme und Theateraufführungen, feierliche Erklärungen, Mahnwachen, Schweigemärsche, ökumenische Bußgottesdienste und Gedenkstätten-Einweihungen - eine ganze Flut ergoß sich über das Land. Alles kam viel zu spät und führte mit peinlicher Deutlichkeit vor Augen, was früher hätte getan werden können - aber es geschah wenigstens und gab ein Zeichen des Begreifens.

Selbsterkenntnisse im Osten

In der DDR hatte der pauschale Freispruch für Staat und Bevölkerung andere Voraussetzungen geschaffen als in der Bundesrepublik. Da man sich nicht auf der Anklagebank fühlte, brauchte man sich weder zu empören noch zu besinnen; Ressentiments gegen die »ewigen Vergangenheitsbewältiger« fehlen daher, und die Einsicht, daß administrative Erledigung das Problem nicht löste, kommt sehr langsam und ist weiterhin unzureichend. Die Änderungen, die sich dennoch vollziehen, lassen sich mehr ahnen als erkennen.

Wo allgemeiner Zweifel sich ausbreitet und die schematischen Antworten der Partei immer weniger genügen, bleibt auch das Bild, das die SED von der Vergangenheit zeichnet, nicht ungetrübt: so klar und einfach kann es doch nicht gewesen sein! Die Fragen der Jungen, was sich wirklich abgespielt hat und wie Eltern und Großeltern sich verhielten, nehmen zu. Ähnlich wie in der Bundesrepublik, so scheint es, treten zwei Richtungen hervor, die einen suchen die Wahrheit, die anderen die Selbstbestätigung. So erfuhr die DDR erstmals, was bis dahin nur in der Bundesrepublik möglich erschien: die offene Demonstration nazistischer Gesinnung. Die Skinheads dort randalieren und prügeln nicht nur, sie malen Hakenkreuze, schreiben Nazi-Parolen und manche lesen sogar Nazi-Literatur. Alle ernstere Betrachtung begnügt sich nicht mit dem Hinweis auf westliche Vorbilder; in der DDR werden zunehmend die gleichen Fragen gestellt wie in der Bundesrepublik. Was bewirkte das Elternhaus? Was bewirkte die Schule nicht? Bricht sich hier Hilflosigkeit gegenüber einer unbegreiflich gewordenen Zeit gewaltsam Bahn? Sucht Opposition gegen Staat und Gesellschaft die Form, die am meisten provoziert? Ein neuer Faschismus meldet sich da zweifellos nicht, aber die kommunistische Selbstgewißheit, alles wohl gerichtet zu haben, erhielt einen Schlag.

Das dogmatische Verständnis der Vergangenheit lockerte sich auch sonst auf, die Kirchen trugen ihr Teil dazu bei, aber auch die Schriftsteller. »Das Vergangene ist nicht tot, es ist nicht einmal vergangen«, hieß der erste Satz in Christa Wolfs *Kindheitsmuster;* Hermann Kant fuhr mit seinem ebenfalls autobiographischen Roman *Der Aufenthalt* fort. Nicht die Leiden, Opfer und Kämpfe der Antifaschisten bildeten das Thema dieser Erinnerungsliteratur, sondern das Schicksal und die Verstrickung des Durchschnittsdeutschen vor und nach der Zeitenwende des Jahres 1945.

Die Führung erhielt den stärksten Anstoß durch die Außenpolitik. Ihre Selbstgerechtigkeit war – zu einem Teil jedenfalls – ihrer Isolierung entsprungen und ließ sich nur im Zustand der Isolierung durchhalten. Je mehr der ostdeutsche Staat im Westen politisch Fuß zu fassen suchte, desto schwerer wurde es ihm, sich den Erwartungen und Ansprüchen zu entziehen, die an einen deutschen Staat dort gestellt werden, besonders in Amerika. Eine Entschädigung für jüdische Opfer, wie sie dreißig Jahre zuvor für die Bundesrepublik nötig gewesen war, empfahl sich auch für die DDR. Honecker sagte eine symbolische Summe, wahrscheinlich hundert Millionen Dollar, zu und wurde mit dem Besuch des Präsidenten des Jüdischen Weltkongresses und der Aussicht auf bessere Handelsbedingungen in Amerika belohnt.

Doch wie seinerzeit Bonn nicht nur unter außenpolitischem Zwang, sondern auch aus innerer Überzeugung gehandelt hatte, so kam im östlichen Berlin zur Taktik ebenfalls eine gewisse Einsicht hinzu. Sie bewies sich vor allem in der Fürsorge für die Juden und für jüdische Traditionen. Auch in der DDR informierten erstmals regionale Ausstellungen über Judenverfolgungen, auch DDR-Deutsche erfuhren, was sich in ihrer Stadt abgespielt hatte. All das fiel den Verantwortlichen in den achtziger Jahren leichter. Ihr Monopolanspruch, den Faschismus ausgerottet zu haben, war nicht zuletzt aus der Selbstverteidigung eines Staates entstanden, dem außer der rechtlichen auch die moralische Anerkennung versagt blieb; mit der Aufnahme der DDR in die Staatengesellschaft wurde zwar nicht der Anspruch, wohl aber das Monopol darauf entbehrlich.

Den ersten entscheidenden Schritt hatte Honecker schon 1979 getan, als er sich in Übereinstimmung mit Helmut Schmidt verpflichtete, daß »von deutschem Boden kein Krieg mehr ausgehen« dürfe. Er hatte auch eine Prägung des Göttinger Historikers Rudolf von Thadden übernommen, als er sich zu einer deutschen »Verantwortungsgemeinschaft« für den Frieden bekannte – also ebenso wie die Bundesrepublik zu den Pflichten eines Staates, der in der historischen Nachfolge des Hitler-Reiches steht.

Am 9. November 1988 gedachten beide Deutschland der Vergewaltigung der Juden vor fünfzig Jahren, sie boten ein Bild der Übereinstimmung wie nie zuvor, ja sogar der Gemeinsamkeit; Vertreter beider Staaten nahmen an den jüdischen Hauptveranstaltungen auf der jeweils anderen Seite teil. Es war ein Vorgang mit tieferer Bedeutung: Die Juden bildeten eine Brücke zwischen den Deutschen, das Suchen nach Versöhnung mit ihnen brachte die Nachkommen der Mörder einander näher.

Bundesrepublik und DDR öffnen sich der Vergangenheit weiter als in den vergangenen Jahrzehnten, doch ein ehrliches, überzeugendes Verhältnis dazu haben beide noch nicht; deshalb sind sie innerlich unsichere, von außen leicht verletzbare Staaten geblieben. Wie brüchig ihre zur Schau gestellte Normalität noch ist, zeigte sich, als 1985 mit dem vierzigsten Jahrestag des Kriegsendes unversehens die Gefahr auftauchte, von der Vergangenheit eingeholt zu werden. Eine Siegesfeier der West-Alliierten in der Bundesrepublik oder gar eine amerikanisch-sowjetische Begegnung dort – Bundeskanzler Kohl erhielt die Zusage von Präsident Reagan, daß nichts dergleichen geschehen werde. Frankreichs Präsident Mitterand versicherte, nichts tun zu wollen, »was die Seele der Deutschen kränken könnte«.

Doch dem Kanzler war das nicht genug. Er wollte, ausgerechnet im Triumphjahr der Sieger, eine moralische Rehabilitierung der Deutschen und drängte Reagan zum Besuch des deutschen Soldatenfriedhofs in Bitburg, um dort »der Kriegstoten zu gedenken – derer, die in dem von Hitler entfesselten Krieg in ganz Europa und darüber hinaus sterben mußten, und der Deutschen, die Hitler in diesen Krieg gezwungen hat und die ihr Leben ließen«. Im Tod sind alle Menschen gleich, aber Kohl ging es um eine politische Gleichsetzung der deutschen Soldaten mit den westalliierten und den sowjetischen, die er allesamt als Opfer Hitlers beschrieb. Er verwischte, worauf es bei deutscher Selbstbesinnung gerade ankommt, den Unterschied, ob einer als Eroberer oder als Verteidiger kämpft. Als auf dem Bitburger Friedhof auch noch SS-Gräber entdeckt wurden, war gerade das erreicht, was der Kanzler mit aller Gewalt hatte vermeiden wollen: Nicht die demokratische Bundesrepublik, sondern Hitlers Reich trat Millionen Fernsehzuschauern in der Welt vor die Augen, und die Zweifel an einem inneren Wandel der Deutschen wurden nun erst richtig wach.

Aber auch die DDR bekam Schwierigkeiten mit dem Gedenkjahr 1985. Die Vehemenz, mit der die Sowjetunion, Polen und die Tschechoslowakei sich ihrer Leiden und Siege erinnerten, traf auch das östliche Deutschland, nicht öffentlich und nicht faßbar, aber spürbar. So scharf die Regierungen im Osten zwischen Deutschen und Faschisten unterscheiden - im Empfinden der Völker ist diese Trennung zu künstlich, da bleiben es doch die Deutschen, die damals in das Land einfielen. Die Ostberliner Führung versuchte, das Problem zu lösen, indem sie die Unterscheidung zwischen Faschisten und Deutschen bis zur äußersten Konsequenz trieb. Wer in der DDR von Januar bis Mai 1985 Funk, Fernsehen und Zeitungen sah und hörte, konnte das Gefühl bekommen, er habe 1945 mitgesiegt. Nicht nur die Befreiung der KZs, auch jedes deutsche Dorf, jede Stadt, die eingenommen und jede Schlacht, die gewonnen wurde, ja sogar die Vorzüglichkeit der Raketen und Panzer, mit denen die Russen kämpften – alles war Gegenstand lobender und preisender Erinnerung.

Die Deutschen überboten sich im Verdrängen. Kohl benutzte die deutschen Gefallenen, um die Deutschen insgesamt zu exkulpieren. Die DDR-Regierung tat so, als habe es deutsche Soldaten gar nicht gegeben, sondern nur faschistische Truppen. Einmal Opfer der Geschichte, einmal Sieger der Geschichte – im Ergebnis läuft beides auf das gleiche hinaus: die Deutschen sind nicht schuld. Für Kohl waren »Krieg und totalitäres Regime« die Ursache, und für die DDR-Führung waren es »Hitlerfaschismus« und »Naziherrschaft« – immer nur abstrakte Größen. Am Ende suchten Bonn wie Ost-Berlin Schutz vor der Vergangenheit, wo sie ihn seit 35 Jahren fanden, im Treuebekenntnis zu ihrer Vormacht. Kohl beschwor die »Wertegemeinschaft« mit den Westmächten und der DDR-Verteidigungsminister Hoffmann den »Klassen- und Waffenbund mit der Sowjetunion«, den es »wie den eigenen Augapfel zu hüten« gelte.

Auch vierzig Jahre nach Hitler hat sich Normalität zwischen den Deutschen und ihrer Umwelt noch nicht eingestellt. Der einzelne Deutsche ist schon lange nirgendwo mehr ein Problem, aber *die* Deutschen sind es noch immer. Zwar ist das Vertrauen darauf, daß sie Hitler hinter sich gebracht haben, überall gewachsen; und die Zweifel, daß es vielleicht doch nicht so sei, entspringen oft einer Hysterie, bisweilen sogar absichtsvoller Stimmungsmache. Dennoch hielt sich ein solider Rest ehrlichen Mißtrauens, das nicht allein aus den Erfahrungen vor fünfzig Jahren kommt – wäre es so, dann genügte es abzuwarten, bis die Generationen mit den Erfahrungen nicht mehr leben. Doch die Zweifel kommen auch aus dem Bild, das Bundesrepublik und DDR heute bieten: auf der einen Seite wachsende Einsicht und Besinnung, auf der anderen ein teutonisches Ungeschick beim Umgang mit Hitlers Erbe und immer neue Demonstrationen des Unwillens, sich zu erinnern.

So bleiben die Deutschen im alten Teufelskreis gefangen. Weil sie – in ihrer Mehrheit – vergessen wollen, vergessen die anderen um so schwerer; weil das Mißtrauen der anderen nicht aufhört, möchten die Deutschen um so mehr mit allem aufhören, was an die Nazi-Vergangenheit erinnert. Die Deutschen, hier wie dort, leiden an einer Erbschaft, die sie leugnen, doch sie werden unter ihr so lange leiden, wie sie sie leugnen.

Die Suche nach der »Identität« hat ihre Ursache nicht allein in der Teilung und den Bindungen an Demokratie oder Kommunismus: Wer nicht wissen will, was er war, kann nicht erfahren, was er ist. Bundesrepublik und DDR werden weiterhin voller Neid auf ihre Nachbarn sehen, denen es äußerlich oft schlechter geht und denen dennoch ein ungebrochenes Selbstgefühl erhalten blieb. Die innere Unsicherheit der deutschen Staaten wird nicht so bald enden; weder die Sinnstifter und Denkmalsplaner im Westen noch die Ideologen und Aufmarschorganisatoren im Osten werden sie beheben. Aussicht auf einen allmählichen Wiedergewinn natürlicher Selbstgewißheit geben aber die Moralisten und Realisten unter den Alten und die bohrend fragenden Jungen, die beiderseits der Elbe dafür sorgten, daß von Verantwortung für Hitler heute nicht weniger, sondern mehr die Rede ist. Denn erst in dem Maße, wie die Deutschen mit sich selbst ins Reine kommen, können sie auch mit ihrer Umwelt ins Reine kommen.

Bis dahin aber bleiben sie in einer Art Sonderstellung. Bundesrepublik und DDR dürfen weniger, als sie tun können. Wenn sie das gleiche tun wie andere, erscheint es nicht als das gleiche; und wenn sie etwas gemeinsam tun, das bei anderen niemand beachtet, fühlen sich ganz Europa und Nordamerika beunruhigt. Das ist unbegründet, aber es ist so. Helmut Schmidts außenpolitischer Grundsatz »Niemals allein« gilt für beide deutschen Regierungen: Sogar ihre legitimen Interessen verfolgen sie am besten in Gemeinschaft mit anderen, und an ihre Bündnistreue werden strengere Maßstäbe angelegt als bei allen anderen.

Für die nachfolgenden Generationen ist das schwer zu ertragen, aber auch sie müssen sich damit abfinden. Helmut Kohls Berufung auf die »Gnade der späten Geburt« befreite ihn nicht von der Haftung für seine rhetorischen Fehlleistungen und von der Rücksicht auf die Vorbehalte der Umwelt. »Die Jungen sind nicht verantwortlich für das, was damals geschah«, sagte Richard von Weizsäcker, wohl aber »verantwortlich für das, was in der Geschichte daraus wird.« Die ersten vierzig Jahre beider Republiken zeigen die Folgen versäumter Verantwortung der Alten. Das meiste, was zwischen Rhein und Oder unerklärlich wirkt, was künstlich, übertrieben, nicht fundiert erscheint und was die Nachkriegs-Deutschen von ihren Nachbarn unterscheidet, hat seine tiefere Ursache in einer ständigen Verdrängung Hitlers. Wo immer man fragt und sucht und gräbt, am Ende stößt man auf verschüttete Vergangenheit.

Drittes Kapitel
Sieger und Besiegte

> Kontrolliert Ihr Eure Deutschen,
> wir kontrollieren unsere.
>
> *Der sowjetische Botschafter Abrassimow 1971 zu den Botschaftern der Westmächte*

Im Frühjahr 1945 übernahmen die Amerikaner und Russen, Engländer und Franzosen die oberste Gewalt über Deutschland und behielten sie bis zum heutigen Tag. Zwar übertrugen sie Verwaltung und Regierung nach und nach auf deutsche Behörden, Länder und Staaten, aber an der Gestalt, die sie dem Lande nach dem Krieg gegeben hatten, änderte sich nichts. Ende der achtziger Jahre sieht Deutschland noch genauso aus wie vierzig Jahre vorher: Der Osten ist verloren, das übrige gliedert sich in zwei Staaten, die West und Ost fest verpflichtet bleiben, sowie in das Sondergebilde Berlin. Über allem liegt als höchste »deutsche« Instanz das Siegerrecht der Vier Mächte, die vom Wachtturm Berlin aus das Ganze im Auge und zur Not unter Kontrolle halten.

Innerhalb dieser rechtlichen und politischen Grenzen vollzog sich die deutsche Nachkriegsgeschichte. Der Wille der Besatzungsmacht war das erste Gebot, das deutsche Politiker zu beachten hatten; später waren es die Wünsche und Interessen der Vormacht, die Gehorsam oder doch Rücksicht verlangten. Die Abhängigkeit von den Großen und von deren wechselhaftem Verhältnis untereinander verringerte sich zwar im Lauf der

Jahrzehnte, blieb aber bestimmend für Bonn wie für Ost-Berlin bis in die Gegenwart. Die verschiedenen Phasen der amerikanisch-sowjetischen Beziehungen markierten auch die Hauptabschnitte der deutschen Entwicklung.

Die Besatzungszeit

Zuerst erfuhren die Deutschen, was ein Land erfährt, das bedingungslos hat kapitulieren müssen und nicht einmal mehr eine Regierung oder eine andere Vertretung seiner Interessen hat. Alle Gewalt ging von den Siegern aus, die Besiegten waren nur Objekt. Zwischen den Vier Mächten herrschte eine leidliche, obgleich abklingende Harmonie; das Ziel ihrer Koalition, Deutschland für alle Zeit unschädlich zu machen, einigte sie noch. Dieser Abschnitt endete hinter den Kulissen schon im Laufe des Jahres 1947 und für jedermann sichtbar am 20. März 1948, als der Kontrollrat, die Vier-Mächte-Regierung über Deutschland, für immer auseinanderging. In dieser Zeit fielen oder formierten sich die wesentlichen Entscheidungen.

Auf der Potsdamer Konferenz legten Stalin, Truman und Churchill die Ostgrenze fest. Das nördliche Ostpreußen wurde Teil der Sowjetunion, die übrigen Gebiete östlich der Oder und der Lausitzer Neiße kamen an Polen, der Form nach nur vorläufig, der Sache wie der Absicht nach endgültig, wie das Einverständnis der Amerikaner und Briten mit der Aussiedlung der Deutschen zeigt. Auch später haben die Westmächte, von einer halben Ausnahme 1947 abgesehen, die Oder-Neiße-Grenze niemals angezweifelt; nur deren endgültige Festlegung vertagten sie auf einen Friedensvertrag, und auch das geschah lediglich mit Rücksicht auf Bonn.

Das Schicksal Rumpfdeutschlands zwischen Rhein und Oder vollzog sich nach der alten Regel *cuius regio eius religio* - oder mit Stalins Worten: »Jeder führt sein eigenes System ein, soweit seine Armee vordringen kann.« So entwickelten sich Wirtschaft und Gesellschaft nach der politischen Philosophie der jeweiligen Besatzungsmacht. Im Osten wurde aller Grundbesitz über vierhundert Morgen an Bauern verteilt, im Westen blieb die Bodenreform gleich in den ersten Ansätzen stekken. Im Osten wurden alle Großbetriebe und Banken enteignet, zum Teil verstaatlicht, zum Teil von der Sowjetunion vereinnahmt. Im Westen wurden lediglich einige Konzerne und Großbanken »entflochten«. Im Osten scheiterten die Opponenten gegen entschädigungslose Enteignung, die sowjetische Militärregierung setzte die CDU-Vorsitzenden Hermes und Schreiber kurzerhand ab; im Westen scheiterten die Anhänger einer Verstaatlichung der Grundindustrien. Bis 1947 gehörte dazu auch die Mehrheit der CDU, doch die Amerikaner, als die wirtschaftlich stärkste Besatzungsmacht, sorgten mit Hilfe deutscher Marktwirtschaftler dafür, daß sich ihre Auffassung in allen westlichen Zonen durchsetzte.

Hinter den Prinzipien standen unterschiedliche Interessen. Die Amerikaner und Engländer hatten den Krieg nicht geführt, um die besiegten Deutschen ernähren zu müssen; ihnen kam es auf die eigene Entlastung, also auf Erholung der deutschen Wirtschaft an. Die Russen waren durch den Krieg selbst ökonomisch völlig ruiniert und deshalb darauf bedacht, die Zerstörer ihres Landes zum Wiederaufbau heranzuziehen - daher die Nutzung der Kriegsgefangenen als Arbeitskräfte, die Beschlagnahmung wichtiger Betriebe in der Ostzone, daher die rücksichtslose Demontage und die Forderung von zehn Milliarden Dollar Reparationen bei allen Verhandlungen mit den Westmächten. Die reichen Amerikaner konnten sich ökonomische Weitsicht leisten, die Russen lebten von der Hand in den Mund. Die Amerikaner betrachteten Deutschland schon bald als künftigen Markt für ihre Erzeugnisse, die Russen sahen es als Magazin für ihre Bedürfnisse. Beide Seiten verloren allmählich die Geduld. Die Angelsachsen wollten mit dem Wiederaufbau der deutschen Wirtschaft nicht mehr endlos auf das schwerfällige Moskau warten, die Russen wollten endlich ihre Ansprüche auf deutsche Reparationen verwirklicht sehen.

Je mehr der Streit sich politisierte, desto mehr wuchs auf beiden Seiten die Neigung, allein zu tun, was gemeinsam nicht möglich war. Die Westmächte reformierten die Währung ihrer Zonen und bezogen sie in den Marshall-Plan ein, der Europa mit amerikanischen Krediten wieder auf die Beine helfen sollte. Um wirtschaftliche und damit politische Abhängigkeit zu vermeiden, verbot Stalin seinen Gefolgsstaaten eine Teilnahme am Marshall-Plan und holte sich für den Wiederaufbau Rußlands, was er im östlichen Teil Europas bekommen konnte. Die Ostzone mußte die Reparationen für alle Zonen an die Sowjetunion leisten; so unterschiedlich die Schätzungen sind - die geforderten zehn Milliarden Dollar wurden erreicht.

Die wirtschaftliche Zukunft Deutschlands war schon 1948 vorgezeichnet. Der Westteil (wo nur ein Viertel des Geplanten demontiert wurde) erhielt Hilfe, der Ostteil mußte anderen helfen. Der Westteil wurde der stärksten Wirtschaftsmacht der

Welt angeschlossen, der Ostteil der armen Sowjetunion. Der Westteil konnte sich nach den harten, aber stimulierenden Gesetzen der Marktwirtschaft entwickeln, der Ostteil mußte sich den dogmatisierten Regeln eines industriellen Entwicklungslandes unterwerfen. Wohlstand auf der einen und Mangel auf der anderen Seite waren für lange Zeit programmiert.

Auch die politische Zukunft zeichnete sich schon früh ab. In allen vier Zonen bildeten sich zwar die gleichen Parteien, ausgestattet mit den gleichen Rechten; es sah so aus, als werde ein gesamtdeutsches Parteiensystem entstehen, das eine gemeinsame Willensbildung unabhängig von Zonengrenzen erlauben würde. Doch schon im April 1946 zerstob diese Hoffnung. Die Sowjetunion hatte sich, anders als die Westmächte, den Kern einer eigenen Partei aus Moskau mitgebracht. Kommunistische Emigranten, am bekanntesten die »Gruppe Ulbricht«, übernahmen in der Ostzone die Führung der KPD. Die sowjetische Militärverwaltung stützte sie mit allen Mitteln, doch das genügte nicht; und so wurden die Kommunisten, um eine breitere Basis zu bekommen, mit den Sozialdemokraten vereinigt.

Es war ein rätselhafter Schritt. Zur selben Zeit, da Moskau noch an der Einheit Deutschlands lag, verdarb es »seiner« deutschen Partei den Zugang zu den Westzonen und verfeindete Sozialdemokraten und Kommunisten erneut für Jahrzehnte. War es die Hoffnung, die »Einheit der Arbeiterklasse« – damals noch populär – werde sich auch westlich der Elbe durchsetzen lassen? Oder war es das erste Beispiel jenes unheilvollen Zwanges, dem auch später die kommunistische Deutschlandpolitik oft unterlag: daß sie, um der Macht im eigenen Bereich willen, die Teilung hinnehmen oder sogar betreiben mußte?

Als dann 1948 der Riß zwischen den Besatzungsmächten unheilbar wurde, vollendete sich auch die Teilung des deutschen Parteiensystems. In den Westzonen konkurrierten gleichberechtigte demokratische Parteien, die Kommunisten waren etwas weniger gleichberechtigt, wurden aber erst später, im August 1956, vom Bundesverfassungsgericht verboten. In der Ostzone bestimmte allein die SED, um die vier »bürgerliche« Parteien als Satelliten kreisten.

Auch die neue deutsche Staatlichkeit bildete sich zunächst überall auf die gleiche Weise. Sie war ein Lehen aus der Allmacht der Sieger. »Habe ich die Schaffung eines Landes beschlossen, dessen Hauptstadt Mainz sein soll«, erklärte der französische Militärgouverneur General Koenig – so entstand, das spätere Bundesland Rheinland-Pfalz, so entstanden die Länder aller vier Zonen durch Befehl der jeweiligen Besatzungsmacht. Das höhere Recht der Sieger war frei von Rücksichten; es erlaubte Vernunft wie Unvernunft und mußte nur an der Grenze der eigenen Besatzungszone Halt machen. Innerhalb einer Zone war alles möglich, Historisches konnte in aller Gestalt wiedererstehen oder in einer größeren Einheit aufgehen. So blieb Bayern unversehrt erhalten; im Norden umfaßte das neue Land Niedersachsen nun Gebiete, die nie zusammengehört hatten; und die amerikanisch-französische Zonengrenze zerschnitt die Rheinlande.

Aber so zufällig die Ergebnisse teilweise anmuten und von den Zeitgenossen auch empfunden wurden – den Westmächten erschien ihre Länderordnung so wichtig, daß sie deren Bestand garantiert haben wollten. Bei der Genehmigung des Grundgesetzes setzten sie - mit einer Ausnahme - die Artikel außer Kraft, die eine Neugliederung des Bundesgebietes vorsahen. Der westdeutsche Staat sollte dezentralisiert bleiben, damit er nicht zu stark werde. Für den ostdeutschen galt das Gegenteil: dort mußte die Macht zentralisiert sein, damit man die Umgestaltung der Gesellschaft durchsetzen konnte. Die fünf Länder der DDR wurden daher aufgelöst und an ihrer Stelle vierzehn Bezirke eingerichtet; doch das geschah erst im Sommer 1952, als die SED-Führung den »Aufbau des Sozialismus« proklamierte und Moskau vermutlich keine große Hoffnung mehr hatte, sich mit den Westmächten über eine gesamtdeutsche Regelung einigen zu können.

Auch in der Zeit absoluter Besatzungsherrschaft waren die Deutschen natürlich nicht ohne Einfluß. Schon im Mai 1945 brauchte jeder Leutnant als Ortskommandant örtliche Helfer, irgendwelche Amtspersonen, die seine Befehle ausführten und für den Fortgang der dringendsten Geschäfte sorgten. Sehr bald gab es die Parteien, die sich äußern konnten, es gab Landesregierungen, Wirtschaftsverwaltungen für eine oder zwei Zonen, die eigene Befugnisse hatten. Zahlreiche produktive Leistungen dieser Zeit entsprangen einer Zusammenarbeit zwischen Militärbehörden und deutschen Stellen.

Alle größeren Entscheidungen aber trafen die Besatzungsmächte allein. Das galt für die soziale Rücksichtslosigkeit der Währungsreform in den Westzonen, es galt erst recht für die Abtrennung der Ostprovinzen, für das politische und soziale System, für Demontage und Reparationen und für das Verhältnis der vier Zonen untereinander. Die

Deutschen konnten das meiste nur hinnehmen; manche suchten einen privaten Ausweg, indem sie in ein anderes Besatzungsgebiet wechselten. Wer Charakter hatte, konnte auch Nein sagen, er trat zurück, wurde abgesetzt, zum Verlassen seiner Zone genötigt und im sowjetischen Bereich vielleicht sogar eingesperrt.

In solcher Lage gab es keine verpaßten politischen Gelegenheiten. Natürlich richteten sich damals, je mehr Ost und West auseinandertrieben, manche Hoffnungen auf die wenigen deutschen Möglichkeiten des Zusammenhalts. In Potsdam waren deutsche Zentralbehörden beschlossen worden, doch die Franzosen hatten ihre Einrichtung verhindert. Aber auch wenn sie zustandegekommen wären, hätten sie die Einheit Deutschlands weder hergestellt noch bewahrt. Diese Behörden wären nicht mehr als ein Hilfsorgan des Vier-Mächte-Kontrollrats gewesen; als der Kontrollrat seine Arbeit einstellte, hätten auch sie es tun oder geteilt weiterarbeiten müssen. Sogar die deutsche Verwaltung Berlins, immerhin ein- und derselben Stadt, überlebte den Zerfall der Vier-Mächte-Kommandantur nur um fünf Monate; danach gab es zwei Berliner Bürgermeister.

Auch die Münchner Ministerpräsidenten-Konferenz vom Juni 1947 konnte Deutschland nicht retten. Die Länderchefs aller vier Zonen trafen sich damals, um wirtschaftliche Zusammenarbeit und »künftige politische Zusammenfassung« zu fördern, aber die Auflagen der französischen und sowjetischen Besatzungsmacht waren so streng, daß nicht einmal Einverständnis über die Tagesordnung erreicht werden konnte. Die Gäste aus der Ostzone reisten ab, bevor die Konferenz überhaupt begann. Die Deutschen waren zu schwach, um ihr Land zusammenzuhalten.

Die Umkehrung der Bündnisse

Der zweite Abschnitt veränderte alles, das Verhältnis der Großmächte zueinander und das Verhältnis der Großmächte zu den Deutschen. Bereits am 3. Mai 1946, ein Jahr nach der deutschen Kapitulation, schrieb der britische Außenminister Bevin in einer Kabinettvorlage: »Die russische Gefahr ist inzwischen mit Sicherheit genauso groß, möglicherweise aber noch größer als die Gefahr eines wiedererstarkten Deutschland.« Nochmals ein Jahr später war man in London und auch in Washington vom Vorrang der russischen Gefahr überzeugt. Alle Länder Europas, die von der Roten Armee besetzt worden waren, wurden auch politisch rot. Der Weltkommunismus, so schien es auch in anderen Erdteilen, strebte nach Welteroberung; Präsident Truman versprach im März 1947 allen, die sich der Bedrohung widersetzen wollten, die Hilfe der Vereinigten Staaten. Wiederum zwei Jahre später trafen die Amerikaner, von den Westeuropäern gedrängt, ihre vermutlich wichtigste Entscheidung der Nachkriegszeit: sie gründeten die NATO, das hieß, sie blieben in Europa. Nach dem Ersten Weltkrieg hatten sie sich sogleich zurückgezogen, mit dem Ergebnis, daß sie zwanzig Jahre später wiederkommen mußten - ein drittes Mal wollten sie nicht Feuerwehr sein, jetzt wollten sie selbst dafür sorgen, daß ein Brand in Europa gar nicht erst entsteht. Die Amerikaner übernahmen, was die Briten und Franzosen nicht mehr vermochten: sowohl Russen als auch Deutsche in Schranken zu halten.

Washington und Moskau bestimmten nun über Europa. Schon 1946 hatte Winston Churchill von einem »Eisernen Vorhang« gesprochen, der zwischen Ost und West niedergegangen sei. Auf der einen Seite proklamierte Präsident Truman die »freie Welt«, auf der anderen der ZK-Sekretär Shdanow das »Lager des Friedens«. Zwei Welten, zwei Lager, zwei Glaubensbekenntnisse - die politische Rivalität lud sich ideologisch auf, steigerte sich zum Kampf der Prinzipien.

Der Kalte Krieg wurde zur Hauptsache, die Niederhaltung der Deutschen zur Nebensache. Ja noch mehr: die Deutschen, obwohl noch recht-und staatenlos, wurden politisch wichtig, weil jede Seite fürchtete, sie könnten sich auf die Gegenseite schlagen. »Am schlimmsten«, schrieb Bevin in der Kabinettvorlage, »wäre ein wiedererstarktes Deutschland, das gemeinsame Sache mit Rußland macht oder von ihm beherrscht würde.« Stalin dachte umgekehrt das gleiche. Schon 1945 war er überzeugt, die Deutschen würden in zwölf oder fünfzehn Jahren »wieder auf den Beinen stehen«. Stalin wußte auch, daß die Vereinigten Staaten der »mächtigste Staat der Welt« waren, und fürchtete, beide könnten sich gegen die Sowjetunion verbinden.

Die Deutschlandpolitik aller vier Sieger änderte sich. Nicht mehr um die Beschränkung, sondern um die Nutzung der deutschen Kraft ging es jetzt, nicht mehr um die Pazifizierung der Deutschen, sondern um ihre Remilitarisierung. Dabei nahm das Gewicht der Deutschen in dem Maße zu, wie sich der Gegensatz zwischen den Siegermächten verschärfte. Schon als dieser sich lediglich andeutete, empfahl sich gewisse Rücksicht auf die Besiegten. Als der Konflikt dann offen zu Tage trat, organisierten die Westmächte und dann die Sowjetunion ihre Zonen als Staaten. Als er schließlich militärische Formen anzunehmen schien - der

Korea-Krieg 1950 galt damals als Stalins Werk –, wurde der Weg frei für eine Umkehrung der Allianzen. Die Westmächte glaubten, die Feinde von gestern auch militärisch zu brauchen, um gegen die Feinde von heute zu bestehen. 1955 gliederten sie die Bundesrepublik der NATO ein; neun Tage später gründete die Sowjetunion den Warschauer Pakt, die DDR war Gründungsmitglied.

Die Teilung Deutschlands war nun wirtschaftlich, politisch und militärisch fundiert. Gegen die Teilung gab es – jedenfalls im Westen – nur ein Argument von Gewicht, es war die Sorge, daß die Deutschen eine Spaltung auf die Dauer nicht ertragen würden. Aber nur Oppositionsparteien und einzelne Politiker in London und Washington ließen sich davon zu Wiedervereinigungsplänen bewegen. Die Regierungen begnügten sich mit Gesten.

Mit der Zeit wurden sich auch alle des Vorteils der Lage bewußt: Die Teilung Deutschlands bedeutete eine Beschränkung der deutschen Macht, und daran waren auch im Kalten Krieg die meisten weiter interessiert. Die drei Möglichkeiten einer Wiedervereinigung schreckten gleichermaßen: Alle Deutschen bei der NATO – höchstens die Amerikaner hätten das ertragen; den Franzosen, wie allen Westeuropäern, war schon die Bundesrepublik etwas zu viel. Alle Deutschen beim Warschauer Pakt – nicht nur die Polen und Tschechen wären entsetzt gewesen; es war auch fraglich, ob die Sowjetunion ein kommunistisches Gesamtdeutschland bewältigt hätte. Alle Deutschen neutralisiert in der Mitte – Moskau rechnete sich dabei zunächst Chancen aus, aber wohin das große deutsche Gewicht sich schließlich geneigt hätte, wußte niemand. Nicht nur im Westen, überall in Europa und in Washington erschien die Ungewißheit viel zu groß, als daß man sich darauf einlassen wollte. So waren alle, auch die Sowjetunion, seit Mitte der fünfziger Jahre mit der Teilung zufrieden. Man hatte sie nicht beabsichtigt, aber nachdem sie sich ergeben hatte, nahm man sie in stiller Dankbarkeit an.

Die unreife Partnerschaft

Nicht die Befreiung von Hitler war die Basis, auf der die Sieger und die Besiegten des Zweiten Weltkrieges ein neues Verhältnis fanden - eher das Gegenteil: Als die Angelsachsen 1947 die Gründung der Bundesrepublik vorzubereiten begannen, registrierten alliierte wie deutsche Beobachter eine Zunahme und keineswegs eine Abnahme nazistischen Denkens; immer mehr Deutsche meinten, der Nationalsozialismus sei eine gute Idee gewesen, die nur schlecht ausgeführt wurde. Trotzdem trieben Washington und London ihre Weststaatpläne voran, Moskau agierte und reagierte entsprechend. Die Deutschen wurden Verbündete nicht im Zeichen des Anti-Nazismus, sondern des Anti-Kommunismus im Westen und des Kommunismus im Osten. Die Westmächte schufen die Bundesrepublik und nahmen sie in die NATO nicht deshalb auf, weil sie die Westdeutschen für hervorragende Demokraten hielten, sondern weil sie westdeutsche Soldaten brauchten. Und die Sowjetunion gründete die DDR und bezog sie später in ihre Militärallianz nicht deshalb ein, weil zwischen Elbe und Oder der Kommunismus so vorzüglich gedieh, sondern weil ihr Imperium einen Schlußstein verlangte.

Umgekehrt war es ähnlich: Was die Deutschen

an ihre Verbündeten band, war im Westen die Angst vor dem Osten und bei den Regierenden im Osten die Angst vor dem Westen sowie vor der eigenen Bevölkerung. Furcht vermag viel, aber sie verzerrt. Weder die Deutschen noch ihre neuen Verbündeten waren reif für eine Partnerschaft. Die einen blieben befangen im Elend ihrer Niederlage und beherrscht von dem Wunsch, möglichst bald und leicht aus der Misere herauszukommen; die anderen hatten zwar ihr Bild von der Nation, die den Nationalsozialismus schuf und ertrug, versachlicht, aber ihr Mißtrauen wucherte weiter. Bundesrepublik wie DDR waren als Verbündete unerwünscht, aber - so schien es - unvermeidlich.

So versuchte man auf beiden Seiten, die Deutschen zu nutzen, zugleich aber einzubinden. Die Bundeswehr wie die Nationale Volksarmee wurden ihren Bündnissen auch in Friedenszeiten ganz unterstellt, weder Bonn noch Ost-Berlin hat Truppen zu eigener Verfügung, wie ihre Allianzpartner sie haben. Beide deutschen Armeen wurden auch in Ausbildung, Aufbau und sogar den Offiziersrängen ihren Vormächten angeglichen; bei der Volksarmee wird niemand General, der nicht mehrere Jahre an einer sowjetischen Militärakademie ausgebildet wurde.

Ein geistreicher Mann in Paris beschrieb das Dilemma, vor dem die Westeuropäer standen: »Die Bundeswehr sollte stärker sein als die sowjetische Armee und schwächer als die französische.« Am liebsten sollte es überhaupt keine deutsche Armee geben, sondern nur deutsche Einheiten bis zur Divisionsstärke, die in eine Viel-Völker-Armee eingeschmolzen würden. Aber selbst das war der französischen Nationalversammlung noch zu bedenklich. Schließlich half man sich mit einem Umbau der

»Westeuropäischen Union« – dabei wurde aus einem Verteidigungspakt gegen die Deutschen eine Organisation mit den Deutschen zur Kontrolle der Deutschen. Die Bundesrepublik bekam am Ende doch eine Armee und wurde vollberechtigtes Mitglied der NATO, aber die besorgten Westeuropäer behielten die letzte und wirksamste Garantie: Die Besatzungstruppen der Siegermächte wechselten zwar ihren Status und wurden Verbündete, aber sie blieben in der Bundesrepublik und bewahrten sich, jenseits der Stationierungsverträge, durch bloße Anwesenheit die Aufsicht über das Land.

Doch so begreiflich all diese Vorkehrungen erscheinen – der Krieg war erst fünf Jahre her –, die Sieger fürchteten Gefahren, die gar nicht mehr bestanden. Die Deutschen bedrohten keinen, sondern fühlten sich selbst bedroht. Sie wollten nicht andere beherrschen, sondern mit den anderen gleichberechtigt werden. Der Konflikt der Sieger bot ihnen die Chance, aus dem Status des Besiegten herauszutreten; um diese Chance zu nutzen, mußten sie sich so verhalten und entwickeln, wie es die Schöpfer ihrer Staaten geplant hatten. Bundesrepublik und DDR waren nicht um ihrer selbst willen gegründet worden, sondern als Bastionen – die Bundesrepublik gegen die Sowjetunion und die DDR gegen die Bundesrepublik. Beide waren bestimmt, ihrem Bündnis, vor allem ihrer Vormacht zu dienen; die Parteinahme für den Westen oder den Osten war schon in den Grundstein eingemauert.

Aber die Parteinahme entsprach auch den jeweils herrschenden Überzeugungen. In der Bundesrepublik war die überwiegende Mehrheit für ein Zusammengehen mit den Westmächten, in der DDR blieb das Bündnis mit Moskau Sache einer

Minderheit aus Kommunisten, jungen marxistischen Idealisten und Opportunisten - doch diese Minderheit regierte. Allein die Allianz mit der eigenen Großmacht konnte den deutschen Staaten geben, was sie damals am dringendsten wünschten und brauchten: Sicherheit.

Ein neuer Krieg erschien, mindestens bis Mitte der fünfziger Jahre, keineswegs ausgeschlossen, viele in Ost wie West hielten ihn sogar für unvermeidlich. Der Konflikt der Ideologien, so glaubten sie, sei unlösbar und erlaube keinen Kompromiß, sondern nur Sieg oder Niederlage; irgendwann müsse also entschieden werden, ob die Welt demokratisch oder kommunistisch werde. Und wenn es wieder zum Kampf kommen sollte, wollten die Deutschen diesmal aber auf der richtigen Seite stehen. Die Russen galten als entschlossene Eroberer, bis zur Elbe waren sie schon gekommen, und so würden sie wohl demnächst weiter bis zum Rhein oder zum Atlantik vorstoßen. Das Urteil über die Amerikaner schwankte, es hing in der DDR wie der Bundesrepublik davon ab, wieviel Entschlossenheit gegenüber der Sowjetmacht man ihnen zutraute. Die Russen wurden meist über-, die Amerikaner meist unterschätzt.

Der Wirklichkeit näher waren die politischen Sorgen. Adenauer litt, solange er regierte, unter der Furcht, die Großmächte könnten sich über die Köpfe der Europäer hinweg und zu Lasten der Deutschen arrangieren. Wie war dann zu verhindern, daß man in den Sog der Sowjetunion geriet und die Kommunisten sich ebenso an die Macht manipulierten, wie sie es in der sowjetischen Zone getan hatten?

Ernstere Sorgen bewegten die Führung in Ost-

Berlin. Ihr Staat war außerhalb des Ostens nirgendwo anerkannt und galt als illegitimes und künstliches, weder lebensfähiges noch lebenswertes Gebilde. Bis Anfang 1955 wurde die DDR sogar von ihrem Schöpfer und Schutzpatron zeitweise offen zur Disposition gestellt - wußte die SED-Führung sicher, daß Moskaus Angebote für freie Wahlen in ganz Deutschland nicht ernst gemeint waren? Kader der SED scheinen sich damals darauf vorbereitet zu haben, den Kampf für den Kommunismus als Opposition in einem wiedervereinigten Deutschland weiterzuführen, vielleicht sogar aus der Illegalität.

Weit länger, als Gefahr drohte, blieb Sicherheit das erste Gebot für beide deutschen Regierungen. Das normale Bestreben eines Landes, fremde Truppen loszuwerden, verkehrte sich ins Gegenteil: Bonn wie Ost-Berlin betrachteten es als oberstes Ziel ihrer Außenpolitik, die Amerikaner und Russen im Lande zu halten. Schon eine geringe Minderung ihrer Truppenstärke erschien als der Anfang vom Ende aller Sicherheit; die Zahl der Soldaten war nicht eine strategische, sondern eine magische Zahl. Erst im Laufe der achtziger Jahre änderte sich das allmählich.

Auch politisch wurden Washington und Moskau unentbehrlich - und zwar gerade dort, wo man es am wenigsten erwarten durfte: beim Kampf der Deutschen gegeneinander. Die Bundesrepublik brauchte die Hilfe ihrer Verbündeten, um West-Berlin zu schützen, eine internationale Anerkennung der DDR zu verhindern und die Oder-Neiße-Grenze als bloße »Linie« erscheinen zu lassen. Ebenso blieb Ost-Berlin auf Moskau angewiesen, um sich gegen den »Störfaktor« West-Berlin zu wehren und aus dem Paria-Dasein eines international mißachteten Staates herauszutreten.

Beide deutschen Regierungen brauchten ihre Verbündeten auch für ihre Wiedervereinigungspolitik. Ein demokratisches Deutschland, wie es die Bundesrepublik wollte, oder ein kommunistisches, wie die DDR-Führung es wünschte – beides war nur mit einem Sieg im Kalten Krieg zu erreichen: durch ein »Zurückrollen« des Kommunismus bis zur sowjetischen Grenze, wie der amerikanische Außenminister Dulles proklamierte, oder durch ein »Überholen« des Kapitalismus, wie der sowjetische Parteichef Chruschtschow es als Ziel setzte.

Einen Bürgerkrieg mit Hilfe fremder Mächte zu führen, galt immer als fragwürdig, ist jedoch in der Geschichte nichts Ungewöhnliches. Beispiellos aber war die Konstruktion, die Bonner Juristen entwarfen: Danach wurde das in zwei Staaten und das Sondergebiet Berlin zerfallene Deutschland nur durch die oberste Gewalt der vier Siegermächte zusammengehalten. Die Vier sahen darin »Rechte«, am Rhein machte man daraus eine »Verantwortung«, eine »Vier-Mächte-Verantwortung« für die Wiedervereinigung. Die Zerstörer der Einheit wurden zu Treuhändern der Einheit befördert – das war schon recht erstaunlich; schwer begreiflich erscheint die Folgerung, die Bonn bis zur Mitte der sechziger Jahre daraus zog. Aus seiner Sicht bestand das Problem lediglich darin, Moskau zur »Freigabe der Zone« zu bewegen; doch das müßten die Amerikaner, Briten und Franzosen bewerkstelligen, die allein zuständig seien. Die Deutschen konnten nicht mehr tun, als die Verbündeten zu mahnen, damit sie in Moskau für die Wiedervereinigung tätig würden. Bonn verzichtete in seiner nationalen Frage auf eigene Politik. Seine Vertreter durften mit Vertretern der Sowjetunion höchstens unverbindlich Ansichten austauschen, jedes ernsthafte Gespräch galt schon als gefährlich, denn damit würden »die Vier Mächte aus ihrer Verantwortung entlassen«.

Adenauer hatte sich die Hilfe der Alliierten sogar schriftlich geben lassen. Als Ausgleich für die Gestellung deutscher Soldaten versprachen sie, sich um ein »wiedervereinigtes Deutschland« zu bemühen, »das eine freiheitlich-demokratische Verfassung ... besitzt und das in die europäische Gemeinschaft integriert ist«. Ein demokratisches Gesamtdeutschland, das sich Westeuropa anschließt – das hieß für Moskau, seinen Teil Deutschlands ohne Gegenleistung aufgeben; und es hieß für die Westmächte, sich für eine Sache engagieren, die ihnen eher zweifelhaft als vorteilhaft erschien. Der »Deutschlandvertrag« galt, als er 1954 in Paris unterzeichnet wurde, als großer Erfolg der Bonner Wiedervereinigungspolitik; doch er enthielt, da auf ein illusionäres Ziel gestellt, den Keim eines Konflikts mit den Alliierten.

Beide deutschen Staaten waren zu früh Verbündete geworden; um ihrer Sicherheit willen mußten sie sich unentbehrlich machen, und ihrer zweifelhaften Reputation wegen mußten sie sich bewähren. So entwickelten sie sich zu den Frontstaaten ihrer jeweiligen Allianz, nicht nur militärisch, sondern auch in ihrer Gesinnung. Keiner erfüllte – außer der Vormacht – die Bündnispflichten so korrekt, keiner behielt den Feind so wachsam im Auge, keiner achtete so sorgfältig auf die Geschlossenheit des Bündnisses, keiner mißtraute den Friedensbeteuerungen der Gegenseite so tief, und keiner warnte so entschieden vor den »Aufweichungs«-Gefahren einer Entspannung.

Die politische Elite beider Staaten, zum Teil auch deren Bürger, hungerten nach Anerkennung in jeder Bedeutung des Wortes. Die einen wollten sich als die perfekten Demokraten beweisen, die anderen als prinzipienfeste Kommunisten; die einen suchten ihre politische Frontbewährung im Anti-Kommunismus, die anderen im Anti-Imperialismus. Beide strebten danach, in einer übernationalen Gemeinschaft aufzugehen - im Westen war es die europäische und im Osten die sozialistische Gemeinschaft. Es lag darin viel guter Wille, den Nationalismus, der in Hitler gipfelte, zu überwinden; aber unbewußt verbarg sich hier auch ein Bedürfnis, als Deutsche unkenntlich zu werden: Man war ein Teil Europas oder eine Abteilung im internationalen Klassenkampf. Beide Deutschland erlebten dabei ähnliche Enttäuschungen: nicht als christliche Abendländer oder als Genossen empfing man sie in den Nachbarländern, sondern als »die Deutschen«. Die Bundesrepublik, und vermutlich auch die DDR, im Ausland zu vertreten, war im ersten Jahrzehnt keineswegs ein Vergnügen, manchmal wurde selbst die Form nur knapp gewahrt.

Aufstieg zur Gleichberechtigung

Aber nicht die Vorbehalte bestimmten die weitere Entwicklung, sondern das ehrliche Bemühen, das auch hinter dem Übereifer spürbar war - vor allem jedoch der erstaunliche wirtschaftliche Erfolg. Bundesrepublik und DDR liefen ihren Nachbarn, die unter ähnlichen Bedingungen lebten, ökonomisch davon; ihr Aufstieg begann als wirtschaftlicher Aufstieg; und das Ansehen, das sie sich erwarben, beruhte zunächst darauf, daß man sie als ökonomische Größe ernstnehmen mußte.

Die politische Vertrauenswürdigkeit wuchs langsamer. Sie war mit der Verleihung der Souveränität Mitte der fünfziger Jahre noch nicht erreicht; von der formalen Gleichberechtigung zur sozialen Gleichrangigkeit ist es auch im Leben der Staaten oft ein großer Schritt. Für die Bundesrepublik mußten mehr als ein Dutzend Jahre vergehen, bis sie eines Staatsbesuchs der alliierten Staatsoberhäupter würdig erschien; 1962 kam de Gaulle, 1963 Kennedy und 1965 die britische Königin. Jeder von ihnen erhielt einen triumphalen Empfang jenseits allen Protokolls; die Deutschen bewiesen ihre Dankbarkeit, daß man sie als Nation wieder respektierte. Nikita Chruschtschow, der erste Mann der Sowjetunion, besuchte Ost-Berlin und Leipzig schon in den fünfziger Jahren; doch eine gewisse Achtung erwarb sich die DDR unter ihren Verbündeten wohl erst, als sie 1963 eine eigene, damals moderne Wirtschaftsorganisation entwickelte. In das Netz der zweiseitigen Freundschafts- und Beistandsverträge, das alle Mitglieder des Warschauer Pakts miteinander verbindet, wurde die ostdeutsche Republik erst Mitte der sechziger Jahre eingeflochten.

Doch die Maßstäbe für Gleichrangigkeit sind unsicher, und für die praktische Politik kam es zunächst auf anderes an. Ulbricht kannte sich in Moskau besser aus als Adenauer in Washington, Paris und London; diesen Vorsprung holten die Bonner Politiker erst im Laufe der Zeit auf. Andererseits bedeutete der Erwerb der Souveränität für sie mehr. Seit 1955 entschieden sie über die inneren Angelegenheiten selbst und allmählich auch über die äußeren, soweit es die Vorbehaltsrechte und die wesentlichen Interessen der Verbündeten zuließen. Ulbricht bewies von Anfang an begrenzte Eigenständigkeit. Er verstaatlichte die

Mittel- und Kleinindustrie vorsichtiger, als es in anderen Oststaaten geschah, und kollektivierte das Handwerk zunächst nur in geringem Maße. Auch vermied er Schauprozesse mit Todesurteilen, wie Stalin sie in Prag, Budapest, Sofia und Tirana inszenieren ließ. Andererseits widersetzte er sich dem milderen »Neuen Kurs« der Stalin-Nachfolger und beschränkte später die »Entstalinisierung«, soweit er nur konnte. Außenpolitik gab es für die DDR lange Zeit lediglich im Rahmen, oder sogar Auftrag, der sowjetischen Außenpolitik.

Der Unterschied zur Bundesrepublik war groß. Bonn war frei, aber durfte manches nicht tun, Ost-Berlin war gebunden, aber mußte nicht alles tun. Immerhin hat es wohl die Länder, die in gleicher Abhängigkeit von Moskau standen, nach etwa zehn Jahren eingeholt. Am 17. Juni 1953 hatten die Russen die kommunistische deutsche Republik retten müssen; doch als drei Jahre später in Ungarn der offene Aufstand ausbrach und in Polen nur in letzter Minute verhindert werden konnte, blieb es in der DDR ruhig.

Die Berlin-Krise

Aus Siegern und Besiegten waren Verbündete geworden, doch sehr bald stellte sich heraus, daß man ein Land nicht ungestraft teilt. Die deutschen Regierungen fügten zwar ihre Staaten fest in die Bündnisse ein, aber sie erhoben Forderungen, die das stillschweigende Einverständnis der Großmächte über Deutschland störten. Dessen Grundlage war der Status quo, die Respektierung des beiderseitigen Besitzstandes; die deutschen Forderungen zielten jedoch auf eine Änderung der

Besitzverhältnisse. Die Bundesrepublik verlangte eine Wiedervereinigung, also den Verzicht der Sowjetunion auf die DDR; die Führung der SED verlangte eine »Lösung des West-Berlin-Problems«, also den Verzicht der Westmächte auf ihr Siegerrecht an der Spree.

Die Alliierten wünschten Entspannung und Abrüstung, Bonn aber widersetzte sich, weil beides die deutsche Zweistaatlichkeit zu befestigen oder gar zu legalisieren drohte. Über Entspannungsvorschläge werde nicht einmal diskutiert, erklärte das Auswärtige Amt im April 1956, wenn sie die »stillschweigende Hinnahme der Teilung Deutschlands« auch nur voraussetzten. Das war die Sprache eines selbstbewußt gewordenen Verbündeten, der ein Veto-Recht für die gesamte Ostpolitik der Allianz beanspruchte.

Mit dem Spätherbst 1958 wurde dieser Streit zum Konflikt. Chruschtschow griff die Westmächte an ihrer schwächsten Stelle, Berlin, an, um sie zur Anerkennung der sowjetischen Ordnung im östlichen Europa zu nötigen. »Fixieren wir, was im Ergebnis des Zweiten Weltkrieges geschehen ist«, wiederholte er immer wieder und empfahl damit, einen Zustand rechtlich zu bestätigen, über den zwischen den Siegermächten längst unausgesprochene Einigkeit herrschte. Amerikaner, Engländer und Franzosen betrachteten die Oder-Neiße-Grenze als endgültig, de Gaulle sagte es sogar öffentlich; sie hielten eine Wiedervereinigung für eine Frage ferner historischer Zukunft und deshalb eine wenigstens faktische Anerkennung der DDR für vernünftig und folgerten: Weshalb nicht zur Verhandlung stellen, was ohnehin unvermeidlich ist, um so den Druck von Berlin zu nehmen?

Gegen den Willen der Bundesrepublik konnten

die westlichen Alliierten aber nichts mit den Russen über Deutschland vereinbaren, so stark hatte Adenauer seinen Staat in zehn Jahren gemacht. Die Angelsachsen bemühten sich durch die ganze vierjährige Krise hindurch, den Kanzler zur Bestätigung der Ostgrenze und zur Kontaktaufnahme mit der DDR zu überreden. Aber Adenauer empfand es als grobe Zumutung, ihm die Liquidierung seiner gesamten Einheitspolitik abzuverlangen. Im »Deutschlandvertrag« hatten die Verbündeten ihm dafür feierlich ihren Rückhalt zugesichert; er fühlte sich von den Angelsachsen betrogen, widerstand ihren Ansinnen oder wich aus.

Doch je länger sich die Sache hinzog, desto ungeduldiger wurde Chruschtschow; er verstärkte seinen Druck auf Berlin - in Kennedys Umgebung schätzte man die Wahrscheinlichkeit eines Krieges auf zwanzig bis dreißig Prozent. Die Amerikaner fühlten sich in eine Situation gebracht, die sie für vermeidbar hielten. Für West-Berlin - im äußersten Falle - einen Krieg riskieren, das mußten sie auf sich nehmen, wenn sie in der Welt als Schutz- und Vormacht des Westens glaubhaft bleiben wollten. Aber die Gefahr atomarer Vernichtung einzugehen, weil die Deutschen ihre überholten Grundsätze nicht aufgeben mochten, erschien unerträglich. So klagten beide Seiten immer mehr übereinander: die Deutschen über den Leichtsinn und die Selbstherrlichkeit der Amerikaner, die Amerikaner über den Starrsinn und die Selbstgerechtigkeit der Deutschen.

Aber Chruschtschow und Ulbricht erging es nicht viel besser, obwohl ihre Interessen sehr viel weiter übereinstimmten. Der SED-Sekretär konnte auf die »besondere Lage« der DDR verweisen, die sich von der aller anderen Oststaaten unterschied: sie ist kein geschlossener Nationalstaat, sondern muß mit der Konkurrenz eines größeren und reicheren Deutschland kämpfen - und damals hatte sie in Berlin auch noch eine offene Grenze. Wie sollte die Regierung die Wirtschaft planen und entwickeln, ein funktionsfähiges, stabiles Gemeinwesen schaffen, eine Armee aufbauen, wenn jährlich fast zweihunderttausend Bürger das Land verließen? Wie sollte unter diesen Umständen die Partei den »Aufbau des Sozialismus« vollenden - die Enteignung und Kollektivierung der Bauern und Handwerker war 1957 erst zu einem Viertel geschafft?

Wenn die DDR ein sozialistischer Staat wie alle anderen werden sollte, dann brauchte sie die gleichen Bedingungen wie die anderen. Die Bundesrepublik ließ sich nicht aus der Welt schaffen, aber zweierlei konnten die deutschen Kommunisten verlangen: die internationale Anerkennung ihres Staates und die Beseitigung des feindlichen Vorpostens inmitten ihres Staatsgebietes. Schon in den fünfziger Jahren drängte Ulbricht in Moskau auf Maßnahmen gegen West-Berlin; Chruschtschows ultimativer Versuch, die Westmächte von dort zu vertreiben und die Westsektoren in eine »entmilitarisierte Freie Stadt« umzuwandeln, sollte der SED-Regierung das Leben erleichtern.

Nach Ulbrichts Vorstellung hätte die DDR dann den gesamten Verkehr zwischen der Freien Stadt und der Außenwelt kontrolliert - mit doppelter Wirkung: Die Flüchtlinge aus der DDR wären höchstens noch bis nach West-Berlin gekommen, aber nicht mehr weiter in die Bundesrepublik; und die Westberliner hätten mit dem Luftweg den einzigen freien Weg nach Westen verloren und damit auch ihre innere Freiheit. Der isolierten Stadt wären Lebenskraft, Lebensmut und schließlich das Leben allmählich ausgegangen.

Eine solche Regelung hatte Ulbricht wahrscheinlich im Auge, als er Mitte Juni 1961 den berühmt gewordenen Satz sagte: »Niemand hat die Absicht, eine Mauer zu errichten.« Doch Chruschtschow entschied für die zweite »Lösung«, den Mauerbau; es war die Lösung der Großmächte. Kennedy hatte Chruschtschows brutalem Drängen entschlossene Härte entgegengesetzt und sogar Teilmobilisierungen angeordnet, hatte ihm aber gleichzeitig zu verstehen gegeben, daß die amerikanische Verteidigungsbereitschaft nur für West-Berlin gelte. Chruschtschow begriff: Ost-Berlin war freigegeben - und ließ die Mauer ziehen.

Einige Monate später erläuterte Chruschtschow dem Bonner Botschafter in Moskau seine Zwangslage. Wenn er gegen die Massenflucht nichts unternommen hätte, wäre die Wirtschaft der DDR zusammengebrochen; wenn er aber eine Lufttransportsperre verhängt hätte, wäre daraus am Ende vielleicht ein Krieg geworden: »Das konnte und wollte ich nicht riskieren. Also blieb nur die Mauer übrig. Ich möchte Ihnen auch nicht verhehlen, daß ich es gewesen bin, der letzten Endes den Befehl dazu gegeben hat. Ulbricht hat mich zwar seit längerer Zeit und in den letzten Monaten immer heftiger gedrängt, aber ich möchte mich nicht hinter seinem Rücken verstecken. Er ist zu schmal für mich.«

So sprach die Großmacht. Präsident Kennedy auf der Gegenseite dachte nicht sehr viel anders. Amerikaner und Russen waren durch die Deutschen in Schwierigkeiten geraten, nun sorgten sie dafür, daß sie die Herren der Lage blieben. Ein Jahr später versuchte Chruschtschow, die Amerikaner mit Raketen auf Kuba noch einmal unter Druck zu setzen; als er auch damit an Kennedys klug dosiertem Widerstand scheiterte, gab er seine offensive Politik auf. Mit dem Ende der Kubakrise war auch die Berlinkrise zu Ende.

Dem Anschein nach hatte sie nichts verändert, tatsächlich aber sehr viel. Der Status quo war nicht, wie Chruschtschow wollte, formalisiert, aber er war zementiert - in Berlin buchstäblich und im übrigen Deutschland politisch. Die Mauer hatte das Letzte geschlossen, was in Europa zwischen West und Ost noch offen war. Beide Großmächte hatten ihre Deutschen enttäuscht. Ulbricht bekam die Mauer, aber nicht die ganze Stadt. West-Berlin blieb frei, aber die letzte Brücke zum Osten war gebrochen, und die Wiedervereinigung war, wie ein Diplomat im Rückblick sagte, »einfach vom Tisch«. Es gab weder Konferenzen mehr darüber noch ernsthafte Pläne oder Entwürfe dafür. Keine Politik hatte mehr Aussicht, die auf eine Änderung der Besitzverhältnisse abzielte; Moskaus Macht in der DDR blieb ebenso unantastbar wie das Siegerrecht der Westmächte in Berlin. Die Deutschen beiderseits der Elbe sprachen noch von der Einheit, und die Großmächte widmeten dem Thema zuweilen einige gute Worte; aber die Zwei-Staaten-Regelung, die sie für Deutschland getroffen hatten, entzog sich nunmehr jedem Zweifel.

Die Entspannung

Mit der Kubakrise ging der Kalte Krieg zu Ende. Kennedy und Chruschtschow hatten am Rande des Atomkriegs gestanden, Entspannung war jetzt das Wort der Zeit; und damit begann zwischen den ehemaligen Siegern und Besiegten ein neuer Abschnitt ihrer Beziehungen. Die Deutschen mußten sich umstellen. Solange die Großen sich bekämpften, konnten auch Bonn und Ost-Berlin es tun und dabei auf Hilfe bei ihren Verbündeten rechnen. Doch nun wollten Washington und Moskau Streit vermeiden, auch in Deutschland sollte Ruhe herrschen oder jedenfalls die Unruhe soweit eingedämmt bleiben, daß keine Konflikte entstanden. Wenn die Bundesrepublik und die DDR in den sechziger Jahren aneinanderzugeraten drohten, wurden sie von ihren Vormächten gebremst. Bundestag und -rat mußten ihre gesamtdeutschen Demonstrationen in Berlin einstellen, als es deshalb Ärger mit der Sowjetunion gab. Die DDR-Grenzpolizei durfte den Berlinverkehr stören, aber nicht zu lange und nicht soweit, daß eine neue Berlinkrise entstehen konnte.

Für die Bundesrepublik wiederholten sich die Schwierigkeiten, die sie schon während der ersten Entspannungsphase gehabt hatte. Wollte sie der Einheit treu bleiben, mußte sie die Entspannung ablehnen oder von Einheitsbedingungen abhängig machen; wollte sie mit der Gesamtentwicklung im Einklang bleiben, mußte sie die Teilung hinnehmen. Sieben Jahre vergingen, bis Einsicht in die Notwendigkeit sich durchsetzte. Zu einem großen, immer anwachsenden Teil war es eigene Einsicht, doch sie wurde gefördert und ermuntert durch die Verbündeten, die einerseits Bonner Illusionen jede Unterstützung verweigerten, andererseits aber vorführten, wie man es besser machen konnte. Kennedys »Strategie des Friedens« und de Gaulles Vision eines Europa »vom Atlantik bis zum Ural« wurden zu Vorbildern oder zur willkommenen Berufungsinstanz für die Weiterdenkenden in allen westdeutschen Parteien – von Willy Brandt bis zu Franz Josef Strauß.

Das Ostberliner Politbüro hatte andere Schwierigkeiten mit der Entspannung. Es hoffte nicht ganz unbegründet, die internationale Anerkennung allein durchzusetzen, doch Moskau verhandelte 1970 für sein ganzes Bündnis mit dem neuen Bundeskanzler Brandt. So bekam die DDR ihre Anerkennung nicht durch einen Sieg über Bonn, sondern als Geschenk der Vormacht, das sie auch noch teuer bezahlen mußte. Beim Berlin-Abkommen und den Verträgen mit der Bundesrepublik wurde sie zu Zugeständnissen genötigt, die ihrer Führung unzumutbar oder gefährlich erschienen. Ulbricht leistete so hartnäckig Widerstand, daß ihm schließlich, Anfang Mai 1971, nur noch der Rücktritt blieb. Er hatte den ostdeutschen Staat im Dauerkampf gegen den westdeutschen aufgebaut, aber er mußte gehen, als die Vormacht den Ausgleich mit Bonn für nötig hielt. Auch das war ein deutsches Schicksal.

Die Bundesrepublik fand den Weg zur Entspannung selbst; die DDR hatte es als nicht anerkannter Staat schwerer und mußte zu ihrem Glück gezwungen werden. Beide folgten den Auffassungen ihrer Vormächte erst mit Verspätung, dann aber erkannten sie, daß ein ruhiger Interessenausgleich auch für sie weit vorteilhafter war als das alte Ost-West-Gegeneinander. Bonn wie Ost-Berlin machten Entspannung zur eigenen Politik; die Bundesrepublik begann konsequent damit erst unter dem Kanzler Brandt, die DDR in der zweiten Hälfte der siebziger Jahre unter dem Generalsekretär Honecker.

Die Verträge, die Brandt und Scheel mit Moskau, Warschau und Ost-Berlin schlossen, waren formal wie inhaltlich der westlichen Politik angepaßt. Sie standen unter dem notifizierten Vorbehalt, daß sie die Rechte der Sieger in Deutschland nicht berühren, und sie bestätigten den Status quo. Die Oder-Neiße-Grenze und die DDR wurden anerkannt, die deutschen Staaten traten in normale Beziehungen zueinander und zum jeweils anderen Teil Europas. Die vier Mächte ermöglichten, ergänzten und krönten das Werk schließlich mit einem Abkommen, das auch den Krisenherd Berlin stillegte und nur von ihnen, die allein für Berlin zuständig sind, geschlossen werden konnte.

Wenn man von den »Briefen zur deutschen Einheit« absieht, einem formalen Vorbehalt Bonns, dann war Ende 1972 die deutsche Frage im Sinne der Sieger geregelt. Beide deutschen Staaten hatten sich in aller Form mit dem Zustand abgefunden, der durch Hitlers Krieg und den Kalten Krieg entstanden war.

Aber Brandts Verträge entsprangen nicht der Resignation, sondern der Absicht, Politik wieder möglich zu machen. Mit der Anerkennung der Wirklichkeit schaffte Brandt der Bundesrepublik und auch der DDR Bewegungsfreiheit, beide konnten der Beschränkung auf das jeweilige politische »Lager« entwachsen, in dem sie entstanden und groß geworden waren. Zwanzig Jahre lang war Bonn um Washington, Paris und Brüssel gekreist und Ost-Berlin um Moskau; jetzt konnten beide über die große Grenze hinweg nicht nur Handel, sondern auch Politik treiben.

Um die neuen Möglichkeiten zu nutzen, genügte die Aufnahme diplomatischer Beziehungen nicht: Bundesrepublik wie DDR mußten in der anderen politischen Welt erst eine ähnliche »soziale« Anerkennung erwerben wie früher im eigenen Bereich. Die Bundesrepublik galt der Sowjetunion bis 1970 nicht als gleichrangig - erst mit dem Moskauer Vertrag stieg sie vom Besiegten zum Partner auf, und der Kreml verzichtete (faktisch) auf das Interventionsrecht, das die UN-Charta den Siegern des Zweiten Weltkriegs gegen die Besiegten gab. Die Westmächte hatten das gleiche schon 1954 getan, als sie die Bundesrepublik zum Verbündeten erhoben. Die Sowjetunion verzichtete auf ihr Siegerprivileg erst, als ihr das westliche Deutschland nicht mehr als Klientelstaat der Amerikaner, sondern als eigene Größe entgegentrat; Bonn war in den Augen der Moskauer Führung souverän geworden, weil es seinen eigenen Interessen folgte.

Nun erschien es wichtig; es wurde für den Kreml wie auch für dessen Verbündete zur ersten Adresse in Westeuropa. Moskau andererseits rückte für westdeutsche Politiker in den Kreis der Hauptstädte, mit denen ständige Abstimmung für nötig gehalten wird. Wer Kanzler werden will, fährt nicht mehr - wie früher - nur nach Washington, sondern auch nach Moskau.

Die DDR hat es in Amerika weit schwerer. Um dort Aussicht auf Respekt, vielleicht auch einen Staatsbesuch in Washington, zu erwerben, mußte sie über ihren Schatten springen und Entschädigung an die Juden zahlen. Politisch wurde die DDR schon Anfang der achtziger Jahre »entdeckt«; man bemerkte bei ihr - in geringerem Umfang - das gleiche wie die Russen bei der Bundesrepublik: auch Ost-Berlin suchte seinen eigenen Interessen zu folgen, selbst wenn sie mit denen der Vormacht nicht übereinstimmten.

Wie sehr die deutschen Staaten ihre neuen Möglichkeiten wahrzunehmen strebten, zeigte sich, als diese Möglichkeiten bedroht wurden. Ende der siebziger Jahre ging die Entspannung zwischen Washington und Moskau zu Ende; und als dann die Russen in Afghanistan einmarschierten und in Amerika Ronald Reagan Präsident wurde, gerieten die Großmächte wieder in offene, ideologisch aufgeladene Feindschaft.

Damit begann der letzte Abschnitt im Verhältnis der deutschen Staaten zu ihren Vormächten. Die Spannung der achtziger Jahre traf ein anderes Deutschland als der Kalte Krieg der vierziger und fünfziger. Damals konnten Bundesrepublik und DDR von der Spannung nur gewinnen, jetzt konnten sie nur verlieren. Damals hatten sie vom Gegensatz der Großen gelebt, er hatte sie überhaupt erst zu Staaten gemacht und ihnen Aufstieg, Bedeutung und Gleichberechtigung im jeweiligen Teil der Welt ermöglicht. Jetzt waren beide etabliert und nicht mehr nur in ihrem Teil zu Hause; um weiterzukommen, brauchten sie Ruhe und erweiterten Spielraum. Doch nun sollten sie sich wieder in die Ost-West-Fronten einreihen und im anderen Teil Europas nur mit Vorsicht oder im Auftrag oder am liebsten gar nicht mehr operieren.

So kamen sie wiederum in einen Interessenkonflikt mit ihren Vormächten, aber anders als vorher. Die Präsidenten Kennedy und Johnson hatten die Westdeutschen zur Entspannung gedrängt, Präsident Reagan tat eine Zeitlang beinahe alles, um ihnen die Entspannung wieder auszutreiben. Breschnew hatte die DDR zur Verständigung mit der Bundesrepublik genötigt, seine Nachfolger erlaubten

Honecker bis 1987 nicht einmal, mit einem Bonn-Besuch die Früchte der Verständigung zu pflücken.

Doch nun erwies sich, daß beide deutschen Staaten ihre Linie gefunden hatten und davon nicht abzubringen waren. Ihre öffentlichen Äußerungen weichen davon teilweise ab, aber wenn Entscheidungen anstehen, definieren beide ihre Interessen ähnlich oder sogar gleich. Sie suchen Sicherheit kaum mehr vor einem Angriff der Gegenseite, sondern vor Großmächtekonflikten, die irgendwo in der Welt ausbrechen und nach Europa übergreifen. Sie fürchten weder den »Weltkommunismus« noch den »Imperialismus« ernstlich und warnen zuweilen schon ihre Verbündeten vor überholten Feindbildern. Sie sehen in den Waffen nicht mehr das Allheilmittel, sondern drängen auf Abrüstung. Kohl wie Honecker nahmen die Pershing und SS 23 ohne Begeisterung ins Land, der Ostdeutsche sprach von »Schadensbegrenzung«, und der Westdeutsche stimmte zu. Die Kinder des Kalten Krieges wurden zu Anwälten der Entspannung, die sich - wenn nötig - bemühen, auch ihre großen Verbündeten dazu anzuhalten.

Bundesrepublik und DDR änderten ihre Politik nicht, sondern ergänzten sie nur, doch von einem bestimmten Grad an bedeutet Ergänzung auch Änderung. Die Westdeutschen und das ostdeutsche Establishment halten an ihren Bündnissen fest; die Bündnisse bestimmen auch, sobald es ernst wird, das Handeln, aber sie sind nicht mehr das Maß aller Dinge.

Die Deutschen emanzipierten sich. Bundesrepublik wie DDR nahmen ihre Angelegenheiten selbst in die Hand und - noch wichtiger vielleicht - hielten nichts anderes mehr für möglich. Ihre Staaten waren längst kräftig und eigenständig geworden, nun wuchs den Tatsachen auch das Selbstbewußtsein nach. Das vollzog sich, wie bei solchen Entwicklungen meist, in einem verborgenen, langen Prozeß, der schließlich - zum Erstaunen oder Erschrecken der Außenwelt - einen neuen Zustand erkennbar werden ließ. In der Bundesrepublik geschah das 1970, als Brandt wie selbstverständlich mit Moskau über Fragen verhandelte, die Bonn früher den Alliierten anvertraut hatte.

Die Westmächte, bis dahin ein Übermaß an Loyalität gewöhnt, waren überrascht und besorgt. Washington werde nur noch informiert und nicht mehr konsultiert, klagte Henry Kissinger, Präsident Nixons Sicherheitsberater, der damals ebenso wie Breschnew am liebsten für sein ganzes Bündnis verhandelt hätte. »Wenn Entspannung, dann machen wir sie und nicht Sie«, sagte er einem Bonner Staatssekretär und bemühte sich, mit Hilfe der Berlin-Verhandlungen Brandts Ostpolitik unter Kontrolle zu bekommen. Auch den späteren Kanzlern erging es nicht besser. Sobald sie mit Moskau wieder das Gespräch aufnahmen oder dorthin fuhren, begleiteten sie ganz unverfrorene Mahnungen oder sogar Verdächtigungen - von »Rapallo« bis zur »Selbstfinnlandisierung«.

Die Emanzipation der DDR-Führung wurde für die Außenwelt erstmals 1980 während der Afghanistankrise erkennbar, als Honecker zu mäßigen suchte und Helmut Schmidt bei einem Treffen dringend bat, auf seiner Seite das gleiche zu tun. Innerhalb der Ost-Allianz entwickelten sich der DDR gegenüber ähnliche Befürchtungen wie im Westen gegenüber der Bundesrepublik. In Moskau und auch in Warschau erscheint es manchen Verantwortlichen nahezu gewiß, daß die DDR langsam, aber unaufhaltsam in Richtung Westen abtreibt, wo sie alles, was sie braucht und was sie lockt, besser haben könne als im armen Osten. Und wenn die Deutschen erst einmal anfangen sich zu bewegen, weiß niemand, wo sie enden - das ist die Erfahrung dieses Jahrhunderts. Für manchen im Westen wie im Osten stellte sich die deutsche Frage wieder.

Die Macht der Verhältnisse

Vierzig Jahre nach ihrer Gründung bieten beide deutsche Staaten ein verwirrend widersprüchliches Bild. Die Bundesrepublik sei noch ein besetztes Land, sagte Heinrich Albertz; in Mittel- und Kleinstaaten Europas hört man zuweilen, sie sei schon wieder eine Großmacht. Beides erscheint falsch, aber nicht ganz. Im Weltmaßstab gehört die Bundesrepublik zur Spitzengruppe der Wirtschaftsmächte, und in der westeuropäischen Gemeinschaft ist sie ökonomisch der kräftigste Partner; ihr politischer Einfluß entspricht dem nicht ganz, aber ohne Bonn geht in Brüssel nichts und in den europäischen Ost-West-Beziehungen wenig. Die DDR zählt zum ersten Dutzend unter den Industriestaaten der Welt, innerhalb der östlichen Allianz liegt sie wirtschaftlich hinter der Sowjetunion an zweiter Stelle und gehört politisch zu den stabileren Mitgliedern.

Andererseits befinden sich die beiden deutschen Staaten nach wie vor in einer besonderen Lage. Nirgendwo in Europa sind so viele fremde Truppen und Waffen stationiert wie bei ihnen, und nirgendwo sonst ließen sich so viele stationieren. Kein anderes Land nähme die GIs oder Rotarmisten zu Hunderttausenden. Kein anderes Land, jedenfalls auf der Westseite, wäre mit dem Aufenthalt alliierter Truppen einverstanden, wenn allein die Alliierten bestimmen können, wie lange sie blieben. Kein anderes Land räumte fremden Truppen so weitgehende Rechte ein, wie die früheren Siegermächte sie in Deutschland teils haben, teils beanspruchen. Gäbe es nicht das ehemals besetzte Deutschland - die Masse der amerikanischen Streitkräfte müßte Europa verlassen, und die Masse der sowjetischen müßte Mitteleuropa räumen. Dabei besteht jedoch der alte Unterschied weiter: Die Mehrheit der Westdeutschen wünscht noch immer, daß die Amerikaner bleiben, die Mehrheit der Ostdeutschen möchte, daß die Russen gehen.

Die zweite einschneidende Beschränkung ergibt sich aus dem Fortbestand der Siegerrechte, deren praktische Bedeutung aber alle Beteiligten wohlweislich mit dem weiten Mantel der Bündnisharmonie verhüllen. Wenn die Lufthansa von Frankfurt am Main zur Leipziger Messe fliegt, muß sie den Umweg über die Tschechoslowakei nehmen, denn die Grenze zwischen Bundesrepublik und DDR ist rechtlich nicht eine deutsche, sondern eine Vier-Mächte-Grenze. Deutsche dürfen sie nicht überfliegen, und ihre Regierungen durften bisher nicht einmal ein Luftverkehrsabkommen schließen.

Auch am Boden haben der Bundesgrenzschutz und vermutlich auch die DDR-Grenztruppen nicht das letzte Wort. Wer aus der DDR bei Helmstedt in die Bundesrepublik einfährt, wird von den Fahnen der drei Alliierten empfangen, die an der gesamten innerdeutschen Grenze eine Art Oberaufsicht führen. Die Einheiten, die dies tun, unterstehen nicht der NATO, sind also nicht Verbündete, sondern Organe der Siegermächte. Die Verhältnisse auf der Ostseite ergeben sich schon aus der Benennung: die sowjetischen Truppen dort heißen nicht »Streitkräfte in der DDR«, sondern »Streitkräfte in Deutschland«. Ein Versuch der Ostberliner Regierung, das zu ändern, scheiterte.

Die deutschen Staaten dürfen an der Grenze zwischen sich nicht in Konflikt geraten, aber sie dürfen die Grenze auch nicht aufheben, denn die Deutschen dürfen über sich selbst nicht selbst bestimmen. Auch wenn beide Regierungen eine Vereinigung ihrer Staaten beschlössen, brauchten sie noch das Einverständnis der Vier Mächte. Die Sieger behalten das letzte Wort, falls einmal über die Zukunft Deutschlands entschieden werden muß – sie *möchten* es behalten. Wenn die deutschen Regierungen eine Vereinigung wirklich wollten oder wenn eine Volksbewegung beiderseits der Elbe zum Aufstand für die Wiedervereinigung anwüchse, könnten auch die alliierten und sowjetischen Armeen es nicht hindern – und würden es wahrscheinlich auch gar nicht versuchen. Da aber dieser Wille fehlt, bleiben die Vorbehalte der Vier weiterhin in Kraft.

Wirksamer als die Rechte der Sieger sind die politischen Tatsachen, die sie geschaffen haben. Bundesrepublik wie DDR sind mit Pflichten und Interessen so fest in ihre Wirtschafts- und Bündnisgemeinschaften eingeflochten, daß sie sich ohne großen eigenen Schaden daraus nicht lösen können – die Mehrheit der Bundesbürger und die staatstragenden Schichten der DDR wollen es auch nicht. So scheint es, als hätten sich seit 1949 mehr die Formen als die Sache geändert. Statt der Macht der Besatzung sorgt nun die Macht der Verhältnisse dafür, daß die Nachkriegsordnung für Deutschland bestehen bleibt.

Viertes Kapitel

West und Ost

Ex oriente lux, ex occidente luxus!
Stanislaw Jerzy Lec

Der Verlust des Ostens

Westen und Osten bezeichneten zu allen Zeiten mehr als Himmelsrichtungen. Lange bevor sie zu den politischen Schlüsselbegriffen der Nachkriegszeit wurden, bildeten sie ein Gegensatzpaar, mit dem sich zwar verschwommene, aber starke Vorstellungen verbanden. Fortschritt und Zurückgebliebenheit, Kultur und Barbarei, Liberalität und Despotismus, Europa und Asien, aber auch: Enge und Weite, Kleinkrämerei und Großzügigkeit, Rationalität und Phantasie, Verstandeskälte und Gefühlswärme. Das war in beiden Richtungen übertrieben, vereinfacht oder falsch, doch man sah oder empfand so.

Was immer man unter West und Ost verstand, Einigkeit herrschte darüber, daß Deutschland nicht dazugehörte. Es empfand sich als etwas Eigenes oder Besonderes oder sogar Besseres. Das Kaiserreich hielt nach Westen die »Wacht am Rhein« gegen den »Erbfeind« Frankreich und mißtraute dem »perfiden Albion«, es fürchtete im Osten die »russische Dampfwalze« und verachtete die »Polacken«. Die Konservativen von Weimar sahen ebenso wie die Nationalsozialisten mit spöttischer Überlegenheit auf die »dekadenten« Demokratien des Westens und beschworen die Weltgefahr des russischen Bolschewismus. Von den Amerikanern wußte und hielt man wenig, sie erschienen etwas verrückt und hatten nur Zivilisation und keine Kultur.

Aber Deutschland war nicht nur ein Land sehr selbstbewußter Abgrenzung, sondern auch ein Land des kulturellen Übergangs - ohne natürliche Grenzen und offen nach allen Seiten. Die ostpreußischen Dönhoffs lebten zeitweise im Baltikum und dienten teilweise den Königen von Polen, die Masuren bewahrten bis in dieses Jahrhundert ihre slawische Sprache. Schlesien war polnisch und habsburgisch, bevor es preußisch wurde. Österreich, bis 1866 zu Deutschland gehörig, bildete das Zentrum eines deutsch-slawisch-magyarischen Reiches. Bayern befand sich in enger Nachbarschaft zu Böhmen und hält bis heute die Verbindung zu Ungarn; Franz Josef Strauß, sonst den gottlosen Kommunismus verdammend, unternahm wiederholt mit der gesamten CSU-Fraktion Ausflüge nach Budapest.

Auf der anderen Seite fühlten sich die Hamburger den Engländern verwandt und verheirateten nach einem alten Scherzwort ihre Töchter lieber nach Rio als nach Leipzig, weil man da doch wenigstens mal hinkomme. Schleswig war die längste Zeit seiner Geschichte dänisch, Schleswig-Holstein wurde erst 1864 deutsch. Der Ring der Hansestädte an der Ostsee reichte von Lübeck bis Reval und hatte ein Kontor im russischen Nowgorod; auch das Baltische Meer war ein Binnenmeer, das die Küstenstädte oft mehr untereinander als mit dem tieferen Hinterland verband.

Zwischen Ost- und Westfriesen verläuft eine staatliche, nicht eine ethnische Grenze. In den Rheinlanden fanden noch die Enkel im zwanzigsten Jahrhundert Spuren der Napoleon-Verehrung; französische Vornamen, französische Liberalität und Preußenfeindlichkeit überlebten dort bis in die Gegenwart. Die Freiburger kaufen im Elsaß ihren

Wein; und vom ganzen Süden Deutschlands ist es nur einen Sprung nach Italien.

Vor allem im Osten waren die Grenzen fließend. Die erste deutsche Universität entstand in Prag, wo auch der deutsche Kaiser Jahrzehnte lang residierte. Ostpreußen huldigte dem König von Polen und einmal kurz auch dem russischen Zaren; später okkupierte Preußen halb Polen und zeitweise sogar Warschau. Seinen Aufstieg aber nahm es mit russischem Rückhalt: Berlin und St. Petersburg standen einander näher als Berlin und Paris.

Ob nun Land der Abgrenzung oder Land des Übergangs - Deutschland war weder Westen noch Osten, aber es hatte von beidem vieles in sich. Auch innerhalb Deutschlands gab es noch einmal einen Westen und einen Osten, Landschaften, Mentalitäten und kulturelle Ausprägungen, die sich voneinander unterschieden und mancherlei Verwandtschaft zu den Menschen und Verhältnissen jenseits der Grenze zeigten (auch wenn beide Seiten es oft nicht wahrhaben wollten). Einerseits waren die Deutschen, auch im Zustand vielstaatlicher Zersplitterung, eine eigene Größe in der Mitte Europas und gehörten nach Sprache und Kultur nur sich selbst; andererseits bildeten sie durch die Nähe zu ihren Nachbarn zugleich ein Bindeglied zwischen dem Westen und dem Osten.

Dieses Deutschland ist 1945 zu Grunde gegangen und wird nie wieder erstehen. Mit Hitlers Niederlage fanden siebenhundert Jahre deutscher Geschichte ein Ende, die Deutschen leben nun wieder dort, wo sie im Mittelalter lebten. Die Amputation der Ostgebiete bedeutet weit mehr als die Spaltung des verbliebenen Torso in zwei Staaten: Bundesrepublik und DDR werden noch von Deutschen bewohnt, Ideologien und Allianzen aber vergehen.

Für immer untergegangen ist ein Teil der deutschen Kultur. Kant und Herder werden bleiben, haben bereits ihre russischen und polnischen Verehrer am Ort; auch Eichendorff und vielen anderen wird nichts widerfahren, sie sind als Klassiker kanonisiert. Aber es wächst aus diesem Boden nichts mehr nach. Mit Grass und Lenz, Bobrowski und Christa Wolf stirbt die letzte Generation, deren Werk aus der Herkunft im Osten lebt. Und bald wird es auch keinen mehr geben, der ostpreußisch Platt spricht. Die Welt wird es überstehen; auch die Polen und Russen, die in den früheren deutschen Ländern nun leben, dichten und denken - die Deutschen aber sind ärmer geworden.

Verloren ging auch eine Vertrautheit, die durch jahrhundertelanges Nebeneinander, oft auch Durcheinander der Völkerschaften gewachsen war. Die Deutschen im Westen, Norden und Süden behielten ihre alten Nachbarn; im Osten aber entstanden ganz neue Nachbarschaften. Vorpommern, Brandenburg und die Lausitz wurden Grenzland zu Polen; andererseits waren die Polen, die nun in Hinterpommern, der Neumark und Schlesien wohnen, meist aus dem Osten dorthin verpflanzt worden; sie kannten sich nicht mit Deutschen, sondern mit Weißrussen und Ukrainern aus.

Sachsen und Bayern haben zwar schon seit 1918 neben sich den Staat Tschechoslowakei, doch Tschechen als Nachbarn haben sie erst seit 1945; vorher wohnten jenseits der Grenze ebenfalls Deutsche; mancher ging sonntags über die Grenze zur Kirche. Zu Ende ist es auch mit den, meist Jahrhunderte alten, deutschen Siedlungen im Baltikum, in Polen und Jugoslawien. Wenn man von Ungarn, Rumänien und entlegenen Teilen der Sowjetunion absieht, kennt man Deutsche im Osten nur noch als Besucher, nicht mehr als Menschen, mit denen man zusammenlebt.

Verloren ist schließlich das Gleichgewicht. Was früher die Mitte bildete, die Hauptstadt Berlin, gleich weit entfernt von Tilsit und Freiburg, geriet an die Peripherie - vom Stadtrand Berlins sind es noch 59 Kilometer bis zur polnischen Grenze. Aus einem Land, in dem sich das westliche und das östliche Element die Waage hielten, wurde ein Land, in dem der Westen das Übergewicht hat. Er hätte es selbst dann noch, wenn Deutschland nicht geteilt wäre. Auch in einem Staat vom Rhein bis zur Oder überwögen die Traditionen und Interessen des Westens und Südens.

Die Bundesrepublik, die vom Rhein nur bis zur Elbe reicht, konnte nichts anderes als ein westdeutscher Staat werden, dem der Osten fremd war. Aber auch der DDR lag, als sie gegründet wurde, der Osten fern; Sachsen und Thüringen, Brandenburg und Mecklenburg bildeten die Mitte Deutschlands, sie mußten mühsam lernen, daß sie Deutschlands Osten geworden waren. Doch sie sind es, unwiderruflich; auch das Kunstwort »Mitteldeutschland«, als Benennung für die DDR, wird daran nichts ändern. So sehr es widerstrebt, eine Dresdnerin und einen Magdeburger als »Ostdeutsche« zu bezeichnen - für das Land zwischen Oder und Rhein sind sie es geworden. Die jüngeren Bundesbürger nennen sie längst so, und sie selbst wissen am besten, daß hinter der Oder und Neiße etwas anderes beginnt.

So war vieles, was man Adenauer zuschreibt, auch Ausdruck der veränderten Lage, ganz buchstäblich. Als Adenauer schon 1946 Berlin als künftige Hauptstadt ablehnte, selbst wenn Berlin nicht sowjetisch besetzt wäre, da meinte er, für den Westen und Süden Deutschlands zu sprechen. Die Wahl einer Hauptstadt ist immer ein politisches Programm. Als Adenauer die Kleinstadt am linken Rheinufer dazu bestimmte, wollte er demonstrieren, wo der Schwerpunkt der Bundesrepublik liege und wohin sie ihre Energien lenken müsse. So ist es auch kaum ein Zufall, daß seine Westpolitik von Rheinländern, Schwaben und Bayern getragen wurde, während sich Brandts Ostpolitik später auf Berliner, Sachsen und Norddeutsche stützte.

Bundesrepublik und DDR erbten ein Deutschland, dessen natürliche Verbindungen nach Osten abgeschnitten waren und dem auch die geborenen Botschafter, Fachleute und Dolmetscher fehlten. Die Vertriebenen und Umgesiedelten waren durch ihre Herkunft zu dieser Rolle berufen, aber in der DDR kamen sie nicht zu Wort, und in der Bundesrepublik erschöpften sich die meisten, die sich zu Wort meldeten, im Protest gegen ihr Schicksal. Nur wenige brachten es über sich, aus dem Verlust der Heimat den Auftrag zur Versöhnung abzuleiten; ihnen hatte die Bundesrepublik viel zu danken, aber erst in einer späteren Zeit.

Zahlreiche Fehler, die der Bonner Ostpolitik in den ersten beiden Jahrzehnten unterliefen, entsprangen schlichter Unkenntnis und mangelnder Erfahrung. Die entscheidenden Leute wußten wenig vom Osten und schoben daher das meiste dort auf den Kommunismus; sie erklärten sich und anderen ideologisch, was in Wahrheit russisch, polnisch oder tschechisch war und seinen Ursprung oft in den Erfahrungen dieser Völker mit den Deutschen hatte. Am Rhein, in geringerem Maße auch an der Spree, mußte nachgelernt werden, weil eine Dimension deutscher Existenz verloren gegangen war.

Zur Katastrophe des Hitler-Krieges kam das Unglück des Kalten Krieges. Das Rest-Deutschland vom Rhein bis zur Oder blieb keine eigene Größe, sondern wurde vom Westen und Osten geteilt und vereinnahmt. Dabei handelte es sich um einen Westen und Osten in nie zuvor gekannter Form: nicht zwei Lebensweisen, die nebeneinander bestanden, sondern zwei politische Philosophien, die einander ausschlossen; der Unterschied von einst hatte sich zu einem Gegensatz gesteigert und ideologisiert, der alles beherrschte.

Ost und West teilten Europa nicht nur, sie gliederten es neu. Westeuropa hatte niemals bis zur Elbe gereicht und Osteuropa niemals Ungarn, Böhmen und Polen umfaßt; aber historische Eigenständigkeit, geographische Zusammengehörigkeit und kulturelle Übereinstimmungen zählten nicht mehr im Kampf der politischen Bekenntnisse. Früher hatte eine neue Herrschaft die alten Strukturen überlagert, sie vielleicht allmählich verändert; nun sollten die neuen, um Moskau und Washington gruppierten Gemeinschaften die alten Gemeinsamkeiten ersetzen. Rostock und Prag sollten sich Moskau zugehörig fühlen, die Herzen der Lübecker und Mailänder sollten im gleichen Takt schlagen wie die Herzen der New Yorker.

Unter solchen Umständen mußten alle Hoffnungen und Bemühungen scheitern, die sich im ersten Nachkriegsjahrzehnt darauf richteten, Deutschlands alte Mittelstellung zu bewahren oder neu zu begründen. Deutschland als Mitte schloß sich aus, weil West und Ost sich kurzschlossen. Zwischen NATO und Warschauer Pakt gab es nichts und durfte es nichts geben. Der Glaubenskrieg der Systeme erlaubte ideologisch keinen »Dritten Weg«, politisch keine Neutralität und geographisch keine Pufferzonen. So war das Schicksal Deutschlands bereits 1949 entschieden. Was früher ein Land zwischen West und Ost war, zerfiel in zwei Staaten, die Teil des Westens und Teil des Ostens werden sollten, nicht nur äußerlich, sondern auch innerlich.

Im Westen gelang das, im Osten nicht. Die Möglichkeiten, die Bundesrepublik und DDR in ihrer neuen Umgebung erhielten, waren sehr ungleich verteilt. Schon bei der ersten Notwendigkeit, mit den Nachbarn einen neuen Anfang zu finden, waren die Bürger des Weststaats in einer besseren Lage. Sie konnten bald den einfachsten und sichersten Weg beschreiten, sie fuhren überall hin und zeigten, daß Deutsche nicht nur in feldgrauen Uniformen Grenzen überschreiten, sondern auch normale Besucher sein können, Touristen, Sonnenanbeter, Kunstbewunderer, Abenteuerlustige, eben Menschen wie alle anderen. Die Ostdeutschen hingegen blieben lange in ihrem Staat eingeschlossen; alle Staaten in Stalins Bereich waren durch hohe Zäune voneinander getrennt, erst Mitte der sechziger Jahre wurde ein Reiseverkehr größeren Umfangs innerhalb des Ostens möglich.

Die Bundesbürger hatten aber noch einen weiteren Vorteil. Weitsichtige Politiker in Frankreich, England und Amerika schufen allerlei Einrichtungen, die nicht der »Umerziehung«, sondern der Aussprache dienten und besonders in den ersten Jahren viel zum gegenseitigen Verständnis beigetragen haben. Das »Deutsch-Englische Gespräch« in Königswinter wurde später sogar zum Vorbild für Gesprächsforen zwischen der Bundesrepublik und Polen und dann auch der Sowjetunion.

Die DDR hatte es schwerer. Sie mußte Deutschland bei jenen Völkern wieder einführen, die unter Krieg und Besatzung sehr viel mehr gelitten hatten als das übrige Europa; die ersten deutschen Besucher in Polen wurden als Gäste aus der Schweiz getarnt. Allerdings kam der SED ihre ideologische Gemeinsamkeit mit den Regierenden in allen Oststaaten zugute: Wo Deutsche nicht akzeptabel waren, mußten sich den Genossen die Türen öffnen. Wichtiger noch war, daß die Sowjetunion in ihrem Machtbereich keinen nationalen Streit duldete. Sie hatte nun einmal einen deutschen Staat geschaffen; Polen und Tschechen, so verständlich ihre Gefühle waren, mußten sich damit abfinden und mit der DDR arrangieren.

Der Kulturaustausch begann schon früh; Ende der fünfziger Jahre gelang es Ost-Berlin sogar, Kultur- und Informationszentren in Prag und Warschau einzurichten. Deutsches und Deutsche wurden im Osten bemerkenswert schnell wieder möglich, weil es die DDR gab - auch die Westdeutschen haben später davon profitiert.

Die unterschiedlichen Systeme schufen unterschiedliche Bedingungen. Im Westen wurde Verständigung nicht nur von den Regierungen vereinbart, sondern gleichzeitig von unten aufgebaut. Im Osten wurde Freundschaft verordnet, ohne daß man sich um die Voraussetzungen ausreichend kümmerte. Im Westen wußte man, daß Völkerverständigung langsam wachsen muß und Politik ihr nur den Boden bereiten kann. Im Osten bestimmten die Arroganz der Herrschenden und deren Unfähigkeit, Spontaneität zu dulden; so organisierte man auch die Versöhnung und ließ statt der Menschen nur Delegationen über die Grenzen.

Auch bei den Wirtschaftsgemeinschaften, in die Bundesrepublik und DDR sich einordneten, bekam Bonn den besseren Teil. Der westlichen gehört die Vormacht des Westens, die Vereinigten Staaten, nicht an, in der östlichen ist die Sowjetunion hingegen Mitglied. Die »Europäische Gemeinschaft« (EG) besteht in ihrem Kern aus hoch industrialisierten Ländern, Westeuropa kann Nordamerika wirtschaftlich die Waage halten. Im »Rat für gegenseitige Wirtschaftshilfe« (RGW oder Comecon) sind kleinere und ökonomisch meist minderentwikkelte Staaten um den Kontinent Sowjetunion versammelt.

Westeuropa bietet der Bundesrepublik einerseits Schutz gegen das Übergewicht Amerikas und andererseits ein Aktionsfeld, wo sie mit Ländern gleicher Größe und gleichen Standards zusammenarbeiten kann. Der DDR aber fehlen Partner, wie Bonn sie in Frankreich, England und Italien hat; und sie kann sich gegen das Übergewicht der Sowjetunion schwerer wehren, weil die kleinen Mitglieder der Ost-Gemeinschaft keine EG haben, keine Organisation, mit der sie dem Kreml gemeinsam gegenübertreten können. Moskau hat auch immer darauf geachtet, daß sich innerhalb seines Machtbereichs nicht Koalitionen oder gar Konföderationen bildeten.

Die Wirtschaftszahlen illustrieren das. Vom westdeutschen Außenhandel entfällt kaum ein Zehntel auf die Vereinigten Staaten, fast die Hälfte hingegen auf die Europäische Gemeinschaft. Der ostdeutsche Im- und Export aber verteilt sich fast gleichmäßig - zu je einem Drittel - auf die Sowjetunion und die anderen RGW-Mitglieder. Bonn ist wirtschaftlich vor allem Westeuropa verbunden, Ost-Berlin in hohem Maße seiner Vormacht Moskau.

Mit Einschränkungen gilt das gleiche auch politisch. Die Bundesrepublik hat zwei Fixpunkte, Washington und Paris; die DDR muß sich allein an Moskau orientieren. In Bonn stritten in den sechziger Jahren »Atlantiker« und »Gaullisten«; die einen setzten ganz auf Amerika, die anderen vor allem auf ein französisch geführtes Westeuropa. Eine Alternative war das nicht und ist es bis heute nicht; aber die Rangordnung scheint sich seitdem zu Gunsten Westeuropas verändert zu haben; und sie täte es wohl noch mehr, wenn Amerika nicht als militärisches Gegengewicht zur Sowjetunion unentbehrlich wäre. Für die DDR gab es dazu keine Parallele. Polen entwickelte zwar innerhalb des Ostens einen Ehrgeiz und Auffassungen, die denen Frankreichs vergleichbar waren, aber Ost-Berlin konnte und wollte daran niemals teilnehmen.

Frankreich und Polen

Im Verhältnis zu den wichtigsten Nachbarn zeigen sich - wie kaum sonst irgendwo - Verdienst und Mißgeschick beider Deutschlands. Mit Frankreich gelang der Bundesrepublik ein historisches Werk; eine Jahrhunderte alte Feindschaft, teils echt, teils eingebildet, wurde überwunden; Franzosen und Westdeutsche sind, soweit Völker und Staaten es sein können, Freunde. Zwischen Polen und der DDR aber blühen die nationalen Ressentiments fast wie in alten Zeiten.

Der Unterschied erklärt sich zu einem Teil daraus, daß Polen nicht Frankreich ist, nicht interessant als Wirtschaftspartner und nicht so reizvoll als Kulturland. Frankreich fasziniert die Deutschen (und ebenso die Polen!) seit Jahrhunderten durch

Geist, Kunst und Lebensart; Polen hingegen blieb immer ein Land für wenige Kenner.

Doch für die *politische* Nachkriegsentwicklung reicht diese Begründung nicht aus, denn politisch dachten und empfanden Franzosen und Polen sehr ähnlich. Beide waren, wie sonst niemand in Europa, auf die deutsche Gefahr fixiert, beide wünschten sich nach dem Krieg das gleiche, und Paris tat dafür, was es konnte: Deutschland sollte wirtschaftlich geschwächt bleiben und politisch geteilt werden, damit es nie wieder seine Nachbarn bedrohen könnte. Beide sahen mit Sorgen, wie sich die Deutschen dennoch wirtschaftlich schnell erholten. Beide versuchten, um die Deutschen an ihrer Vereinigung zu hindern, das gleiche Rezept; sie wollten (wie ein Pole es ausdrückte) ihren Teil »umarmen, um ihn festzuhalten«.

Umgekehrt hatten auch Bonn und Ost-Berlin ihre Not mit diesen Nachbarn, die sich durch ausgeprägte Eigenwilligkeit auszeichneten. Paris wie Warschau stellten, wo irgend möglich, nationale Interessen über die Bündnisinteressen und spielten fast immer eine Sonderrolle – ihr Selbstgefühl verlangte es. In deutschen Augen lag darin Verantwortungslosigkeit und zeitweise sogar eine Gefahr für die jeweilige Allianz.

Die Franzosen enttäuschten immer wieder die europäischen Hoffnungen Bonns. Die »integrierte« westeuropäische Armee, Adenauers Lieblingsprojekt, scheiterte an der Nationalversammlung; am französischen Staatspräsidenten de Gaulle brachen sich später für ein Jahrzehnt alle weiteren Integrationspläne – es blieb nur das »Europa der Vaterländer«. Frankreich störte, von Bonn aus betrachtet, auch den atlantischen Zusammenhalt. Es schuf sich eine eigene Atomstreitmacht und verließ 1966 die Militärorganisation der NATO; de Gaulle wollte ganz Westeuropa von Amerika möglichst unabhängig machen und suchte dafür die Unterstützung der Bundesrepublik, die sich jedoch verweigerte.

Aus der Sicht der DDR-Führung bedrohten die Polen das östliche Bündnis von innen her. Im Oktober 1956 rebellierten sie fast offen gegen Moskau und verfielen dann in lauter Todsünden – in ideologische Ketzerei, bedenkenlosen Liberalismus und fast ungehemmten Nationalismus. Da sie sich bei alledem auch noch als Sozialisten aufführten, gaben sie nach Auffassung der SED ein gefährliches Beispiel, nicht nur für die DDR, sondern für das ganze »Lager«.

Bonn wie Ost-Berlin erregten sich nicht zuletzt über die gesamt-europäischen Absichten ihrer Nachbarn. Der Rapacki-Plan, erstmals 1957 lanciert, und de Gaulles Ostpolitik »bis zum Ural« sollten die Teilung des Kontinents überbrücken, doch sie minderten damit zugleich Bedeutung und Zusammenhalt der Bündnisse. Gründliches Mißtrauen der deutschen Regierungen begleitete beide Entwürfe. Als aber in den achtziger Jahren einige Bonner Politiker sich de Gaulle zum Vorbild nahmen und die DDR mehr Westverbindungen anknüpfte, als Polen seiner inneren Schwäche wegen pflegen konnte, da entstand in Paris eisiges Befremden und in Warschau Alarmstimmung. »Gaullisten«, so wurde bedeutet, dürfen nur Franzosen sein; und der »Westen des Ostens« – das ist Polen und keineswegs die DDR!

Die Parallelen frappieren, aber entscheidend war, was auf beiden Seiten aus ähnlichen Voraussetzungen gemacht wurde. Paris blieb nicht bei seiner »destruktiven« Politik der Anfangsjahre, sondern bemühte sich, die Fehler von Versailles nicht zu wiederholen. Statt den gefährlichen deutschen Nachbarn kleinzuhalten und zu fesseln, eröffnete man ihm Chancen, die ihn verpflichteten. Was Frankreich sich allein nicht zutraute, wollte es im größeren Verband erreichen: Europa bildete den gemeinsamen Nenner, der Franzosen und Deutsche zu Partnern machte. Europäischer Aufsicht wurden in der »Montanunion« Kohle und Stahl unterworfen, der Stoff zur Kriegsführung gegeneinander. Europa erlaubte Paris, die Deutschen zu kontrollieren, ohne sie zu diskriminieren. Europa ermöglichte, die Saarfrage so lange auf Eis zu legen, bis die Zeit für eine Volksabstimmung reif war, die das Gebiet 1956 wieder zu Deutschland brachte.

Für die DDR gab es keine Chancen vergleichbarer Art. In der Oder-Neiße-Frage erlaubten weder Warschau noch Moskau einen Kompromiß oder auch nur eine Vertagung; die Ostberliner Regierung mußte, schon ein halbes Jahr nach Gründung ihres Staates, die Grenze unwiderruflich anerkennen. Für das überaus schwierige Verhältnis zu Polen fehlte eine europäische Brücke: der gemeinsame Nenner für Warschau und Berlin war – und blieb – Moskau. Während Franzosen und Westdeutsche mit anderen Westeuropäern am selben Tisch saßen und Kompromisse aushandelten, mußten Polen und Ostdeutsche, wenn sie sich nicht einigen konnten, versuchen, den Kreml für ihren Standpunkt zu gewinnen – Mitbestimmung auf der einen Seite, Abhängigkeit auf der anderen.

Aber Glück und Unglück entschieden nicht alles. Für Adenauer war die Versöhnung mit Frankreich eine Lebensaufgabe, für die er mit unbeirrbarer Beharrlichkeit wirkte und Opfer sowie innenpolitische Risiken auf sich nahm. Keiner seiner Nachfolger blieb der Aufgabe so ergeben, aber alle fühlten sich ihr verpflichtet.

Unter den regierenden deutschen Kommunisten fand sich niemals jemand, dem die Versöhnung mit Polen Herzenssache gewesen oder geworden wäre. Daß Warschau ein heikles Terrain war, wußte man zwar in Ost-Berlin und begann dort auf die gleiche Weise, wie Bonn es in Paris tat: Beide Regierungen entsandten als ersten diplomatischen Vertreter einen homme de lettres; für Bonn ging der Professor der Kunstgeschichte Wilhelm Hausenstein an die Seine, für die DDR der Schriftsteller Friedrich Wolf an die Weichsel. Schon 1948 wurde auch eine Gesellschaft für deutsch-polnische Beziehungen gegründet, aber schon vier Jahre später löste sie sich in einer größeren Organisation auf, die den Beziehungen zu *allen* Oststaaten gewidmet war. Polen erschien der Ostberliner Führung keiner besonderen Anstrengung mehr wert. Das Gefühl einer moralischen Verpflichtung fehlte.

Zwischen der DDR und Polen entstand das gleiche Vakuum wie innerhalb der DDR: Über das Wichtigste wurde nicht gesprochen. Schuld, Verantwortung, Wiedergutmachung - was zwischen Westdeutschen und Polen später zu den entscheidenden Fragen wurde, war für die SED kein Thema und wurde es deshalb für die große Mehrzahl der DDR-Bürger auch nicht. Die Funktionäre verkehrten in Polen mit Funktionärs-Genossen und die Normalbürger mit Leidensgenossen - wo blieb da Raum für Gedanken an die Wunden, die Deutsche den Polen geschlagen hatten? Man sagt brav »Wroclaw« und nicht »Breslau«, aber der Ausdruck »Polacken« ist auch in höheren Parteikreisen nicht unbekannt; und die Polen-Witze, die nach der polnischen Einkaufsinvasion 1972 durch die ganze DDR gingen, zeugten vom Fehlen jeglichen Gefühls dafür, daß es Wörter, Gesten und Verhaltensformen gibt, die auch die Enkel der Okkupanten von 1939 noch zu meiden haben.

Dem unterschiedlichen Bemühen entsprachen die Ergebnisse. Zwischen Bonn und Paris entwikkelte sich ein Verhältnis, das ohne Vergleich ist in Europa. Frankreich und die Bundesrepublik sind wirtschaftlich und auch politisch unlösbar miteinander verflochten; ihre Regierungen stimmen keineswegs immer überein, aber sie stimmen sich meistens ab – über ihr Verhältnis zueinander, aber auch über Europa- und Weltpolitik. Daraus wurde ein »Bündnis im Bündnis«, das auf die Umgebung einwirkt. Zu Anfang diente die westeuropäische Einigung als Voraussetzung für deutsch-französische Zusammenarbeit, dann aber wurde diese Zusammenarbeit zur Voraussetzung für die weitere Einigung Westeuropas. Ohne Paris und Bonn kommt in der Brüsseler Gemeinschaft nichts zustande und wenig voran; manches kommt sogar erst in Gang, weil beide es fördern. Oft genug wird es den anderen Mitgliedsländern schon zu viel – sie befürchten, von der »Achse« Paris-Bonn dominiert zu werden.

Zwischen Warschau und Ost-Berlin ging es allezeit kühl, zuweilen frostig zu, nur die Not brachte beide gelegentlich zusammen. Im Sommer 1968 war es die Angst vor dem »Prager Frühling«; Ulbricht und Gomulka drängten am meisten darauf, daß der Warschauer Pakt die Tschechoslowakei besetzte und der Reformbewegung ein schnelles Ende bereitete. Die andere Not verursachte Bonn mit seiner Weigerung, die DDR und die Oder-Neiße-Grenze anzuerkennen. Ost-Berlin und Warschau schlossen sich zusammen, um gemeinsam beides durchzusetzen – aber es war nur ein Zweckbündnis auf Zeit, das Gomulka – nicht gerade sozialistisch, aber treffend – als Gebot der »Staatsräson« bezeichnete. Ulbricht übernahm das Wort.

Beide Seiten glaubten sich, je länger sie miteinander zu tun hatten, in ihren Vorurteilen bestätigt: Die Deutschen doktrinär und besserwisserisch, die Polen provozierend gleichgültig in den Fragen der Ideologie; die Deutschen effizient sogar in der Planwirtschaft, die Polen erfolgreich nur in der Umgehung der Planwirtschaft; die Deutschen loyal von Natur und die Polen aus Instinkt gegen alles, was von oben kommt; die Deutschen punktgenau und die Polen großzügig-lax; die Deutschen diszipliniert, die Polen liberal; die Deutschen arrogant und die Polen extravagant; die Deutschen konzentriert auf die Gegenwart, die Polen denkend und lebend aus der Geschichte - vor allem der Teilungen und Aufstände. Bei einiger Anstrengung hätten die Gegensätze fruchtbar werden können, doch da die Anstrengung ausblieb, blieben nur die Gegensätze.

Je mehr die vermeintliche Gefahr aus dem Westen nachließ, desto mehr behinderten Polen und DDR einander. Polen fühlte sich durch die ostdeutsche Republik vom Westen abgeriegelt, die DDR fühlte sich durch Polen gefährdet. Fünfmal brachen dort seit dem Oktober 1956 Unruhen aus, dreimal wurde dabei die Führung gestürzt. Die Gewerkschaft Solidarność brachte sogar die ganze Parteiherrschaft fast zum Erliegen; aber auch das folgende »Kriegsrecht« konnte die Sorgen der SED nur wenige Jahre beruhigen; dann begannen Warschauer Spitzenpolitiker selbst, den stalinistischen Staat zu demontieren.

Der »Erbfeind« Frankreich wurde für die Bundesrepublik zum engsten Verbündeten, Polen wurde für Ost-Berlin zum Bild dessen, was es in der DDR nicht geben darf. Die Westdeutschen strömen millionenfach über den Rhein, die Ostdeutschen können seit den achtziger Jahren ihr Nachbarland

Polen nur noch mit Schwierigkeiten besuchen. Die Bundesrepublik fand mit Frankreich und der westeuropäischen Gemeinschaft eine politische Heimat in Europa, für die DDR gab und gibt es keine europäische Heimat im Osten, sondern nur die Abhängigkeit von einer Weltmacht.

Zwei Welten - zweierlei Deutsche

Bonn gehört durch seine EG-Mitgliedschaft einem Unternehmen mit Zukunft an, Ost-Berlin muß sich beim RGW mit einer Organisation behelfen, die seit vier Jahrzehnten wenig von der Stelle kommt. Die wirtschaftliche und technische Entwicklung verlangt große Wirtschaftsräume, die westeuropäische Gemeinschaft strebt daher zur Verschmelzung; die osteuropäische aber kann das nicht, denn Verschmelzung hieße für die kleineren Mitglieder, in der Sowjetunion aufzugehen. Die Bundesrepublik kann dem Zug der Zeit folgen und allmählich nationale Rechte einer übernationalen Organisation überlassen; die DDR hingegen muß, wie alle kleinen RGW-Staaten, auf einer antiquierten Eigenständigkeit beharren.

Die Bundesrepublik bekam die Möglichkeit, an einem faszinierenden Versuch ohne Vorbild teilzunehmen: Zusammenschluß unter Souveränitätseinschränkung gab es bisher nur, wenn eine überlegene Kraft Schwächere um sich sammelte; hier aber will ein Verband von Gleichen seine Kräfte vereinen. Vernunft statt Macht - verwunderlich ist nicht, daß es dauernd stockt, sondern daß es überhaupt vorankommt. Vielleicht wird die Gemeinschaft sogar zu einem der Zentren einer künftigen Welt, die sich nicht mehr allein um Washington und Moskau dreht, sondern Schwerpunkte auch in Japan, China und Westeuropa hat. Ost-Berlin aber bleibt in einer absterbenden Organisation; wichtiger als seine Zugehörigkeit zum östlichen Verband ist der indirekte Zugang zum westlichen, den es über den innerdeutschen Handel hat und den ihm seine Nachbarn sehr neiden.

Auch sonst wuchsen die deutschen Staaten in ganz unterschiedliche Welten hinein, die Bundesrepublik in einen Kreis von Demokratien und offenen Gesellschaften mit freier Wirtschaft, die DDR in einen Kreis von Diktaturen und geschlossenen Gesellschaften mit Kommando-Wirtschaft. Die Bundesrepublik verband sich mit Staaten gleichen sozialökonomischen Entwicklungsstandes, die DDR mußte sich in eine Umgebung hineinfinden, in der sie außer der Tschechoslowakei keinen Partner von gleichem industriellem Niveau hat. Die Bundesrepublik wurde mit galoppierender Modernität konfrontiert, die DDR mit allgemeiner Zurückgebliebenheit. Die Bundesrepublik war, um Schritt zu halten, zum Fortschritt genötigt, die DDR war zum Rückschritt gezwungen, um sich den Maßstäben und Methoden der Sowjetunion anzupassen. Die Bundesrepublik durfte sich entwickeln, die DDR stagnierte, lebte lange von der Substanz und konnte das Versäumte erst spät und ungenügend nachholen.

Die Westdeutschen bekamen auch den »besseren« Teil Europas. Ob Vergnügungs- oder Bildungsreise – zu allen Zeiten fuhr man nicht nach Rußland, Polen oder auf den Balkan, sondern nach Paris, London und Italien. Seit Jahrhunderten lernten die Deutschen, wie alle Europäer, französisch und englisch; slawische Sprachen konnte nur, wer in slawischer Umgebung lebte. Die abendländische Kultur, aber auch die Haute couture – alles kam aus dem Westen. Im Osten hingegen, auf den die Ostdeutschen verwiesen wurden, gab es außer Prag und Budapest wenig, was reizte.

So entwickelten die Deutschen ein unterschiedliches Verhältnis zu ihrer neuen Umgebung. Für die Westdeutschen wurde ganz Westeuropa zu dem Raum, in dem sie denken und sich bewegen – fast wie im eigenen Land. Die Ostdeutschen sind nur bei sich selbst zu Hause. Wo nicht die Politik ihre Bewegungsfreiheit begrenzt, tut es die Ökonomie: in der Bundesrepublik bleiben sie auf das »Begrüßungsgeld« und Verwandte angewiesen, im Osten auf die sehr geringen Summen, die sie umtauschen dürfen. DDR-Bürger können viel weniger reisen als ihre Landsleute im Westen und sind im Ausland ärmer als in der Heimat.

Die Westdeutschen wurden mit der Zeit weltläufig, weil ihr Gesichtskreis sich weitete; die Ostdeutschen wurden großenteils provinziell, weil der Horizont verengt blieb. Die einen entwickelten allmählich die Selbstsicherheit, die aus der Wohlhabenheit kommt, und die Ungezwungenheit im Auftreten, die ein Staat ohne Zwang entstehen läßt. Die anderen bekamen alles erst später und eine Nummer kleiner; die Westdeutschen fahren Golf und Mercedes, die Ostdeutschen müssen für Trabant und Wartburg erheblich länger arbeiten. Und in einem Staat, der alles regelt und jeden ständig erziehen möchte, empfehlen sich Anpassung und Unauffälligkeit. Die Westdeutschen sind gejagt von der Sucht nach dem Letzten und Modernsten, ganz gleich ob sinnvoll oder nötig, auch anderen Westeuropäern erscheint die Bundesrepublik zuweilen als ein Klein-Amerika. Die Ostdeutschen würden viele Moden gern mitmachen, aber können es nicht; sie bleiben bescheidener und solider – viele bleiben es inzwischen ganz bewußt.

In der Bundesrepublik hat sich seit dem Kriege mehr verändert als in der DDR. Die Bundesrepublik wurde verlockt, die DDR wurde genötigt; die westlichen Einflüsse auf die Bundesrepublik gingen daher viel tiefer als die östlichen auf die DDR. Die Bundesrepublik hat sich, wie nie ein Teil Deutschlands früher, verwestlicht und verwandelt; die DDR hat zwar einschneidende Veränderungen in der Organisation der meisten Lebensbereiche hinnehmen müssen, doch sie hat überkommene Werte und Verhaltensformen mehr bewahrt. Die Westdeutschen gaben sich fast allem, was auf sie einwirkte, beinahe widerstandslos hin; den Ostdeutschen ging es, teils instinktiv, teils bewußt, um Selbstbehauptung.

Die Bundesrepublik wurde von einem kräftigen Westwind durchweht; der alte Obrigkeitsstaat hielt sich nur noch in Teilen, und das Obrigkeitsstaatsdenken verschwand bei den jüngeren Generationen beinahe ganz. Demokratie wurde vom bemühten Bekenntnis zur Selbstverständlichkeit, sie bewies sich gerade an ihren Gegnern, die eigentlich gar keine Gegner waren. Der Verdruß über die Parteien und Parteienwirtschaft, die Zweifel am Parlamentarismus, die außerparlamentarischen Politikversuche und der Hang zum Demonstrieren, die Träume von einem Rätesystem oder die Abkehr von der Politik – die Wurzeln waren fast immer Enttäuschung und der Wunsch nach »mehr« oder nach »wahrer« Demokratie. Nur die Älteren sehen bei jedem Anlaß sogleich die »freiheitlich demokratische Grundordnung« in Gefahr; die Jüngeren reden weniger von Demokratie, aber meinen sie, obwohl sie sich dessen nicht immer bewußt sind.

Die rechtsradikale NPD kam nie über zehn Prozent der Wählerstimmen und verdankte, wie auch die »Republikaner«, ihre Erfolge größtenteils Protestwählern; als die Gründe für den Protest schwanden, verschwanden auch die »Nationaldemokraten« aus den Landtagen. Seit den achtziger Jahren kann keine rechtsextreme Gruppierung sich öffentlich zeigen, ohne daß sogleich spontane Gegendemonstrationen entstehen.

»Verwestlichung« bedeutet ferner fast unbegrenzte Möglichkeiten für freien Unternehmungsgeist. Dynamik, Effizienz und wirtschaftliche Expansion waren das Ergebnis; es sind Erfolge, deren Überzeugungs- und Blendkraft noch immer die meisten Betrachter und Besucher aus dem Osten überwältigen. Die Schattenseite des vielen Lichts, die fast unbegrenzte Kommerzialisierung, bemerkten auch die Bundesbürger erst allmählich. Weniger die Befriedigung als die Weckung von Bedürfnissen wurde zum Sinn der Wirtschaft; weniger die Sache als deren Präsentation wurde zum Maßstab – auch in der Politik. Der Mechanismus von Angebot und Nachfrage eroberte immer neue Gebiete, ein ökonomischer Totalitarismus entwickelte sich. Gesundheitspflege wandelte sich vom Dienst zur Dienstleistung, Kultur zum Kulturbetrieb, Journalismus zum Service. Alles ist Moden unterworfen, nichts mehr vor Verbrauch geschützt, kein Wert bleibt sicher vor dem Ausverkauf. Beliebigkeit und Belanglosigkeit regieren.

Keine deutsche Gesellschaft war so frei, aber keine scheint so unernst. Die Bundesrepublik ist aufgeräumt, sauber und großenteils schön anzusehen, aber ihre Gepflegtheit hat etwas Unwirkliches. Die Westdeutschen haben sich sehr angestrengt und es fast überall geschafft, auf der Höhe der Zeit zu sein, aber beim Aufstieg zum Erfolg kamen sie in Gefahr, ihre Seele zu verlieren.

Die DDR entwickelte sich zu einem musterhaften stalinistischen Staat, die SED zu einer vorbildlichen stalinistischen Partei. Lockerungen und Milderungen kamen später als in Polen, Ungarn und der Tschechoslowakei, blieben auch enger begrenzt. Die DDR-Regierung hatte es schwerer als fast alle deutschen Regierungen zuvor, weil sie als verlängerter Arm der Sowjetunion betrachtet wurde, mehr noch und länger wohl, als sie es verdiente. »Der fortschrittlichste Staat der deutschen Geschichte« spottete noch in den siebziger Jahren ein Ostberliner Schriftsteller: »Neunzig Prozent sind dagegen, das hatten wir noch nie.« Richtig ist wohl, daß mehr Deutsche für den Kaiser und den »Führer« waren, als Ulbricht und Honecker Anhänger in der DDR gewannen. Die ältere Generation machte ihrer Empörung am 16. und 17. Juni 1953 einmal Luft; im übrigen löste man das Problem individuell: Wer nicht mehr konnte oder wollte, ging in den Westen. Die jüngeren Generationen, ein wenig selbstsicherer, weil schon »im Sozialismus« aufgewachsen, entwickelten zunehmend staatsbürgerliches Selbstbewußtsein, das der Außenwelt in den achtziger Jahren deutlich erkennbar wurde. Doch seit es wieder möglich ist, suchen auch Jüngere den Ausweg der Älteren und möchten emigrieren.

Dennoch blieb der Osten nicht ohne Wirkung auf die DDR. Der Sozialismus als Doktrin hat zwar nicht viele ehrliche Anhänger, um so höher scheint aber die Zahl der unbewußten Sozialisten zu sein. Die sozialen Einrichtungen, vom viel zitierten Mutterschaftsurlaub bis zum billigen Nahverkehr, mag niemand missen. Aber auch von den »sozialistischen Errungenschaften« gilt vieles als unentbehrlich - so der Schutz vor Arbeitslosigkeit -, oder als richtig - so die Enteignung der Großgrundbesitzer und Großindustriellen. Die Einkommensunterschiede sind in der DDR geringer als in der Bundesrepublik und die Standesunterschiede sogar geringer als in Polen, Ungarn und Rußland, wo sich vom Akademikerhochmut und manchen Allüren der alten Oberschicht noch manches kräftig erhalten hat. Die DDR war sozialökonomisch weiter und deshalb für soziale Gleichheit reifer. Zu ihren bleibenden Leistungen gehört der Umfang, in dem sie Arbeiter-und Bauernkindern Ausbildung und sozialen Aufstieg ermöglichte; viele der Älteren wissen, daß sie in der Bundesrepublik nicht geworden wären, was sie in der DDR wurden. Die Jüngeren allerdings halten das meist für ihr Recht; Sozialismus in diesem Sinne ist ihnen so selbstverständlich wie Demokratie ihren Altersgefährten im Westen.

In der Wirtschaft und im Lebensstandard steht die DDR innerhalb des Ostens, neben der Tschechoslowakei, am besten da; aber das nützt ihrer Führung wenig, denn die große Mehrheit der DDR-Bürger bezieht ihre Maßstäbe aus dem Westen. Von dort kommt, was modern, interessant und wünschenswert ist; von dort kommen die Vorbilder - für die östlichen Nachbarländer hat man nur einen Seitenblick und am ehesten noch ein Gefühl der Erleichterung, daß es so schlimm wie dort zu Hause nicht ist.

Die Bundesrepublik hat für die DDR zweifache Bedeutung: sie ist deutsch, und sie ist westlich. Grenzte die DDR an ein zweites kommunistisches Deutschland, sie fände dort nur Leidensgefährten, und der Wunsch nach Emigration wäre gering.

Grenzte sie an Frankreich, würden vermutlich viele französisch lernen, um die Fernsehprogramme zu verstehen; doch es wäre ein fremder Westen, in den auszuwandern man sich schwer entschließt. Die Bundesrepublik aber zeigt der DDR den Westen in deutscher Sprache und in deutscher Gestalt. Auch ohne es zu wollen, verlockt sie zum Herüberkommen und schafft einen Widerspruch, der die kommunistische Republik innerlich spaltet: Die Führung sieht nach Osten, folgt dem Osten und verdankt dem Osten ihre Herrschaft; das Volk aber sieht nach Westen. Das Bemühen, diese Spannung zu bewältigen, macht die halbe Geschichte der DDR aus.

Die Eingliederung der deutschen Staaten in ihre Umgebung gelang ganz unterschiedlich. Die Bundesrepublik hat sich äußerlich und innerlich mit ihrer Hälfte Europas unlösbar verbunden; die DDR ist mit der Sowjetunion und deren Bündnis politisch und wirtschaftlich verknüpft, doch sie lebt in innerer Distanz zu der Umgebung, der sie nahe sein soll. Das westliche Deutschland wurde ein Teil des Westens, aber das östliche wurde nicht Teil des Ostens. So blieb die DDR »deutscher« als die Bundesrepublik; Besucher bemerken es immer wieder erstaunt. So haben auch die DDR-Bürger weniger Schwierigkeiten mit ihrer »Identität« als die Bundesrepublikaner: Zum Westen durften sie nicht und zum Osten wollten sie nicht; sie hatten nichts, woran sie sich verlieren konnten - also blieben sie deutsch.

Die Vormächte waren für die Deutschen lange auch die Vorbilder, allerdings wieder mit dem Unterschied: Der amerikanische Einfluß erfaßte die gesamte Bundesrepublik, das sowjetische Beispiel nur die Kommunisten, Opportunisten und Idealisten der DDR. Mit den Amerikanern verband sich sogleich nach dem Krieg der Eindruck »modern«, »reich« und »demokratisch«; die Amerikaner hatten alles und schienen fast alles zu können, sie setzten Maßstäbe. Ihre Zigaretten bildeten die erste harte Währung; Glenn Miller und Louis Armstrong, Hemingway, Thomas Wolfe und Steinbeck wurden zur Musik und Lektüre der Kriegs- und ersten Nachkriegsgeneration. Die Lässigkeit, mit der ihre Soldaten nicht in deutschen Knobelbechern marschierten, sondern auf bequemen Gummisohlen federten, die natürliche Leichtigkeit, mit der ihre Diskjockeys im Soldatensender AFN die Platten servierten, nicht zuletzt das ungezwungene Selbstbewußtsein im Auftreten auch gegenüber dem Captain - all das vermittelte dreimal mehr davon, was free country bedeutete, als die oft naiv-arrogante »Umerziehung«.

Die Amerikaner schienen überall aus dem vollen zu schöpfen, alles bei ihnen geschah im großen Stil. Die Care-Pakete zeigten es dem einzelnen, der Marshall-Plan und die Berliner Luftbrücke bewiesen es in der Politik: Da wird ein ganzer Kontinent wirtschaftlich auf die Beine gebracht und eine Millionenstadt aus der Luft ernährt. Wie bei dem reichen Onkel aus Amerika, der in den alten Geschichten arme Verwandte über Nacht zu Millionen-Erben macht, hoffte jeder, der eine gute Sache ins Werk setzte, das Geld werde aus Amerika kommen - und manchmal kam es auch.

Einige hatten das Glück, an amerikanischen Universitäten zu studieren, vielleicht sogar in Harvard, Yale oder Princeton - aus ihnen wurde eine atlantische Generation, die zwischen Boston und Washington mehr zu Hause ist als zwischen Berlin und Leipzig. Einige Amerikaner wurden auch zu deutschen Nationalhelden. Als im westlichen Berlin die Stimmung nach dem Mauerbau sich bedenklich verschlechterte, schickte Kennedy den früheren General Clay dorthin, den Vater der Luftbrücke und Meister des erfolgreichen Widerstands gegen den Osten.

Im politischen Alltag sah alles nicht so rosig aus, dennoch entwickelte sich im Laufe der fünfziger Jahre eine deutsch-amerikanische Beziehung, die mehr enthielt als die Pflege gemeinsamer Interessen; ein kräftiger Schuß von Gefühl steckte auch in der Politik. Für die Mehrzahl der Westdeutschen standen die Vereinigten Staaten weit vor England und noch weiter vor Frankreich; fast zwei Drittel dachten gut über Amerika und nur fünf Prozent schlecht; jeder zweite vertraute darauf, daß die Amerikaner es als Führungsmacht des Westens richtig machen würden.

Ein überzeugter Kommunist empfand für die Sowjetunion nicht Sympathie und Vertrauen - er identifizierte sich mit ihr; er glaubte nicht, daß sie alles richtig machte - er wußte es. Honecker sagte einmal, er sei unter Menschen aufgewachsen, »denen das Verhältnis zur Sowjetunion der Maßstab dafür war, ob man Kommunist ist«. Dieses Verhältnis sei, fuhr Honecker fort, ein »heiliges Prinzip«. Die Begründung war einfach: Die russischen Kommunisten hatten als erste die sozialistische Revolution gemacht und bauten als erste den Sozialismus auf, sie waren der übrigen Welt um eine historische Epoche voraus, und für die Kommunisten anderer Länder gab es daher nur eines: das große Beispiel nachzuahmen und den Anweisungen aus Moskau zu folgen.

Obwohl der politische Alltag auch im Osten nicht so rosig aussah wie in der Theorie – es war nicht nur »Personenkult«, der respektable Autoren Gedichte auf Stalin schreiben ließ und manchem Politiker, dem man es nicht zutraute, Tränen in die Augen trieb, als Stalin starb. Die Beziehungen der DDR zur Sowjetunion enthielten mehr als Gehorsam und Interessenausgleich, auch darin steckte Gefühl, um so mehr, je weiter man von der Realität der deutsch-sowjetischen Beziehungen entfernt war. Die Geheimrede, mit der Chruschtschow 1956 die Verbrechen Stalins enthüllte, erschütterte viele in der SED: nicht nur der Verlust des Postens drohte, auch der Verlust des Glaubens.

Seit Ende der sechziger Jahre verblaßte das amerikanische Ideal der Westdeutschen. Die Bedrohung aus dem Osten, die vorher alles andere in den Hintergrund gedrängt hatte, verschwand nicht, verringerte sich aber spürbar. Die Bundesrepublik war stärker und selbstbewußter geworden; und bei näherem Kennenlernen zeigten die Vereinigten Staaten manche Seiten, die alles andere als beispielhaft erschienen. Im reichen Amerika gab es Massen-Armut, lange mochten es viele nicht glauben. In der größten Demokratie kostete es harte Kämpfe, um eine Rassentrennung zu überwinden; auch das paßte nicht in die Vorstellung. Schließlich führte die Vormacht der »freien Welt« in Südostasien einen »schmutzigen« Krieg; bald danach geriet der Präsident sogar in eine halbkriminelle Affäre, so daß er schließlich zurücktreten mußte.

Vietnam und Watergate – was das Selbstbewußtsein der Amerikaner verletzte, traf auch die Gefühle vieler Westdeutscher. Sie hatten zu groß von dem großen Verbündeten gedacht, um nicht schockiert zu sein. Manche Jüngeren, die weder die Blockade Berlins noch den Kalten Krieg erlebt hatten, verdammten nun den »US-Imperialismus« als die Quelle allen Unheils, wie die Älteren es vorher mit dem »Weltkommunismus« getan hatten. Auch wo man nicht von einem Extrem ins andere fiel, regte sich eine Enttäuschung, die aus der Verehrung kam. Mit der Zeit pendelten sich die Urteile und Empfindungen ein, aber das frühere Verhältnis stellte sich nicht wieder her.

Nach wie vor genießen die Amerikaner Vorrang vor den Russen. Eine Reise über den Atlantik reizt mehr als eine Reise in die Sowjetunion; ein Schul- und Studienjahr in Amerika gilt als nützlich und interessant; und die vielen persönlichen Freundschaften, die über die Jahrzehnte entstanden, dauern an. Auch die »Wertegemeinschaft« besteht in größerem Umfang, als das schreckliche Wort und die bemühten Reden darüber vermuten lassen.

Die politischen Beziehungen jedoch werden beinahe nur noch von Interessen bestimmt, die Gefühle haben sich daraus zum größten Teil verflüchtigt. Die Versuche, sie künstlich wieder zu beleben, schadeten meist mehr, als sie nützten, weil sie falsche Erwartungen weckten und zu Enttäuschungen führten – besonders jenseits des Atlantik. Die Amerikaner nehmen Außenpolitik weitgehend ideologisch wahr, als Kampf für die Freiheit oder die Menschenrechte; die politischen und wirtschaftlichen Geschäfte Bonns mit dem Osten erschienen ihnen zeitweise wie Verrat. Umgekehrt empfanden es die Westdeutschen als Großmachtarroganz, wenn der amerikanische Präsident über ihren Osthandel befinden wollte. Beide reden von Gleichberechtigung und Partnerschaft, aber beiden gelingen sie nicht: die Amerikaner schwanken zwischen Gesten der Rücksicht und klarem Herrschaftsanspruch, die Deutschen finden schwer die Mitte zwischen Beflissenheit und Auftrumpfen.

Auch die staatstragenden Gruppen in der DDR betrachten ihre Vormacht heute anders als vor zwanzig oder dreißig Jahren. Wie der Wandel begann, illustrierte die sowjetische Zeitung *Moscow News* im August 1988. Sie beschäftigte sich damals zwar mit der Tschechoslowakei und den Gründen, die zur militärischen Unterdrückung des »Prager Frühlings« geführt hatten, doch die Darstellung paßt auf alle Oststaaten: »Einer tschechischen Sage nach sollte die Freiheit aus dem Osten kommen. Und das geschah 1945, als Tschechen wie Slowaken die Rote Armee begeistert als Befreier begrüßten. Nach 1950 jedoch, als unser Wirtschaftsmodell mechanisch auf die Tschechoslowakei übertragen wurde, erschienen dort Losungen wie »Die sowjetische Post - unser Vorbild«, »Das sowjetische Restaurant - unser Vorbild«, »Der sowjetische Bleistift - unser Vorbild«. Das konnte man überall lesen. Dann kamen die sechziger Jahre, die Grenze wurde geöffnet, die Tschechen und Slowaken konnten häufiger in die UdSSR reisen. Und da sahen sie, daß unser Alltagsdasein ziemlich wenig Vorbildhaftes zu bieten hatte. Das führte zu einer verständlichen Reaktion der Enttäuschung.«

Auch die deutschen Kommunisten begrüßten die Rote Armee als Befreier; auch die Deutschen zwischen Elbe und Oder waren Zeugen der Naivität, mit der sich die sowjetischen Herren als Meister allen zivilisatorischen Fortschritts aufführten – beinahe nichts gab es von Bedeutung, das nicht schon vor zweihundert Jahren der »große Lomonossow« erfunden hatte! Obwohl kaum jemand die Ruhmrederei glaubte – erst der persönliche Augenschein und die drastischen Reiseberichte der Freunde und Kollegen machten ganz bewußt, womit man es zu tun hatte: mit einer Mischung aus Supermacht und Entwicklungsland, zwar groß an militärischer Kraft und erfolgreich in der Raumfahrt, aber arm und zurückgeblieben in fast allem, was die materielle Lebensausstattung ausmacht, auch in seinen kulturellen Leistungen nur teilweise überzeugend. Davon sollte man, wie die Transparente an jeder Ecke forderten, lernen? In der DDR entstand, wie in der Bundesrepublik, ein Selbstbewußtsein gegenüber der Vormacht. Doch während die Westdeutschen sich den Amerikanern ebenbürtig fühlten, fühlten die Ostdeutschen sich den Russen überlegen.

Dieses Empfinden beschränkte sich nicht auf die Alltagszivilisation und den Durchschnitts-Bürger; bei Walter Ulbricht wurde daraus ein Ehrgeiz sogar auf dem Gebiet, wo die sowjetischen Kommunisten den absoluten Vorrang beanspruchten. Ulbricht machte Moskau ideologisch Konkurrenz. Die SED erklärte, sie habe »erstmalig den Sozialismus unter den Bedingungen eines industriell hochentwickelten Landes« aufgebaut und damit »Neuland« betreten. Den sowjetischen Freunden wurde durch die Blume gesagt: Ihr habt bisher nur einen Sozialismus für minderentwickelte Gebiete geschaffen; erst wir haben bewiesen, daß der Marxismus-Leninismus auch für hochindustrialisierte Staaten paßt. Die deutschen Kommunisten haben etwas Eigenes geleistet, das nicht in sowjetischer

Nachfolge steht, sie können Gleichrangigkeit beanspruchen. Aber genau genommen haben sie sogar etwas Vorbildliches zustande gebracht, denn sie haben gezeigt, wie man Sozialismus unter Verhältnissen aufbaut, zu denen Ihr, die Minderentwickelten, Euch erst emporarbeiten müßt. Und wenn der Sozialismus seinen historischen Sieg in der übrigen Welt erringen soll, so kommt als Modell für den hoch entwickelten Westen nur die hoch entwickelte DDR in Betracht und nicht die arme zurückgebliebene Sowjetunion. Schon Lenin dachte so, denn er hielt seine russische Revolution nur für eine Vorübung und wartete auf die deutsche Revolution, die erst den Weg für den Sieg des Kommunismus in der Welt freimachen könne.

So grob wurde es sicherlich niemals gesagt, aber es ergab sich, wenn man weiterdachte, aus den SED-Thesen. Vielleicht träumte Ulbricht, der deutsche Lenin zu werden. Vielleicht hoffte er, nachdem die Macht nun einmal bei Moskau lag, wenigstens die geistige Führung ins Land von Marx und Engels heimzuholen, wo der Kommunismus seinen Anfang genommen hatte. Niemand weiß es; sicher erscheint aber, daß im Kreml die ideologischen Konstruktionen der SED als Abweichung und ihre Ansprüche als Anmaßung empfunden wurden. Ulbrichts Nachfolger Honecker machte sogleich mit den Eigenwilligkeiten Schluß und fügte sich wieder der alten Rangordnung, an deren Spitze die sowjetische Partei stand.

Aber die neue Folgsamkeit hielt nur so lange, bis Gorbatschow mit radikalen Reformen begann. Im Unterschied zu früher verlangte er jedoch nicht, daß die anderen Oststaaten ihm folgen: »Wir sind weit entfernt davon, irgend jemanden aufzufordern, uns zu imitieren«, sagte er und fügte hinzu:

»Keine einzige Partei besitzt das Monopol auf Wahrheit.« Honecker begrüßte die »Umgestaltung« für die Sowjetunion ebenso entschieden, wie er sie für die DDR ablehnte - auch das geschah nicht nur aus dem Starrsinn und den Ängsten einer alt gewordenen Führung; dahinter stand ein Selbstbewußtsein fast wie bei Ulbricht: Was die Russen brauchen, das haben wir längst. Kurt Hager, der Verantwortliche für Grundsatzfragen, steigerte sich zu dem viel zitierten Satz: Wenn der Nachbar die Tapeten wechsele, sei das kein Grund, es auch zu tun. Honecker wählte die feine Form und brachte Gorbatschow 1988 als Gastgeschenk einen Chip, den nur die DDR schon herstellen kann und die Sowjetunion noch nicht.

Der Verfall der Ideologien

Die Sowjetunion und die Vereinigten Staaten sind nur noch Vormacht und nicht mehr Vorbild. Diese Veränderung, die für den Osten bedeutsamer ist als für den Westen, erfaßte beide Teile Europas, vor allem aber die deutschen Staaten. Sie hat ihre tiefste Ursache in einem Verfall der Ideologien. Die Besonderheit des Kalten Krieges hatte darin gelegen, daß sich Machtkampf und Interessengegensätze zu einem Glaubenskrieg steigerten; seit den sechziger Jahren, der Zeit des Übergangs auf allen Gebieten, ließ die Glaubensstärke nach. Zuerst sahen beide Seiten, daß sie nicht die Macht haben, ihr System überall durchzusetzen. Allmählich erlahmte auch das Gefühl, daß es nötig sei, die übrige Welt zu beglücken; und schließlich erwachten kräftige Zweifel am eigenen System. Dieser Prozeß ist bei den jüngeren Generationen weiter fortgeschritten als bei den Älteren und in Europa weiter als in Amerika, wo ein idealistisches und ein pragmatisches Auge dem Entscheidungszentrum ständig widersprüchliche Bilder vermitteln. Außerdem muß die Führungsmacht, um ihr Bündnis zusammenzuhalten, die Gefahren und die Gegensätze schärfer hervorheben - auch die Sowjetunion tat das, bis Gorbatschow kam. Im Europa zwischen den Großen aber hat sich seit den sechziger Jahren der ideologische Gegensatz, der zum Konflikt führen kann, zum bloßen Unterschied gemildert, mit dem man gefahrlos lebt.

Der staatlichen Koexistenz ist die ideologische gefolgt, obwohl die Politiker beider Seiten es heftig bestreiten. Die Demokraten im Westen und viele Kommunisten im Osten bleiben überzeugt, das richtige System zu haben, mit dem sich die Zeitfragen besser und menschlicher lösen lassen; beide vertreten ihre Überzeugungen mit Nachdruck, aber sie kämpfen nicht mehr dafür, sondern ziehen sich auf die Erwartung zurück, das Bessere werde sich mit der Zeit auch auf der anderen Seite von selbst durchsetzen. Die Weiterdenkenden, besonders im Osten, haben viel von ihrer früheren Selbstgewißheit verloren. Keiner behauptet mehr, daß bei ihm alles zum besten bestellt sei. Keiner hat mehr Patentrezepte für alles. Beide suchen - und geben zu, daß sie suchen.

Das Tasten nach neuen Möglichkeiten geht im Osten, wo die Krise drängt, viel weiter als im Westen. Was in Polen und Ungarn, dann vor allem in der Sowjetunion in Bewegung kam, ist in seinen Konsequenzen nicht abzuschätzen, in seiner Bedeutung aber kaum zu überschätzen. Kein Tabu blieb unberührt; nicht allein Grundwerte des Sozialismus, sogar die Grundsätze der Machtbewahrung werden geprüft, beinahe nichts scheint vor einer Revision ganz gesichert. Die Reformer wollen vom Westen nur die Mechanismen und nicht den Geist übernehmen - auch wenn ihnen das gelänge, wäre der Osten dem Westen ein Stück näher gerückt. Sogar eine konservative Gegenreformation könnte die alten Zustände nicht wiederherstellen, sondern brächte die Wirtschaft zum Stillstand und die Menschen wieder zur Resignation.

Das Ost-West-Zeitalter geht zu Ende. Ost und West bezeichnen zwar immer noch politische Bündnisse, die auch durch gemeinsame Anschauungen vereint sind, doch die Begriffe kehren allmählich zu ihrer alten Bedeutung zurück. Der Westen, das sind Amerika, Frankreich, Spanien, Italien, England und ein Teil von Deutschland; und der Osten löst sich in Russen und Polen, Ungarn und Tschechen, Rumänen, Bulgaren und ebenfalls einen Teil der Deutschen auf. West und Ost werden wieder so vielfältig, wie sie es waren; und je weiter der Totalanspruch der Ideologien zurücktrat, desto weiter traten die früheren Normen und Unterschiede hervor. In der Politik geht es wieder vor allem um Macht und Interessen; und die politische Betrachtungsweise bestimmt sich zunehmend durch Traditionen und geographische Lage, durch Nationalismen und kulturelle Gemeinsamkeiten; auch ein Gefühl für Europa, die Ganzheit des Kontinents, entstand.

All das galt auch für die deutschen Staaten. Sie waren nach der Niederlage 1945 mehr als andere ihrer neuen Welt verpflichtet und auf Amerikaner oder Russen fixiert; ihre Lösung aus der Einseitigkeit fiel deshalb mehr ins Auge und gab Grund zu endlosen Befürchtungen und Verdächtigungen. Doch in Wahrheit handelte es sich um eine Normalisierung im genauen Wortsinn. Die extreme Einseitigkeit der Anfangsjahre war die Folge extremer Umstände gewesen, der Niederlage und des Kalten Krieges. Je mehr die Deutschen ihr inneres Gleichgewicht wiederfanden und der Ost-West-Gegensatz sich verringerte, desto mehr verlangten die natürlichen Gegebenheiten ihr Recht. Ein geteiltes Land in der Mitte Europas; die Angehörigen derselben Nation hermetisch voneinander getrennt; die Stadt Berlin, in der man nicht einmal von einem Teil zum anderen telephonieren konnte - ein solcher Zustand war auf die Dauer ebenso widersinnig wie unerträglich. So westlich Westdeutschland geworden war - eine Öffnung zum Osten wurde notwendig; so scharf die SED meinte, Ostdeutschland von der Gegenseite »abgrenzen« zu müssen - eine vorsichtige Öffnung zum Westen wurde unvermeidlich.

Die Bundesrepublik wurde zum ersten westlichen Handelspartner für das ganze östliche Europa, nach den Ostverträgen rückte sie auch politisch fast überall zum ersten Platz vor. Brandt erwarb im Osten Vertrauen, wie es dort seit de Gaulle kein westlicher Staatsmann genoß; auch Schmidt gelang es, als verläßlicher Partner anerkannt zu werden. Kohl gab mancherlei Anlaß zu Zweifeln, ob er ernstlich Ostpolitik treiben wolle; er tat es auch weniger als seine Vorgänger, aber es bedeutete mehr, weil er es als eingeschworener Westeuropäer und als Kanzler der CDU tat, die zuvor Brandts wie Schmidts Ostpolitik unbelehrbar erbittert bekämpft hatte. Erst seit eine Regierung der Union, obwohl weniger energisch, die Politik der sozialdemokratischen Kanzler fortsetzt und sich dabei den gleichen Vorwürfen bei den Verbündeten aussetzt, scheint bewiesen, daß die Interessen der Bundesrepublik diese Politik gebieten. Wer immer Kanzler wird in Bonn - er muß sein Standbein im Westen, sein Spielbein aber im Osten haben.

Je mehr die Nationen jenseits der Elbe und des Bayerischen Waldes wieder zu sich selbst zurückkehren konnten, desto interessanter wurden sie für die Bundesrepublik. Polnische Literatur wird hier mehr übersetzt als sonst irgendwo im Westen; die wichtigsten sowjetischen Schriftsteller erlebten schon vor Gorbatschow hohe Auflagen, und die DDR-Literatur trat ihren Siegeszug durch das westliche Deutschland bereits in den siebziger Jahren an. Es schien, daß Autoren, die es schwer haben, auch mehr zu sagen haben. Dem gedruckten Wort folgten die anderen Künste und schließlich das Reisen. Seit den sechziger Jahren wurde, was einst »Eiserner Vorhang« hieß, zu einer Reihe passierbarer Grenzen; manche sind mühelos und manche noch schwer zu überschreiten. Polen und Ungarn, seit Mitte der achtziger Jahre auch die Ostdeutschen und seit Gorbatschow sogar die Sowjetbürger kommen in die Bundesrepublik. Andererseits erschlossen sich immer mehr Westdeutsche den Osten, und die Erfahrenen unter ihnen bewegen sich im anderen Teil Europas beinahe ebenso selbstverständlich wie im eigenen.

Die Ostdeutschen drängen mehr nach Westen als die Westdeutschen nach Osten. Eine Öffnung zur Gegenseite bedeutet für beide Staaten nicht das gleiche. Für die Bundesrepublik ist sie politisch längst problemlos geworden und bringt ihr eine Bereicherung; in der DDR verlangt jeder Türspalt, den sie aufmacht, eine politische Entscheidung, weil dadurch Gefahren eindringen könnten.

»Westen« bedeutet für die Verantwortlichen in Ost-Berlin raffinierte Verführung und Bedrohung der inneren Stabilität. Zwar hielt die DDR viel mehr aus, als die Oberen ihr zutrauten; die Übertreibung der Gefahr hat sich daher verringert, aber die Besorgnis blieb.

Die Geschichte der Öffnung zum Westen war eine lange Leidensgeschichte für Partei und Volk. Die Partei mußte eine Position, die ihr grundsätzlich erschien, nach der anderen räumen; das Volk bekam nur in homöopathischen Dosen, was es für sein natürliches Recht hielt. In den sechziger Jahren fanden allmählich Jazz und Jeans sowie westliche Filme und Literatur Duldung. In den Siebzigern wurden die Intershops für DDR-Bürger geöffnet und für ihren Bedarf ausgestattet, es entstanden Inseln des Kapitalismus inmitten des Sozialismus. In den achtziger Jahren drangen Geist und Materie des Westens in vielfacher Gestalt ein – Popstars auf Massenveranstaltungen, ein französisches Kulturinstitut und Westwaren in großer Menge. Die D-Mark wurde zur zweiten Währung des Landes.

1964 hatte Ulbricht die Rentner in die Bundesrepublik reisen lassen, zwanzig Jahre später ließ Honecker auch die Jüngeren in großer Zahl fahren. Der Westen, nunmehr persönlich in Augenschein genommen, wurde vom Fernsehbild zur Wirklichkeit; der Drang dorthin erhöhte sich weiter, und der Widerspruch zwischen westlicher Lebensform, die man wünschte, und östlicher Herrschaftsform, die sie verhinderte, verschärfte sich.

Dieser Drang scheint nicht mehr auf die Bevölkerung beschränkt zu sein. Schon in den sechziger Jahren, als die Partei von der Industrie »Weltniveau« forderte, meinte sie Westniveau. Inzwischen bestreitet niemand mehr, daß Japan, die USA und Westeuropa den Maßstab bilden; die DDR muß entweder ebenso gut werden oder sich dort um Lizenzen und Kooperation bemühen. Auf den Osten bleibt sie zwar angewiesen, er ist Rohstoffquelle, Absatzmarkt und vor allem Garant der Sicherheit - eine Lösung von Moskau steht außer Diskussion. Aber fast alles, was die DDR voranbringt, befindet sich im Westen: Modernität in Wirtschaft und Technik sowie Prestigegewinn und Anerkennung, die auch Ost-Berlins Stellung im Osten wiederum stärken. Sorgfältige Beobachter meinen bereits, die DDR-Regierung interessiere sich mehr für Dänemark, Belgien und die Niederlande als für Polen und die ČSSR. Verwunderlich wäre es nicht, denn alle kleineren Oststaaten, und auf ihre Weise auch die Sowjetunion, suchen Anschluß an die Europäische Gemeinschaft.

Am deutlichsten wird die Westneigung Ost-Berlins im verbesserten Verhältnis zur Bundesrepublik. Ein Vierteljahrhundert waren deren westliche Verführung und nationale Herausforderung Anlaß zu ständiger Sorge; in den achtziger Jahren machte Honecker aus der Not eine Tugend und fuhr auf der nationalen Schiene nach Westen. Er schaffte der deutschen DDR bei der deutschen Bundesrepublik Vergünstigungen, wie kein anderes Ostland sie im Westen erlangte. Zugleich näherte er sich der Volksmeinung an: Früher sahen nur die Bürger der DDR nach Westen, nun tut es - mit wesentlichen Einschränkungen - auch ihre Regierung.

Westpolitik wurde für die DDR so nötig wie Ostpolitik für die Bundesrepublik. Indem sich beide dem jeweils anderen Teil Europas zuwandten, entstand wieder ein Gefühl für die eigene Mittellage; Richard von Weizsäcker fand die klassische Formulierung: »Die Bundesrepublik Deutschland ist der Osten des Westens geworden, die DDR der Westen des Ostens ... Trotz doppelter Randlage bleibt Deutschland aber von den Bedingungen seiner Lage in der Mitte Europas geprägt. Zwar ist diese Mitte geteilt, aber sie bleibt Mitte«.

Das Deutschland von der Maas bis an die Memel hatte die Größe und Kraft, die Spannung auszuhalten, daß es zwischen West und Ost stand. Dem amputierten und geteilten Deutschland der Nachkriegszeit fehlte zunächst jede Kraft; die Bundesrepublik mußte sich der einen und die DDR der anderen Seite ganz einfügen. Doch als sie sich erholten, wuchsen sie langsam in die alte Rolle wieder hinein, Vermittler oder wenigstens Übermittler zu sein. Die DDR vermochte es nur in Ansätzen, der Bundesrepublik gelang schon mehr, allerdings in anderer Form als früher.

Das Deutsche Reich bildete eine eigene Größe zwischen West und Ost, die Bundesrepublik aber ist Teil des Westens und kann Brücke zum Osten nur sein, solange sie Teil des Westens bleibt. Und das tat sie. Trotz mancher Hysterie im Aus- und Inland riß kein Strang, der sie mit ihren Alliierten verbindet. Bonn blieb am linken Rheinufer; das Verkehrsnetz, in dem die Züge im Dreihundert-Kilometer-Tempo fahren sollen, verknüpft Köln mit Paris, Brüssel, Amsterdam und London; die Pläne, die Phantasie und Energie beanspruchen, gelten dem westeuropäischen Binnenmarkt. Die Bundesrepublik unterscheidet sich jedoch von den übrigen EG-Mitgliedern dadurch, daß sie den Osten mehr im Auge hat als die anderen.

Der Osten war dem Westteil Deutschlands früher zwar fern, aber mit dem Kriege kam er ihm nahe. Die Russen stehen an der Elbe, und bis zur polnischen Grenze sind es dreihundert Kilometer, von West-Berlin nicht einmal hundert. Den Westdeutschen ist ein Problem auf den Leib gerückt, von dem sie wenig wußten; und noch wichtiger als das Wissen war das Begreifen, das sich erst mit der Zeit und der Erfahrung einstellt. So erklärt sich, daß die Themen Mitte und Mittlerrolle erst in den achtziger Jahren Bedeutung erhielten.

Mit Amerika erlebte Bonn Enttäuschungen, die Sowjetunion wurde ihm langsam verständlich - die Schwarz-Weiß-Vorstellungen lösten sich auf. Die Vereinigten Staaten erschienen nicht mehr als der Hort des Guten und die Sowjetunion nicht als das »Reich des Bösen«, beide nahm man als Großmächte, die sich - bei allen Unterschieden - so verhielten, wie Großmächte es zu allen Zeiten taten. Seit Gorbatschow das Bild von der Sowjetunion stark aufhellte, melden die Meinungsforscher, daß die »Images sich zunehmend angleichen«. Bei manchen Umfragen schnitt sogar der sowjetische Generalsekretär weit besser ab als der amerikanische Präsident. Doch all das kann sich ändern; auch sind die Westdeutschen nicht von Amerika zur Sowjetunion übergeschwenkt. Neu ist aber, daß nicht der Westen immer den Vorzug hat; neu ist die Überwindung der Vorlieben wie Vorurteile und die Fähigkeit zu unbefangener Entscheidung. Drei von vier Westdeutschen votierten im Herbst 1988 über Bonns NATO-Mitgliedschaft ebenso wie früher: sie waren dafür. Aber zugleich hätten sie es begrüßt, wenn Amerikaner wie Russen ihre Truppen aus der Bundesrepublik und der DDR sowie aus Polen und der Tschechoslowakei abzögen.

Gewandelt hat sich auch das Verhältnis zu den Ländern der anderen Seite. Die Bundesrepublik, ein nach Geist und Gebiet karolingisches Deutschland, versteht vom Osten dennoch mehr als ihre Verbündeten. Was im östlichen Europa gedacht, gesorgt und gewünscht wird, begreift man am Rhein besser als an der Seine, Themse und am Potomac. In der Bundesrepublik wurde die West-Mauer gegen den Osten niedriger, die Mauer der Gleichgültigkeit, die manchmal ebenso sehr trennt wie das Betonbauwerk in Berlin.

Schon seit den siebziger Jahren bietet sich dem Osten ein anderes Bonn. »Früher ein Quell der Sorge, jetzt der Hoffnung«, sagte ein Altkommunist in Budapest. Bonn wurde zu der Hauptstadt im Westen, auf die am meisten Verlaß ist, wenn die Entspannung in Gefahr gerät. Wo sich Verständnis finden läßt, jedenfalls mehr Verständnis als andernorts, wenn die Nöte der Europäer im Osten es verlangen. Wo man Hilfe erhoffen kann, wenn Westeuropa wieder einmal dabei ist, Osteuropa zu vergessen.

Der Bundesrepublik fiel eine Rolle zu, die sie nicht anstrebte; sie übernahm sie aber, weil ihre Lage es gebietet. Wer zugleich Grenze und Mitte ist, hat keine Wahl: Er muß versuchen, von dem Widerspruch so viel aufzulösen, wie in seinen Kräften steht.

Fünftes Kapitel

Einheit und Teilung

Wiedervereinigung - wer weiß wann!

Konrad Adenauer im CDU-Fraktionsvorstand am 16. März 1959

Zweifache Staatsgründung

Die deutsche Einheit war nach dem Krieg für alle Deutschen nicht eine Frage, sondern eine Selbstverständlichkeit. Das Reich, wie es seit 1871 bestand, bildete für Schwaben wie Mecklenburger, für Sachsen wie Friesen, aber auch für Kommunisten wie für Demokraten die gewohnte staatliche Form; man war darin geboren und aufgewachsen, man kannte nichts anderes. Die Erinnerung, daß die Deutschen die längste Zeit ihrer Geschichte in vielen Staaten gelebt hatten und Bismarcks Schöpfung eher die Ausnahme war, ist erst späteren Datums: Erst als die Teilung zur gewohnten Form geworden war, setzte sich die Einsicht langsam durch, daß deutsche Mehrstaatlichkeit auch historisch nicht Außergewöhnliches bedeutet. Bald nach Kriegsschluß aber, als die Spaltung sich abzeichnete und dann vollzog, wurde sie wie ein Schnitt in einen lebenden Körper empfunden - als ob heute der Main zwei Staaten trennen sollte, Frankfurt gehörte zum einen, Offenbach zum anderen.

Die Teilung ging von den Siegern aus, die Deutschen mußten sich dazu verhalten, aber dabei stellte sich die Frage nicht so einfach, wie es im Rückblick erscheint. Die Deutschen mußten, außer bei plumper Demoskopie oder Demagogie, niemals beantworten, ob sie für oder gegen die Wiedervereinigung seien; sie mußten sich immer nur zu einzelnen Geboten oder Angeboten der Vormächte äußern, als deren Konsequenz aber eine Vertiefung der Spaltung zu befürchten war. Doch selbst diese Konsequenz erschien nicht in jedem Falle sicher. Die Entscheidung fiel oft schwer, weil beinahe jeder Schritt zur Teilung als ein Schritt zur Einheit beschrieben wurde, zumindest als ein Schritt, der nicht zum Schaden der Einheit sei. Die Teilung kam immer im Gewande der Einheit – bei den Alliierten, bei den Russen und bei den deutschen Politikern, die wußten, was sie taten, wenn sie einen neuen Trennungsakt empfahlen.

Als die Westmächte beschlossen hatten, ihre drei Besatzungszonen zu einem Staat zusammenzufassen, brauchten sie die Einwilligung und Mitarbeit der Deutschen. Die Militärgouverneure riefen die elf Ministerpräsidenten ihrer Zonen am 1. Juli 1948 nach Frankfurt und beauftragten sie, eine Verfassung auszuarbeiten. Die Länderchefs schwankten: Einerseits bot sich die Möglichkeit, schneller als erwartet aus »dem Zustand der Rechtlosigkeit« herauszukommen, andererseits lag die Gefahr vor aller Augen, mit der Gründung eines Teilstaats die Teilung zu vertiefen. Die Ministerpräsidenten stellten Bedingungen: Der Staat dürfe kein Staat sein und auch nicht so heißen. Außerdem versuchten sie, die Verantwortung loszuwerden: Im Besatzungsstatut müsse »deutlich zum Ausdruck kommen«, daß »letztlich« alles »auf den Willen der Besatzungsmächte« zurückgehe. Dramatische Beratungen und Kontroversen folgten, doch am

Ende hatten die Alliierten den Staat, den sie wollten, und die Deutschen die Verantwortung dafür, die sie nicht wollten. Nur drei Änderungen setzten sie durch: Die Verfassung hieß nicht Verfassung, sondern »Grundgesetz«; die verfassunggebende Versammlung wurde »Parlamentarischer Rat« genannt, und statt einer Volksabstimmung setzten die Länderparlamente das Grundgesetz in Kraft.

Nicht einmal vier Wochen hat es gedauert, bis das deutsche Ja zur Schaffung eines Separatstaats vorlag. Doch die Umstände erklären viel. Der Krieg war erst drei Jahre vorbei, die Allgewalt der Besatzung drückend und die Ernährungslage verheerend; erst der Anschluß an den Westen und der Marshall-Plan versprachen Besserung. Nicht zuletzt drohte der Osten: Als die Ministerpräsidenten ihre letzte Entscheidung zu treffen hatten, stand West-Berlin bereits einen Monat lang unter sowjetischer Blockade; zu Lande und zu Wasser war die Inselstadt von aller Zufuhr abgeschnitten, nur die Amerikaner mit ihrer Luftbrücke gaben Hoffnung. Ernst Reuter, der Vertreter des belagerten Berlin, sprach ein erlösendes Wort, als er für die Gründung eines Weststaats plädierte: »Die Spaltung Deutschlands wird nicht geschaffen, sie ist bereits vorhanden«.

Der Vorgang war exemplarisch für die Art, in der auch die späteren Beschlüsse meist zustande kamen. Man entschied nach den Bedürfnissen des eigenen Teilgebiets, wahrte die deutsche Einheit durch Formalitäten und beruhigte sich mit dem Gedanken, doch nichts bewirken zu können, weil alles in der Hand der Großmächte lag. Ganz wohl aber fühlten sich die meisten dabei nicht; von »bangen Zweifeln« wird berichtet und von der Absicht Carlo Schmids, »das alles kaputtzuschlagen.« Doch am Ende machten alle mit, keiner schloß sich aus. Die Bundesrepublik Deutschland wurde, soweit Deutsche dabei mitwirkten, mit schlechtem Gewissen gegründet - aber sie wurde gegründet.

Auch im Osten beschloß die Besatzungsmacht, einen Staat zu errichten; auch sie brauchte deutsche Politiker, die es ins Werk setzten und die Verantwortung übernahmen; und daß auch dabei mancher Skrupel hatte, läßt sich vermuten. Allerdings legten Moskau wie die SED-Führung ihre Politik zweigleisig an. Zum Hauptziel erklärten sie die deutsche Einheit und schufen dafür eine eigene Organisation - die »Volkskongreßbewegung«; als dann, wie zu erwarten war, die Einheit nicht erreicht wurde, entstand aus dieser Organisation das erste Parlament der DDR. Die undemokratischen, manchmal gewaltsamen Formen, in denen dieser Prozeß vor sich ging, vertrieb prominente CDU-Politiker wie Jakob Kaiser und Ernst Lemmer. Viele aber beruhigten ihr nationales Gewissen damit, daß zuerst der Westen einen Separatstaat gegründet hatte und daher nichts anderes bliebe, als dem schlechten Beispiel zu folgen.

Teilung im Namen der Einheit

Nachdem es zwei deutsche Staaten gab, entwickelte sich jeder nach dem Gesetz, unter dem er angetreten war. Für die Bundesrepublik lag es nahe, sich mit dem Westen wirtschaftlich und militärisch zu verbinden. Montanunion, Europäische Verteidigungsgemeinschaft, NATO, atomare Bewaffnung der Bundeswehr, Euratom, Europäische Wirtschaftsgemeinschaft bis zum Binnenmarkt der neunziger Jahre - eines ergab sich aus dem anderen, nicht automatisch, aber sehr folgerichtig. Nicht alles mußte getan werden, aber nachdem man mit der Schaffung der Bundesrepublik nun einmal A gesagt hatte, war es wenig sinnvoll und auch schwer noch möglich, das B und C zu verweigern und das weitere Alphabet nicht mitzubuchstabieren.

Die DDR lag im sowjetischen Machtbereich und war von Kommunisten gegründet worden, sie hatte keine Wahl und mußte sich zu einem kommunistischen Staat nach sowjetischem Vorbild entwickeln und sich wirtschaftlich wie militärisch dem sowjetischen Block eingliedern. Über Tempo, Ausmaß und Methoden konnte man streiten, über die Richtung nicht.

Wenn man von den Systemunterschieden absieht, verlief der Prozeß der Teilung mit fataler Gleichartigkeit auf beiden Seiten: Nahezu alles geschah im Namen der Einheit. Die Verfassungen beider Teilstaaten waren gesamtdeutsch angelegt, die Gegenseite wurde aufgefordert, sich anzuschließen. Die Systeme beider Seiten galten als Vorbilder für das Ganze; ein vereintes Deutschland konnte nach Bonner Auffassung nur demokratisch und - vielleicht mit einigen Einschränkungen - kapitalistisch sein, nach Ostberliner Meinung mußte Deutschland sozialistisch im Sinne der SED werden. Da jeder am Modell für den Gesamtstaat arbeitete, behauptete er, die weitere Vollendung des eigenen Modells diene dem künftigen gemeinsamen Vaterland, die Fortentwicklung des Gegenmodells hingegen vertiefe die Spaltung. Daraus ließ sich unschwer folgern: Was der Bundesrepublik nütze - oder der DDR -, sei auch zum Nutzen Deutschlands. Der Egoismus tarnte sich als Patriotismus, Teilungspolitik verband sich mit Einheitsbeteuerungen, beiderseits der Elbe wurde die Unaufrichtigkeit in nationalen Fragen zur festen Gewohnheit.

Die Bundesrepublik beanspruchte schon bei ihrer Gründung, im Namen aller Deutschen zu sprechen; Ost-Berlin folgte ihr. Beide sahen die Ursachen der Teilung auf der Gegenseite: im kommunistischen Expansionsdrang oder im amerikanischen Imperialismus. Beide warfen einander Hörigkeit gegenüber Washington oder Moskau vor, jeder gab sich als der wahre Anwalt der deutschen Sache. Beide betrachteten und beschimpften sich gegenseitig als die Spalter Deutschlands, warfen einander »nationalen Verrat« vor und glaubten, erst der Sturz des »Vasallen-Regimes« auf der Gegenseite könne die Wiedervereinigung bringen.

Beide stellten Armeen gegeneinander auf und rechtfertigten es mit der Einheit: Die Demokratie oder der Sozialismus, Vorbild und Kernstaat für das Ganze, müsse geschützt werden; außerdem sei Stärke die einzige Sprache, die auf der Gegenseite verstanden werde. Und da man allein zu schwach war, die Wiedervereinigung herbeizuführen, brauche man Verbündete: Auch der Beitritt zu den Militärallianzen geschah zum höheren Zweck der Einheit.

Adenauer und Ulbricht

Eine weitere Parallele bestand in einem personellen Zufall. In beiden Staaten gab es einen überragenden Politiker, der aus fester eigener Überzeugung in die gleiche Richtung strebte wie seine Vormacht. Adenauer war nicht, wie der SPD-Vorsitzende Kurt Schumacher ihm vorwarf, der »Bundeskanzler der Alliierten«; und Ulbricht war nicht, wie die westliche Propaganda ihm nachsagte, der Handlanger des Kreml. Adenauer und Ulbricht hatten Erfolg, weil ihre Wünsche und die große Politik parallel liefen.

Beide waren auch Realisten. Sie hielten sich an das, was sie hatten; Sicherheit und Stabilität waren ihr erstes Gebot; sie scheuten Risiken und warnten vor Experimenten, vor deutschnationalen ganz besonders. Beide waren zuweilen konservativer als ihre Vormacht, aber auch selbstbewußter, als ihre Kritiker wußten; beide lebten in der Sorge, die Großen könnten sich über ihren Kopf hinweg arrangieren, beider Wort aber hatte oder gewann in Washington und Moskau Gewicht.

Adenauer wie Ulbricht waren taktisch fast unbegrenzt beweglich und zugleich von eiserner Konsequenz bei der Verfolgung ihrer Hauptziele. Der eine wollte den Teil Deutschlands, über den er verfügte, für alle Zukunft mit dem Westen verklammern; der andere wollte seinen Teil für alle Zukunft dem Sozialismus zuführen. Beide hielten ihr Werk für historisch. Adenauer mißtraute seinen Landsleuten und empfand es als Lebensaufgabe, die Deutschen zu binden und vor der Versuchung neuer Machtpolitik oder Alleingängen nach Osten zu bewahren. »Nutzen Sie die Zeit, solange ich noch lebe«, sagte er 1954 zu zwei westeuropäischen Ministern. »Wenn ich nicht mehr bin, ist es zu spät - mein Gott, ich weiß nicht, was meine Nachfolger tun werden, wenn sie sich selbst überlassen sind, wenn sie nicht in fest vorgezeichneten Bahnen gehen müssen.« Für Ulbricht gibt es kein solches Zeugnis, aber seine Politik läßt keinen Zweifel daran, daß er die Durchsetzung seines Sozialismus, zunächst in der DDR, als Mission betrachtete.

Adenauer wie Ulbricht verwandten alle Kraft darauf, ihr Deutschland so »europäisch« oder »sozialistisch« zu machen, wie es die Verhältnisse erlaubten. Beide verweigerten jedes nationale Zugeständnis, das ihr Ziel hätte gefährden können. Sie waren nicht Anwälte der Teilung, aber sie brauchten die Teilung, um ihr Werk zu vollenden.

Adenauer und Ulbricht wurden zum Vater ihres Staats, sie schufen ihn mit und zogen ihn auf, bis er auf eigenen Füßen stand. Aber dabei fanden sie ihre Grenze. Sie vermochten, Bundesrepublik und DDR gegeneinander aufzubauen, nicht aber, sie miteinander zu versöhnen. Sie sprachen von Deutschland und beschworen die Einheit, aber sorgten nur für ihren Teil.

Für beide wurde das Jahr 1952 zu einer schweren Prüfung. Im März hatte Stalin begonnen, den Westmächten eine Reihe von Noten zu schicken, in denen er eine Wiedervereinigung durch freie Wahlen anbot, sofern garantiert sei, daß Deutschland keinem Militärbündnis beitrete. Adenauers wie Ulbrichts Lebenswerk war bedroht. Ein neutralisiertes Deutschland konnte nicht mit dem Westen unlösbar verklammert werden, und ein vereintes Deutschland, das durch freie Wahlen zustandekam, konnte nicht in ein stalinistisches Land verwandelt werden.

Der Kanzler hatte im Frühjahr 1952 sein Ziel unmittelbar vor Augen. Die Bundesrepublik sollte souverän und in die westliche Verteidigung einbezogen werden; die Verträge dafür standen kurz vor dem Abschluß. Verhandlungen über Stalins Angebot hätten sie verzögert oder sogar gefährdet, und darin lag auch der Zweck der Offerte aus Moskau.

Auch für die Westmächte gab es kein Interesse,

darauf einzugehen. Sie hatten nicht einen westdeutschen Staat gegründet, um ihn zweieinhalb Jahre später in eine ungewisse Zukunft zu entlassen; auch sie standen kurz vor ihrem Ziel, die Bundesrepublik fest an sich zu binden. Beachten mußten sie nur: Wenn sie die sowjetischen Noten offensichtlich ignorierten, liefen sie Gefahr, für die weitere Teilung Deutschlands verantwortlich gemacht zu werden; die östliche Propaganda tat dies bereits. So ist es möglich, daß die Alliierten Verhandlungen erwogen, doch es bleibt sehr unwahrscheinlich, daß sie ernsthaft, also mit der Absicht zum Erfolg, mit Moskau zu sprechen bereit waren. Nur massiver Druck der Bundesregierung, unterstützt von einer breiten öffentlichen Meinung, hätte sie - vielleicht - dazu nötigen können; aber das Gegenteil geschah. Adenauer tat alles, was in seinen Kräften lag, die Noten Stalins als Stör- und Täuschungsmanöver abzutun und die Westmächte von Verhandlungen abzuhalten. Der deutsche Kanzler befreite die Verbündeten von der Rücksicht auf die Deutschen.

Auch Ulbricht war im besten Zuge, als Moskau seine Noten zur deutschen Einheit schickte. Er trieb die Stalinisierung der DDR mit - buchstäblich - aller Gewalt voran; die DDR unterschied sich von den »Volksdemokratien« in Polen, Ungarn und der Tschechoslowakei fast nur noch durch wenige gesamtdeutsche Vorbehalte. Sie hieß nicht »Volksdemokratie«, kollektivierte die Landwirtschaft noch nicht und blieb, in bewußter Übereinstimmung mit der Bundesrepublik, nach Ländern gegliedert (obwohl sie im wesentlichen längst zentral regiert wurde).

Ulbricht unterstützte Stalins Noten; doch als sie ihren Zweck verfehlten - Bonns Westverträge wurden Ende Mai 1952 unterzeichnet –, ging er einen großen Schritt voran. Im Juli, zweifellos in Übereinstimmung mit Moskau, verkündete er den »Aufbau des Sozialismus«. Es war die Antwort auf Adenauer. Wie die Bundesrepublik mit ihrem Wehrbeitrag den Weg nach Westen ging, so schlug die DDR mit der 2. Parteikonferenz den Weg nach Osten ein. »Aufbau des Sozialismus«, Kollektivierung der Landwirtschaft, Proklamation »nationaler Streitkräfte« und kurz danach die Auflösung der Länder – all das hieß: Die DDR soll unwiderruflich ein Staat des Ostens werden, die gesamtdeutschen Vorbehalte sind entbehrlich.

Kein Thema der deutschen Nachkriegszeit wurde so viel behandelt und ist so hart umstritten wie die Stalinnoten von 1952. Die Nachgeschichte erscheint bereits wichtiger als die Geschichte dieses Jahres selbst, nicht dem Charakter nach, aber in der Bedeutung fast vergleichbar mit der Dolchstoßlegende der Weimarer Republik. Wer meint, eine Wiedervereinigung sei niemals möglich gewesen, kann die Bundesrepublik als dauernde staatliche Heimat annehmen. Wer hingegen glaubt, Adenauer habe damals die Wiedervereinigung verspielt, neigt eher dazu, die Bundesrepublik weiterhin für ein Provisorium und eine künftige Wiedervereinigung für möglich zu halten.

Opposition gegen Adenauer

War die deutsche Teilung, von Hitler abgesehen, Schuld oder Schicksal? Die Frage erregte schon die Zeitgenossen und wurde zur Ursache für erbitterte Kämpfe nicht nur in der Bundesrepublik, sondern auch in der DDR. Sie spielten sich in unterschiedlichen Formen ab, im Westen meist offen und im Osten hinter den fest verschlossenen Türen des Zentralkomitees. Aber in der Sache ging es großenteils um das gleiche, um die Politik Adenauers oder Ulbrichts, die soweit nach Westen und nach Osten strebten, daß Deutschland in Gefahr geriet, ganz auseinandergerissen zu werden.

Die Bonner Politiker mußten die gleichen Fragen beantworten, vor denen schon im Juli 1948 die Ministerpräsidenten gestanden hatten: Soll man im Westen etwas Festes schaffen oder sich nach Osten offenhalten? Soll man den Vorteil wahrnehmen, der sich für den Westteil Deutschlands bietet, auch wenn es die Trennung vom Ostteil vertieft? Oder soll man um des deutschen Zusammenhalts willen auf eigene Möglichkeiten verzichten?

Adenauer verfolgte die erste Linie konsequent, seine Opponenten verfolgten die zweite halbherzig. Sie wiesen dem Kanzler überzeugend nach, daß die militärische Bindung an den Westen eine Wiedervereinigung unmöglich machen werde, aber auch sie wollten als Demokraten ein enges Verhältnis zum Westen. Vor allem hatten sie keine Alternative. Die Sozialdemokraten sprachen vage von »Bündnisfreiheit«, aber wehrten sich entsetzt, als werde ihnen eine sittliche Verfehlung nachgesagt, wenn behauptet wurde, sie wollten ein neutralisiertes Gesamtdeutschland. So blieb Adenauer seinen Kritikern überlegen: Er handelte, die anderen mußten reagieren. Er wußte, was er wollte, die anderen wußten meist nur, was sie nicht wollten. Er hatte realisierbare Ziele, die anderen konnten nur auf Möglichkeiten hinweisen. Er hatte die stärkeren Bataillone auf seiner Seite, die drei Westmächte und die Mehrheit der Westdeutschen.

Adenauers Gegner hätten eine Chance gehabt,

wenn die Deutschen wirklich gewesen wären, was die Politiker dauernd behaupteten: eine Nation, der die Zusammengehörigkeit über alles ging. Eine solche Nation hätte bereits opponiert, als ein Teilstaat im Westen gegründet werden sollte. Sie hätte sich geweigert, Waffen zu nehmen, die sie auf ihre eigenen Landsleute richten sollte. Sie hätte auf Marshallplan, Souveränität und Bündnisschutz verzichtet, um die Spaltung nicht zu verewigen. Sie hätte allen vier Besatzungsmächten klargemacht, was die Ostdeutschen den Russen am 17. Juni klarmachten: Wir lassen uns zur Teilung nur zwingen.

Doch eine solche Nation waren die Deutschen nicht und konnten es nach ihrer politischen und moralischen Niederlage auch nicht sein. Alle Kraft, die sie hatten, verwandten sie für sich selbst. Jeder sah, wie er wieder hochkam, der einzelne wie die ganze Bundesrepublik. Mit dem Osten verband sich weniger die Hoffnung auf Einheit als die Furcht um die eigene Existenz. Die Russen- und Kommunistenangst hatte Tradition, sie wurde durch Goebbels wiedererweckt, durch die Schrecken des sowjetischen Einmarsches oft zur Panik gesteigert und durch die Verhältnisse in der DDR bestärkt. Dort entstand vieles wieder, was man mit dem Jahr 1945 selbst gerade hinter sich hatte: diktatorische Partei-Herrschaft, Scheinwahlen, Aufhebung aller Werte zu Gunsten einer allein gültigen Ideologie, Gesinnungsterror, Spitzelfurcht und Angst vor der Geheimpolizei, außerdem noch schlechte Lebensverhältnisse. Der 17. Juni und der nicht endende Flüchtlingsstrom hielten das Schreckbild ständig im Bewußtsein.

Natürlich wollten die Westdeutschen die Wiedervereinigung, aber sie wollten sie umsonst – einen größeren Preis mochte niemand zahlen und ein Risiko eingehen schon gar nicht. Regierung und Parteien gaben auch ständig Beispiele übertriebener Vorsicht. Freie Wahlen in ganz Deutschland waren ihre Kernforderung, doch als Ost-Berlin und Moskau Anfang der fünfziger Jahre solche Wahlen anboten, konzentrierte sich die Bonner Politik nicht mehr auf die Wahlen, sondern auf deren Kontrolle durch die Vereinten Nationen. Da standen fünfzig Millionen Westdeutsche gegen achtzehn Millionen Ostdeutsche, die innerlich größtenteils auf Seiten des Westens waren. Selbst bei schlimmster Manipulation wären nicht mehr als 25 bis 30 Prozent Kommunisten ins gesamtdeutsche Parlament eingezogen, doch damit fertigzuwerden, traute man sich nicht zu. Kommunistische Minderheiten überwinden demokratische Mehrheiten - so hatte man es im Osten beobachtet und zum Glaubenssatz erhoben, aber vergessen, daß allein die sowjetische Besatzung den Kommunisten in der DDR zur Macht verholfen hatte. Niemand wagte, das Verlangen nach perfekter Wahlkontrolle anzuzweifeln - die Furcht versteckte sich hinter der Demokratie.

Für diese Zeit war die Vaterfigur Adenauer der richtige Kanzler. Er empfahl, was einer besiegten und besorgten Nation am meisten einleuchtete: Sie solle sich starke Freunde suchen und ganz an diese Freunde halten. Er warnte vor »Experimenten«: vor allem, was nicht garantiert ungefährlich ist. Er versprach, wonach sich die Leute nach Krieg und Nachkrieg am meisten sehnten: Schutz, Ruhe und Geborgenheit sowie beste Bedingungen für die schnelle Heilung aller Schäden. Und schließlich kündigte er an: Wenn die Westdeutschen fest zum Westen stünden und ihn stärkten, dann werde Moskau genötigt sein, die »Sowjetzone« freizugeben.

Adenauer bot der Bundesrepublik, was sie brauchte: Sicherheit vor dem Osten, Wohlstand und wachsendes Ansehen im Westen und dazu den schönen Schein, als gebe es obendrauf noch die Wiedervereinigung. So gewann er innen- wie außenpolitisch. Gustav Heinemanns »Gesamtdeutsche Volkspartei«, die einzige konsequente Opposition, kam nicht einmal in den Bundestag; die SPD verlor eine Wahl nach der anderen, und 1957 erhielten die Kanzlerparteien CDU und CSU sogar die absolute Mehrheit.

Opposition gegen Ulbricht

Im östlichen Berlin stellte sich die deutsche Frage mehr innen- als außenpolitisch. Am Rhein ging es um den Umfang der Verflechtung mit dem Westen, an der Spree um das Ausmaß der gesellschaftlichen Veränderungen - beides konnte einen Grad erreichen, der eine Wiedervereinigung unmöglich machte. Alle Auflehnung gegen Ulbricht richtete sich zunächst gegen dessen Stalinismus, gegen die übereilte schematische Sozialisierung, gegen Erhöhung der Arbeitsnormen und allgemeinen Terror – »Tausende« waren zu Unrecht verurteilt worden und mußten aus der Haft entlassen werden, wie der Generalstaatsanwalt der DDR später bekanntgab. Doch der Widerstand gegen Ulbricht wurde immer von der Sorge um die deutsche Einheit begleitet oder mündete in die Forderung danach. Er äußerte sich in dreifacher Form.

Am 16. und 17. Juni 1953 gingen in Berlin und den wichtigsten Industriezentren der DDR die Arbeiter auf die Straße, sie begannen mit Lohnforderungen und endeten mit dem Ruf nach freien Wahlen.

Ohne das Eingreifen der sowjetischen Armee wäre es mit Ulbricht, vermutlich mit der ganzen SED-Herrschaft, zu Ende gegangen, die deutsche Einheit wäre vielleicht möglich geworden. Aber die Russen retteten nicht nur Ulbricht vor dem Aufstand, der Aufstand rettete auch Ulbricht vor den Russen. Seine Ablösung war in Moskau schon beschlossen gewesen, aber nach der Rebellion nicht mehr möglich, weil sie als Schwächebeweis erschienen wäre.

Die - ganz unerwartete - Explosion in der DDR wurde im Kreml überhaupt als Warnsignal empfunden. Die Nachfolger Stalins, er starb im März 1953, hatten außenpolitische Entspannung und einen Kompromiß für Deutschland gesucht und waren dabei ähnlichen Absichten Churchills begegnet. Wahrscheinlich wäre das Arrangement schon im Westen gescheitert, die Amerikaner waren sehr skeptisch und Adenauer bremste, soweit er konnte. Aber der Aufstand in der DDR ließ auch die sowjetischen Führer vor einem Experiment in Deutschland zurückschrecken; sie nutzten die Gelegenheit lieber, sich eines gefürchteten Rivalen zu entledigen, stürzten den Staatssicherheitsminister Berija und warfen ihm vor, was sie auch selbst erwogen hatten: Berija habe »die DDR als sozialistischen Staat liquidieren« und an den Westen »verkaufen« wollen.

Der Bundestag erhob den 17. Juni zum »Tag der deutschen Einheit« - es war ein Tag der dreifach gescheiterten Einheit: Der Aufstand wurde niedergeschlagen, er bewahrte Ulbricht die Macht und behinderte die letzte, vielleicht größte, Chance einer Wiedervereinigung durch die Vier Mächte.

Eine andere Art der Opposition ging von Partei-Intellektuellen aus, am bekanntesten war der Philosophieprofessor Wolfgang Harich. Ihr Reformprogramm lief, in letzter Konsequenz, auf eine Sozialdemokratisierung der SED hinaus und dann auf eine Wiedervereinigung mit Hilfe der westdeutschen Sozialdemokratie. Beide deutschen Staaten sollten einander entgegenkommen: die DDR durch Abbau der Parteidiktatur und die Bundesrepublik durch Verstaatlichung der Schlüsselindustrien, durch eine Bodenreform und Aufhebung von Bildungsprivilegien. Unter dem Namen »Dritter Weg«, oft in populärer Form, lebten solche Überlegungen in der DDR lange weiter. Der Gedanke, von jeder Seite das Gute zu nehmen, vom Westen die Demokratie und vom Osten den Sozialismus, leuchtete unmittelbar ein und entsprach später auch dem zunehmenden Selbstgefühl vieler Ostdeutscher. Sie wollten vom Westen nicht »angeschlossen« werden, sondern bei einer Vereinigung ihre Bedingungen stellen.

Eine dritte Opposition bildete sich zweimal in Ulbrichts engster Umgebung. Mitglieder der obersten Führung wollten den Diktator absetzen, den Stalinismus durch einen autoritären, aber gemäßigten Sozialismus ersetzen und damit den Abstand zur Bundesrepublik nicht so groß werden lassen, daß eine Wiedervereinigung unmöglich würde.

Die Frondeure des Frühjahrs 1953 hätten eigentlich gewinnen müssen. Sie vertraten, was Stalins Nachfolger in Moskau anstrebten, Ulbricht hingegen lief noch auf Stalins Spuren. Der »Neue Kurs«, den der Kreml der SED verordnete und den Ulbrichts Gegner in der Partei begrüßten, zielte darauf, die 2. Parteikonferenz rückgängig zu machen: Ulbrichts »Aufbau des Sozialismus«, das Programm also, das die DDR unumkehrbar zu einem Staat des Ostens machen sollte. Aber Wilhelm

Zaisser und Rudolf Herrnstadt, Chefs der Staatssicherheit und der Parteizeitung, wurden Opfer des 17. Juni und des Machtkampfs in Moskau: Als ihr Hintermann Berija fiel, fielen auch sie.

An der Spitze der zweiten Opposition stand Ulbrichts »Kronprinz« Karl Schirdewan, auch er hatte Rückhalt im Kreml und zur Zeit der »Entstalinisierung« 1956 vielleicht sogar Aussicht, von Chruschtschow als Nachfolger Ulbrichts akzeptiert zu werden. Anderthalb Jahre ging der interne Kampf. Als Schirdewan im Februar 1958 alle seine Ämter verlor und zum Archivdirektor in Potsdam degradiert wurde, fand sich in Erich Honeckers Anklagerede der Halbsatz: »... die Wiedervereinigung um jeden Preis herbeizuführen«.

Ulbricht blieb am Ende immer Sieger. Dabei half ihm sein großes taktisches Geschick, noch mehr aber halfen die Umstände. Beim ersten Mal, 1953, rettete ihn der Aufstand der Deutschen, beim zweiten Mal, 1957/58, der Aufstand der Ungarn, der Chruschtschow empfahl, sich in der anfälligen deutschen Republik lieber an den Stalinisten zu halten, der Stabilität versprach.

Im Herbst 1957 waren Ulbricht und Adenauer Herr der Lage in ihren Staaten - dem einen war der Sieg über die Parteiopposition schon gewiß und der andere hatte im September seinen größten Wahlsieg und die absolute Mehrheit errungen. Beiden war die ungarische Tragödie zugute gekommen, Ulbricht der Aufstand und Adenauer dessen blutige Niederschlagung durch die Sowjetarmee. In Frontstaaten werden in gefährlicher Zeit nicht »Tauben« gebraucht, sondern »Falken«.

Im Mai 1955 war der Kampf der Großmächte um Deutschland entschieden: die Bundesrepublik gehörte der westlichen und die DDR der östlichen Militärallianz an. Die Sowjetunion stellte sich sogleich auf die neue Lage ein. Einerseits lud sie Adenauer nach Moskau und vereinbarte mit ihm die Aufnahme diplomatischer Beziehungen; andererseits gab sie Ulbricht die lang ersehnte Bestandsgarantie: die »sozialistischen Errungenschaften« der DDR dürften nicht mehr aufgegeben werden. Die weitere sowjetische Deutschlandpolitik ging nun von der Zweistaatlichkeit aus. Bis zum Frühjahr 1955 hatte Moskau die deutsche Frage offen gehalten, nun erklärte es sich für unzuständig: Wenn die Deutschen sich vereinigen wollten, sollten ihre Regierungen es miteinander ausmachen.

Doch zwischen den Großmächten bestand noch ein starkes Ungleichgewicht. Moskau hatte die Bundesrepublik anerkannt, die Westmächte aber weigerten sich, die DDR anzuerkennen; die sowjetische Führung glaubte ihren Besitzstand in Mitteleuropa bezweifelt. Zum Hauptziel ihrer Deutschlandpolitik wurde es daher, den Westen, vor allem Bonn, zur Bestätigung der Zweistaatlichkeit zu nötigen oder zu verlocken. Die Macht und die Tatsachen genügten Moskau nicht, es brauchte auch die Form.

Für die Deutschen ging es seit 1955 nicht mehr um die Einheit, sondern nur noch um die Milderung der Teilung, nicht mehr um einen Sieg im politischen Bürgerkrieg, sondern um die Wahrung deutscher Gemeinsamkeiten. Doch was sich im Rückblick sehr klar ausnimmt, konnte es für die Zeitgenossen noch nicht sein. Die Teilung eines

Landes ist etwas Ungeheuerliches. Selbst wenn sie vollzogen ist, vergeht noch viel Zeit, bis sie im Bewußtsein der Menschen nachvollzogen wird. Nur ein Fünftel der Bundesbürger meinte im September 1955, die Aussichten auf Wiedervereinigung seien schlecht, die Vorstellungskraft der meisten versagte vor dem Gedanken einer Teilung auf unabsehbare Zeit. Auch beide Regierungen setzten nach dem Entscheidungsjahr 1955 ihre frühere Politik fort, als sei nichts geschehen; beide hegten weiter Hoffnungen oder taten jedenfalls so.

Chruschtschow brachte noch einmal Elan in Teile der SED. Der sowjetische Parteichef besaß die Dynamik, von der andere Funktionäre nur redeten; er proklamierte einen friedlichen »Wettkampf der Systeme« und glaubte, daß sein System dabei gewinnen werde. Jedem Ostland setzte Chruschtschow das Ziel, ein entsprechendes Westland zu überflügeln. Ulbricht proklamierte 1958 für die DDR, sie solle die Bundesrepublik im »Pro-Kopf-Verbrauch« mit allen wichtigen Lebensmitteln und Konsumgütern erreichen oder übertreffen und damit »die Überlegenheit der sozialistischen Gesellschaftsordnung« beweisen. Das Ziel war utopisch, der Termin dafür, nur drei Jahre, absurd. Dennoch scheint eine gewisse Siegeszuversicht damals viele deutsche Kommunisten erfaßt zu haben, denn mit Chruschtschows Berlin-Ultimatum war der Osten auch außenpolitisch zum Angriff übergegangen und versetzte den Westen sichtbar in Bedrängnis. Doch der Schwung erlahmte bald. Das Jahr 1961 brachte nicht den gleichen »Pro-Kopf-Verbrauch« wie in der Bundesrepublik, sondern die Berliner Mauer zur Verhinderung der Flucht in die Bundesrepublik. Ein Jahr später mußte Chruschtschow auch in Kuba den Rückzug antreten; mit dem Vormarsch des Kommunismus und der Aussicht auf Sieg im deutsch-deutschen Klassenkampf war es erst einmal vorbei.

Adenauer erging es nicht besser. Er pries seine Politik weiterhin als Weg zur Wiedervereinigung an und erfand ein Wunder nach dem anderen, das schließlich die Einheit bringen werde: die Stärke des Westens, die allgemeine Abrüstung, der Druck der Chinesen auf die Russen, ein innerer Wandel in Moskau. Aber der Kanzler wußte sehr wohl zwischen Vision und Politik zu unterscheiden und versuchte insgeheim, mit Moskau zu einem Arrangement zu kommen. Im März 1958 schlug er dem sowjetischen Botschafter vor, der DDR den Status Österreichs zu geben: sie müsse demokratisch und dürfe neutral sein. Aber weshalb sollte Chruschtschow darauf eingehen? Er hätte seinen Teil Deutschlands verloren, der Westen hätte seinen behalten und weiter militärisch genutzt.

Spätestens 1958 schrumpfte Adenauers Deutschlandpolitik zur bloßen Defensive, Erfolge bestanden nur noch darin, Erfolge der DDR beim Streben nach Anerkennung zu verhindern. Ende des Jahres brach unter Chruschtschows Berlin-Ultimatum dann die Einheitspolitik aller Parteien zusammen. Nicht mehr ein sowjetischer Rückzug stand nun zur Debatte, sondern ein sowjetisches Vordringen: »Wenn wir den Status quo für Berlin und die Zone behalten, haben wir für heute so gut wie alles erreicht«, sagte Adenauer in einer vertraulichen Sitzung im März 1959. Zweieinhalb Jahre später führte der Mauerbau aller Welt drastisch vor Augen, was seine »Politik der Stärke« wert war: Sie verfehlte nicht nur die Einheit, sondern brach schon bei der ersten Kraftprobe zusammen.

Ulbrichts wie Adenauers Politik erlitten das gleiche Schicksal. Was daran nur Versprechen ohne Grundlage war, zerstob; was hingegen auf den festen Boden des jeweiligen Bündnisses gegründet war, kam gut voran, bei Ulbricht der weitere »Aufbau des Sozialismus«, bei Adenauer die weitere Verklammerung mit dem Westen.

Als Ulbricht alle Widersacher in der Parteiführung überwunden hatte, trieb er die Umwandlung der DDR mit alter Rigorosität voran. Er mußte es nicht. Nach dem »Neuen Kurs« von 1953 und noch mehr nach Chruschtschows »Entstalinisierung« von 1956 wäre eine mildere Politik möglich gewesen: mehr Sozialismus und weniger Stalinismus, gewisse Liberalität wie im Polen Gomulkas und etwas von der Weisheit Kádárs, der Ungarn nach der blutigen Niederschlagung des Aufstands allmählich zu innerer Versöhnung brachte, indem er dem Totalitarismus abschwor: »Wer nicht gegen uns ist, ist mit uns.«

Gomulka hatte Chruschtschow klar gemacht, daß die Polen eine Kollektivierung der Landwirtschaft nicht ertragen, aber im deutschen Teilstaat DDR waren die Verhältnisse noch schwieriger, und die SED-Führung wurde nicht müde, ihre Verbündeten zur Rücksicht auf ihre »besondere Lage« an der Front zum Westen aufzufordern. Konnte sie nicht auch Rücksicht verlangen, wenn sie ihre Bauern nicht in die Genossenschaften zwang und wenn in der DDR der Sozialismus auf dem Lande nur langsam oder vielleicht gar nicht vorankam? Aber Ulbricht und seine Gefolgsleute waren nicht Polen oder Ungarn, sondern Deutsche; sie mußten allezeit unter den Ersten und Besten sein. Im Frühjahr 1960 eröffneten sie einen Feldzug gegen die Bauern, die Erfolgsmeldungen der Bezirke, die vollkollektiviert waren, klangen wie Siegesmeldungen aus einem eroberten Land. Nicht nur Bauern, auch Handwerker und andere Selbständige flohen nach Westen, der ganze Staat kam in Unruhe und geriet im Sommer 1961 schließlich in eine Krise, die nur noch die Mauer als Existenzrettung der DDR ließ. Manche vermuten, Ulbricht habe es absichtlich dahin gebracht, um Chruschtschow zum Handeln in Berlin zu nötigen.

In jedem Falle war es für Ulbricht ein Sieg. Er erhielt, weil keiner mehr fortlaufen konnte, die volle Gewalt über Land und Leute; und er gab der Bundesrepublik eine brutale Lehre. Erst der 13. August 1961 zwang die meisten Westdeutschen, auch viele Politiker, allmählich zu der Erkenntnis, daß ohne den Staat DDR keine Politik mehr in Deutschland zu machen war.

Adenauer feierte einen großen Erfolg, als er im März 1957 die Römischen Verträge unterzeichnen konnte. Der Montanunion folgte damit als zweite Stufe der Gemeinsame Markt und zugleich die Erwartung einer dritten Stufe: Aus immer weiterer wirtschaftlicher Angleichung und Vereinigung - so nahm man, fast marxistisch denkend, an - werde sich unausweichlich auch eine politische Angleichung und Vereinigung Westeuropas ergeben. Die deutsche Einheit rückte wiederum ferner und wurde nur durch eine Sonderbestimmung berücksichtigt, die der DDR erlaubt, ihre Erzeugnisse frei von Zöllen und Abschöpfungen in der Bundesrepublik abzusetzen.

Ende der fünfziger Jahre bekam die Bundeswehr Atomwaffen. Zwar hielten die Amerikaner die

Sprengköpfe in ihrem Besitz und unter Verschluß, aber die Besorgnisse im östlichen Europa wurden damit nicht beschwichtigt. Auch wenn weniger unklar geblieben wäre, ob Verteidigungsminister Strauß für eine fernere Zukunft nicht doch eine Atommacht Bundesrepublik ins Auge faßte - für Russen, Polen und Tschechen und deutschen Kommunisten genügte es, daß sich nukleare Zerstörungskraft mit dem Volk verband, das gerade halb Europa verwüstet hatte. Die westdeutsche Armee konnte der Roten Armee zwar nicht gefährlich werden, aber Bonn - so ging die Befürchtung - könne mit seinen Atomwaffen die Amerikaner in einen Krieg hineinziehen. So entfremdete sich die Bundesrepublik noch mehr vom Osten, aber ihre militärische Eingliederung in den Westen schritt voran.

Seinen größten Triumph erlebte Adenauer im Juni 1960. In einer berühmt gewordenen Rede ließ Herbert Wehner die frühere Einheitspolitik der Sozialdemokraten hinter sich; er widerrief nicht, aber stellte sich auf den Boden der Tatsachen, die Adenauer im Jahrzehnt davor geschaffen hatte. Auch für die SPD waren nun die Westverträge nicht mehr ein möglicher Preis für die Wiedervereinigung, sondern die Grundlage aller künftigen Politik mit dem Osten. Der Kanzler hatte die Opposition auf seinen Weg gezwungen, es war die Absicherung und damit Vollendung seiner Politik.

Die Vollendung der Trennung

Bundesrepublik und DDR gingen ihre eigenen Wege und entfernten sich voneinander, dabei lokkerten und lösten sich zugleich die Verbindungen zwischen ihnen - ein neues Problem entstand: zur

Teilung in Staaten kam die Trennung der Menschen.

Die SED-Führung trieb diesen Prozeß voran. Sie unterbrach den kleinen Grenzverkehr, erschwerte den Reiseverkehr in beide Richtungen, behinderte den Paketverkehr und zerschnitt die Telefonkabel zwischen Ost- und West-Berlin. Der Mauerbau bildete den Abschluß eines beharrlichen Strebens nach Abschottung. Zugleich aber schlug die DDR-Regierung immer wieder Gespräche, Verhandlungen, gemeinsame Kommissionen und Räte vor – seit Ende 1956 sogar eine Konföderation. Die Offerten waren mit wechselnden Bedingungen, manchmal Zumutungen befrachtet, enthielten oft aber Angebote zur Erhaltung und Erweiterung gesamtdeutscher Verbindungen.

Die Bundesregierung sträubte sich gegen alles, was nicht zu gesicherter Wiedervereinigung in demokratischen Formen führte. Deutsch-deutsche Gespräche, vielleicht sogar über eine Konföderation, erschienen allen Parteien unvertretbar. Denn sie hätten der DDR zumindest faktische Anerkennung gewährt und die Westmächte aus ihrer »Verantwortung entlassen«, in Moskau für die Wiedervereinigung zu sorgen.

Aber hinter den Formen stand auch zu Ende der fünfziger Jahre noch immer die Furcht. Die Angst vor Infiltration und Agitation war auf der Westseite der Elbe, wo man es nicht nötig hatte, nur wenig geringer als auf der Ostseite, wo schon das freie Wort als Gefahr erschien. Eine Zeitlang stritt man in Bonn sogar, ob unpolitische »Kontakte« – Theateraufführungen, Konzerte, Sportwettkämpfe und Fachtagungen – überhaupt wünschenswert seien, weil sie den Kommunisten zur »Unterwanderung« Gelegenheit schafften.

Ganz unvertretbar erschien eine Konföderation zwischen Bundesrepublik und DDR, denn dabei werde »der totalitäre Teil ... von vornherein der Überlegene sein«, sagte Ernst Lemmer, lange Zeit Minister für gesamtdeutsche Fragen. Und Chruschtschow höhnte 1959 auf einer Massenversammlung in Leipzig: »Wenn der Kanzler sich stark fühlen würde, so brauchte er die Schaffung einer Konföderation ... nicht zu fürchten. Schaffen Sie eine Konföderation und dann, meine Herren aus der Deutschen Bundesrepublik, versuchen Sie in Ihrem ›Magen‹ die DDR zu ›verdauen‹; schaffen Sie, wenn Sie dazu in der Lage sind, einen einheitlichen kapitalistischen Staat.«

Die westdeutschen Demokraten waren stolz, Demokraten zu sein, aber vor unmittelbarer Begegnung mit Kommunisten aus der DDR schreckten sie zurück; Polizei und Staatsanwalt sollten erledigen, was Sache der Politiker und Staatsbürger war. Noch 1962 wurden das sowjetische Parteiprogramm sowie Reden Chruschtschows beschlagnahmt, gegen den deutschen Verleger wurde ermittelt. Diether Posser, damals Verteidiger in Kommunistenprozessen und später Minister in Düsseldorf, schätzte die Zahl der Ermittlungsverfahren von 1951 bis 1960 auf hunderttausend. Man kämpfte gegen ein Phantom: Lenins Berufsrevolutionär, der ebenso fanatisch wie befähigt, ebenso skrupellos wie »dialektisch« geschult sein Leben der Unterminierung der Demokratie weiht – in der staatlich geförderten Aufklärung wurde das Idealbild zum Normalbild des Kommunisten; solchen Übermenschen konnte ein Durchschnittsdemokrat gar nicht gewachsen sein. Auch Spitzenpolitiker waren von einer Dämonisierung des Gegners nicht frei; manche öffentliche und vertrauliche Äußerung verriet, daß Politik mit den Kommunisten eigentlich erst möglich erschien, wenn sie keine Kommunisten mehr wären.

Da Bonn alle Vorschläge aus Ost-Berlin zurückwies, bleibt unbekannt, was noch möglich gewesen wäre. Herbert Wehner, der Vorsitzende des gesamtdeutschen Ausschusses, verlangte schon 1956, mit Ost-Berlin »um jeden Schritt Freizügigkeit für die Deutschen zu ringen und zu verhandeln«. Aber Wehner blieb eine Ausnahme wie Fritz Schäffer, Adenauers Finanzminister, der im selben Jahr heimlich nach Ost-Berlin fuhr und dort mit einem alten Bekannten, dem Volksarmee-General Vinzenz Müller, über Kompromißmöglichkeiten sprach – vielleicht stammt von ihm, dem bayerischen Föderalisten, der Gedanke einer Konföderation, den Ulbricht dann aufgriff. In den fünfziger Jahren herrschte zwar Kalter Krieg, doch es bestanden noch Beziehungen, die später abrissen; vieles war noch offen, was in den Sechzigern erstarrte; und in der SED-Spitze gab es mit Schirdewan eine letzte Opposition gegen Ulbricht, die um des deutschen Zusammenhalts willen zu Zugeständnissen bereit war.

Spätere Erfahrungen mit der DDR-Regierung lehren, daß sie sich von verlockenden Angeboten wieder zurückzog, wenn man sie beim Wort nahm. Aber in den fünfziger Jahren stand Moskau dahinter: Es war sowjetische Politik, einen Friedensvertrag mit Bundesrepublik und DDR sowie einer Konföderation aus beiden zustandezubringen; ein Kompromiß *über* Deutschland, wie Moskau ihn wünschte, gebot auch einen Kompromiß *in* Deutschland, der ein erträgliches Verhältnis zwischen beiden Staaten schuf. Die internationalen Voraussetzungen waren günstig. Seit dem Genfer

Gipfeltreffen im Sommer 1955 suchten Ost und West einen Ausgleich: Entspannung und Abrüstung, wirtschaftliche Zusammenarbeit und militärisches Auseinanderrücken in Europa – all das empfahl oder verlangte eine Regelung der deutschen Verhältnisse.

Als Chruschtschow in seiner Deutschlandpolitik mit Diplomatie nicht weiterkam, versuchte er es mit Druck und stellte Ende 1958 das Berlin-Ultimatum. Fast über Nacht brachen überall im Westen die scheinbar ehernen Grundsätze zusammen. Das Undenkbare wurde auf einmal durchaus denkbar. Die Sozialdemokraten und Freien Demokraten entwarfen in Bonn sogleich Deutschlandpläne, in denen zwar die Wiedervereinigung das Ziel blieb und die Großmächte die Hauptrolle spielten, aber auch Verhandlungen mit der DDR vorgesehen waren. Auch Adenauer ließ zur gleichen Zeit von seinem Staatssekretär Globke einen Plan ausarbeiten, der mit einer Wiedervereinigung endete, aber mit der vollen völkerrechtlichen Anerkennung zwischen Bundesrepublik und DDR begann.

Auch die Alliierten empfahlen, wie bereits dargestellt, eine faktische Anerkennung der DDR. Adenauers Freund John Foster Dulles, der amerikanische Außenminister, hatte dem Kanzler schon Mitte der fünfziger Jahre geraten, was er dann im Februar 1959 eindringlich wiederholte: Die Bundesrepublik solle »eine politische Offensive einleiten und die Kontakte mit Ostdeutschland vermehren«; die Regierung in Bonn möge sich eine »de facto-Zusammenarbeit mit dem ostdeutschen Regime« überlegen – beides zu dem Zweck, den westdeutschen »Einfluß auf Ostdeutschland zur Geltung zu bringen«. Der Amerikaner Dulles dachte wie der frühere Kommunist Wehner, der den

Gegner kannte und zum politischen Kampf stellen wollte, um die Überlegenheit einer demokratischen Gesellschaft ins Spiel zu bringen - darin lag ein Grundgedanke des sozialdemokratischen Deutschlandplans.

Der französische Staatspräsident de Gaulle fügte den pragmatischen Erwägungen die nationale Begründung hinzu: »Bis zur Erreichung dieses Ideals (der Wiedervereinigung) glauben wir, daß die beiden getrennten Teile des deutschen Volkes ihre Bindungen und Beziehungen auf allen praktischen Gebieten vervielfachen sollten. Das Verkehrswesen, die Post, die wirtschaftliche Tätigkeit, die Künste, die Wissenschaft, die Literatur, der Personenverkehr etcetera sollten den Gegenstand spezieller Vorkehrungen bilden, welche die Deutschen im Inneren einander annähern würden zum Vorteil dessen, was ich die ›deutsche Sache‹ nennen möchte und die den Deutschen trotz allem gemeinsam ist, ungeachtet der Unterschiede des Regimes und der Umstände.«

So könnte es in jedem »Bericht zur Lage der Nation« seit 1970 stehen. Ohne es zu wissen, waren sich alle Beteiligten damals unglaublich nahe. Wenn man wie ein Mosaik zusammensetzt, was die Westmächte, das Kanzleramt und die Oppositionsparteien zwischen Januar und März 1959 vorschlugen oder ausarbeiteten, so entsteht das Bild einer Politik, die ziemlich genau der späteren Ostpolitik Brandts gleicht. Fügt man Chruschtschows Ziele hinzu, die »Fixierung« der bestehenden Verhältnisse und eine deutsche Konföderation, so entsteht das Bild eines Ost-West-Arrangements, wie es zehn Jahre später Wirklichkeit wurde.

Eine Einigung kam nicht zustande, weil die Deutschen in ihrer großen Mehrheit dafür nicht reif waren. Adenauer plante nur für den äußersten Notfall und bemühte sich mit allen Kräften, den Notfall zu verhindern, was ihm auch gelang. Er plante streng geheim, sogar die Verbündeten und auch Moskau unterrichtete er nur bruchstückhaft und niemals schriftlich; vor der eigenen Partei und der Öffentlichkeit verbarg er seine Gedanken sorgfältig. Den sowjetischen Botschafter, dem er 1958 seinen Österreich-Vorschlag vorgetragen hatte, bat er eindringlich um höchste Vertraulichkeit: Wenn die »deutsche Öffentlichkeit« davon erführe, riskiere er, von den »eigenen Leuten dafür gesteinigt zu werden«.

Aber die »deutsche Öffentlichkeit« war nicht so wirklichkeitsfremd, wie der Kanzler meinte. Etwa vierzig Prozent der Bundesbürger hätten (zwischen 1957 und 1959) Verhandlungen mit der DDR über eine Wiedervereinigung durchaus gebilligt; nur jeder vierte bis fünfte glaubte den Beteuerungen Adenauers, durch Stärkung des Westens werde man zur Einheit gelangen. Im übrigen kümmerte sich der Kanzler, wenn ihm etwas wichtig war, keineswegs um Meinungsforschung: Die atomare Bewaffnung der Bundeswehr setzte er gegen eine Mehrheit von sechzig bis siebzig Prozent durch. Doch in der Deutschlandpolitik unternahm er nicht einmal einen Versuch, denn er selbst hatte die »Öffentlichkeit« mitgeschaffen, gegen die er nicht anzutreten wagte. Er selbst hatte seine Partei und die Wähler auf die Nicht-Anerkennung wie auf ein heiliges Prinzip eingeschworen und war nun zum Gefangenen seiner eigenen Reden geworden.

Die Sozialdemokraten und Freien Demokraten hatten mit ihren Deutschlandplänen einen letzten verzweifelten Versuch gemacht, die Einheit zu retten; doch als Chruschtschow jeden Gedanken an

Wiedervereinigung von sich wies, es sei denn eine kommunistische, da ließen sie ihre Pläne fallen und mochten auch von Gesprächen mit der DDR nichts mehr wissen. Die Oppositionsparteien hatten weiter gedacht als die CDU/CSU, aber für den großen Schritt, den Brandt und Scheel später taten, waren auch sie noch nicht reif.

So fanden sich die Bonner Parteien in der Harmonie der Konformität wieder zusammen, nicht aber zu einer großen Koalition des Realismus, wie es die Lage erforderte. So waren sich die Regierungschefs des Ostens und Westens im Kern einig, aber eine Einigung kam auch unter ihnen nicht zustande, denn die Schlüsselfigur, der deutsche Kanzler, verbarg seine Einsichten und verteidigte mit Vehemenz, was ihm selbst schon lange fragwürdig geworden war.

Adenauer war seinen Zeitgenossen voraus. Er wußte früher als die meisten, daß eine Wiedervereinigung nicht (mehr) möglich war und daß die deutsche Politik nur noch zwei Pflichten hatte: die fortschreitende Teilung aufzuhalten und die Zweistaatlichkeit erträglich zu gestalten. Adenauer sprach als erster öffentlich aus, »Überlegungen der Menschlichkeit« seien ihm wichtiger als »nationale Überlegungen« - aber das war erst Anfang der sechziger Jahre. Der alte Kanzler wußte rechtzeitig, worauf es ankam, aber er begnügte sich mit heimlichen Halbheiten wie dem Österreich-Vorschlag.

Ulbricht hat die Teilung und die Trennung vorangetrieben, aber Adenauer hat es geschehen lassen. Seine Kritiker warfen ihm vor, er habe nicht einmal den Versuch gemacht zu erfahren, ob in Stalins Noten eine Chance für die Einheit stecke. Kaum jemand fragte ihn, weshalb er nicht durch Gesprächsbereitschaft geprüft habe, ob in Ulbrichts

Konföderationsvorschlägen Möglichkeiten enthalten seien, um den Zusammenhalt der Deutschen zu wahren, wenn schon die staatliche Einheit verloren war. Aber die meisten Zeitgenossen wußten nicht, worauf es ankam.

Den Deutschen wäre viel erspart geblieben, wenn ihre Regierungen es schon in den fünfziger Jahren miteinander probiert hätten; viel wäre gerettet worden, wenn aus der Übereinstimmung des Frühjahrs 1959 Politik geworden wäre. Bonn und Ost-Berlin hätten sich nicht weitere zehn Jahre um Anerkennung streiten müssen und hätten sich zehn Jahre früher aneinander gewöhnen können; viele Bindungen, die noch bestanden, wären nicht zerrissen. Vor allem fragt sich: Hätte die Mauer gebaut werden können, wenn die deutschen Staaten schon 1959 in normale Beziehungen getreten wären, vielleicht sogar eine Konföderation gebildet hätten? Oder bedurfte es der Mauer, damit die Westdeutschen begriffen, daß ihr Land geteilt ist? Mußten die Verantwortlichen der SED Teilung und Trennung vollenden, um allmählich zu Annäherung und Öffnung fähig zu werden?

Die Frage »Was wäre wenn« führt immer ins Ungewisse. Der Verlauf der Ereignisse zeigt eine ebenso bedrückende wie zwingende Folgerichtigkeit. Alle Beteiligten setzten unbeirrbar fort, was sie begonnen hatten; nur wenige empfanden, daß die Katastrophe unausweichlich wurde. Der 13. August 1961 hat eine fatale Ähnlichkeit mit dem 8. Mai 1945, nicht in der Bedeutung, wohl aber in der Wirkung: Die Deutschen mußten den Kelch bis zur Neige leeren, sie mußten erst ganz zu Grunde gerichtet sein, um neu beginnen zu können.

Auch durch die ganzen sechziger Jahre hielten die Deutschen zwar noch an der Wiedervereinigung fest, doch die Hoffnung, sie zu erreichen, schwand im Westen meßbar und im Osten spürbar. Im April 1966 sagte Franz Josef Strauß als erster Politiker seines Ranges, er könne sich eine Vereinigung unter allen voraussehbaren Umständen nicht vorstellen. Im November 1972 erklärte Honecker: »In dieser Frage hat die Geschichte schon ihre Entscheidung getroffen.«

In den Folgerungen stimmten beide Seiten ebenfalls überein. Da die Einheit noch lange auf sich warten lassen werde, sei es um so dringender, für die - wahrscheinlich lange - Übergangszeit eine »Ordnung des Neben- und Miteinanderlebens der beiden deutschen Staaten« zu schaffen. So sagte es Ulbricht zur Jahreswende 1966/67, ganz ähnlich drückten sich westdeutsche Politiker aus. Der Unterschied begann aber bei der Frage, wie diese Ordnung aussehen solle. Die DDR zeigte sich nur an den zwischenstaatlichen Beziehungen interessiert, die Bundesrepublik nur an zwischenmenschlichen; Ost-Berlin wünschte Anerkennung ohne Kontakte, Bonn wollte Kontakte ohne Anerkennung.

So war man sich im Prinzip einig, in der Praxis aber so uneinig wie eh und je. Der Streit um Anerkennung und Nicht-Anerkennung ging nicht nur weiter, er nahm dogmatische Formen an. Anfang der fünfziger Jahre hatte Bundespräsident Heuss noch mit dem DDR-Präsidenten Pieck korrespondiert und Bundestagspräsident Ehlers eine Volkskammer-Delegation empfangen - jetzt entwickelte sich ein Kampf um jeden Millimeter »Anerkennung« und »Aufwertung«. Für die DDR handelte es sich fast um eine Existenzfrage, für die Bundesrepublik um eine Prinzipienfrage.

Ein Staat, den die Mehrheit der eigenen Bevölkerung ablehnte und die Mehrheit der anderen Staaten nicht für voll nahm, brauchte Bestätigung. Ein Staat, der mit einem Gegenstaat gleicher Nationalität konkurrierte, brauchte auch Gleichberechtigung, um auf den anderen einwirken oder sich vor ihm behaupten zu können. Für viele Westdeutsche hingegen galt Anerkennung der DDR als Verrat an den Landsleuten drüben und als Verewigung der Spaltung - wenn sich schon die Einheit nicht erreichen ließ, mußte man wenigstens die Teilung in Frage stellen. Für Regierung und Parteien kam hinzu: Die Nicht-Anerkennung war das Letzte, was von der Wiedervereinigungspolitik noch geblieben war - um so verbissener hielten sie daran fest.

Zur Politik kamen wechselseitige Ressentiments. Ihr Leben lang erschien bürgerlichen Politikern »Bolschewismus« als Inbegriff von Aufruhr, Umsturz und Gefahr für den Staat. Ebenfalls ihr Leben lang waren die Altkommunisten, die in Ost-Berlin regierten, aus der deutschen Nation ausgeschlossen worden - vor dem Krieg als »vaterlandslose Gesellen«, nach dem Krieg als die Spalter Deutschlands. Sogar ihr Widerstand gegen Hitler zählte nicht. In ihrem Kampf um Gleichberechtigung für die DDR steckte daher wirklich etwas vom Klassenkampf - zwischen dem Staat der »Krupps« und dem Staat der »Krauses«, wie die SED es ausdrückte. Für Ulbricht war es auch ein sozialer Triumph, als er 1965 im Amtssitz des ägyptischen Präsidenten Quartier erhielt: »Ein gelernter Tischler als Repräsentant des friedlichen Deutschland«, wie seine Frau notierte.

Der Anerkennungskampf ging rund um den Globus. Bonn wollte die DDR von der westlichen und der Dritten Welt aussperren; es bedrohte jedes Land, das die DDR anerkannte, mit dem Abbruch der diplomatischen Beziehungen. Ost-Berlin wollte wiederum die Bundesrepublik von der östlichen Welt fernhalten; seit Anfang 1967 sollte kein Mitglied des Warschauer Pakts diplomatische Beziehungen zu Bonn aufnehmen, bevor Bonn die DDR anerkannt habe.

Die westdeutschen Politiker hatten ihre »Hallstein-Doktrin«, die ostdeutschen ihre »Ulbricht-Doktrin«, und doktrinär verfuhren sie beide. Die DDR-Botschaften achteten im Osten streng darauf, daß sich die Handelsmissionen der Bundesrepublik lediglich mit Handel befaßten und Zugang nur im Ministerium für Außenhandel erhielten. Die Bonner Diplomaten suchten zu verhindern, daß die DDR-Konsuln und Handelsattachés in den Gastländern Politik trieben oder gar ihre Fahne wochentags hochzogen, wenn es ihnen nur sonntags erlaubt war. Die DDR züchtete Generationen von Athleten und Olympioniken, um durch sportliche Anerkennung der politischen näher zu kommen; die westdeutschen Mannschaften sollten das Feld räumen, wenn nach einem ostdeutschen Sieg die DDR-Hymne drohte. Alle Welt schüttelte den Kopf über den deutschen Kleinkrieg um Wimpel, Stander, Schilder, Bezeichnungen, Symbole, Einladungen, Rangfolgen und Diplomatenpässe. Es war das goldene Zeitalter der Juristen; Protokoll galt als Politik; Entwicklungshilfe entartete zur Anerkennungs- oder Nicht-Anerkennungshilfe; die Nutzlosigkeit wurde nur noch von der Peinlichkeit übertroffen.

Weder die eine noch die andere Blockade war auf die Dauer durchzuhalten. Die DDR eroberte in der

Dritten Welt eine Position nach der anderen, und die Bundesrepublik war als Wirtschaftsmacht für das östliche Europa viel zu interessant, um von politischen Beziehungen lange ausgeschlossen zu bleiben.

Auch im Verhältnis zur Bundesrepublik versuchte die DDR, ihre Anerkennung voranzutreiben. Die Angebote ähnelten den Offerten der fünfziger Jahre - neu war jedoch, daß Bonn seit 1966 reagierte: Die SPD korrespondierte mit der SED und Bundeskanzler Kiesinger mit dem Ministerratsvorsitzenden Stoph. Beides erregte viel Aufsehen - besonders der »Redneraustausch«, bei dem drei Sozialdemokraten in der DDR und drei SED-Politiker in der Bundesrepublik öffentlich sprechen sollten - doch aus beidem wurde nichts.

Neu war ferner, daß sich in der Bundesrepublik ein zweites deutschlandpolitisches Ziel durchsetzte, genannt »menschliche Erleichterungen«. Die DDR erhielt damit einen Hebel, den sie früher nicht hatte und nun nach Kräften nutzte: Sie verlangte für humanitäre Zugeständnisse protokollarische Gegenleistungen und seit 1965 für praktisch-technische Vereinbarungen die Form eines Staatsvertrags.

Die westdeutschen Politiker wurden zu einer Entscheidung gezwungen, der sie vorher ausgewichen waren. Ihre beiden Ziele, Nicht-Anerkennung der DDR und Milderung der Teilung, erwiesen sich als unvereinbar. Wer unbedingt jede »Aufwertung« des Gegenstaats verhindern wollte, mußte die weitere Trennung der Deutschen hinnehmen. Wer die menschlichen Nöte beheben wollte, mußte sich zur Respektierung des Staates DDR bequemen.

Zwei Richtungen entstanden im Laufe des Jahrzehnts. Die einen empfanden es als moralische Bewährungsprobe, daß man auch in schlechten Zeiten zu seinen Grundsätzen stand; die anderen hielten es für unverantwortlich, der weiteren Trennung der Deutschen tatenlos zuzusehen, weil abstrakte Prinzipien die Hände banden. Beide fürchteten, die deutsche Einheit gehe verloren - nach Meinung der einen durch ein deutsches Siegel auf der Zweistaatlichkeit, nach Meinung der anderen durch eine Entfremdung der Deutschen.

Je mehr die Staaten sich bekämpften, desto mehr litten ihre Bürger. Im Dezember 1963 ließ die DDR erstmals nach dem Mauerbau Westberliner in den Ostteil der Stadt, die Vereinbarung war so gefaßt, als hätten nicht DDR-Regierung und Berliner Senat, sondern zwei Phantome miteinander verhandelt. Bei jeder Erneuerung des »Passierschein-Abkommens« versuchte die DDR, etwas mehr Anerkennung durchzusetzen, bis im Herbst 1966 die Verhandlungen an dieser Forderung scheiterten: »Wer normale menschliche Beziehungen will, muß auch normale staatliche Beziehungen wollen.« Die Berliner wurden wieder fünf Jahre voneinander getrennt, weil die DDR ihre Anerkennung erzwingen und die Bundesrepublik ihr Prinzip bewahren wollte.

Was auf Ulbricht und das Politbüro gezielt war, traf auch die siebzehn Millionen Deutschen jenseits der Elbe; Sportler, Künstler, Wissenschaftler mußten ausbaden, was den Funktionären zugedacht war. Und wenn man in Bonn »Sowjetzone« sagte, merkte fast niemand, daß er nicht allein den Staat abwertete, sondern auch dessen Bürger. Wie die Bundesrepublik beanspruchte, Deutschland zu sein, so meinten viele Bundesbürger in aller Unschuld, die einzigen oder die wahren Deutschen zu sein - oft benahmen sie sich auch so.

Eine psychische Trennung ergänzte die physische. Der Vorwurf »Ihr habt uns abgeschrieben« zog sich vom Ende der vierziger Jahre bis in die Gegenwart; dem Staatsbewußtsein des Bundesbürgers folgte ein Staats- oder Sonderbewußtsein des DDR-Bürgers. Was Ulbricht und Honecker nicht schafften, bewirkten die Ignoranz und Arroganz der Bundesrepublik, vor allem ihrer Politiker, von denen nur wenige noch wußten, was zwischen Dresden und Wismar gedacht und gewünscht wurde, wenn sie von den »Brüdern und Schwestern« redeten.

Bonns Grundsätze sollten der Einheit dienen, aber sie vertieften die Spaltung. Ungewollt und unbewußt arbeiteten sich die deutschen Regierungen in die Hände – der östlichen war es meistens recht, denn sie gewann dabei, die Verantwortlichen am Rhein merkten erst mit der Zeit, daß sie das Gegenteil dessen förderten, was sie beabsichtigten. Der Widerspruch zwischen Ziel und Möglichkeit war nicht mehr lange zu ertragen: Innenpolitisch schwand die Glaubwürdigkeit aller Parteien, und außenpolitisch drohte die Isolierung.

Acht Jahre lang lebten die Deutschen nach dem Mauerbau fast hermetisch getrennt voneinander, bis eine Regierung in Bonn die Kraft aufbrachte, das Gespinst der Fiktionen zu zerreißen. Die Pragmatiker setzten sich gegen die Dogmatiker durch; sie taten es, weil sie besser wußten, worum es ging. Brandt und seine Freunde hatten im auseinandergemauerten Berlin gelernt, was man am Rhein nicht lernen konnte: Die menschliche Not der Teilung ist dringlicher als alle Grundsätze der Einheit. Das Passierscheinabkommen, das 1963 wenigstens über Weihnachten vielen Westberlinern den Besuch ihrer Verwandten in Ost-Berlin ermöglichte, wurde zum Modell der neuen Ostpolitik nach 1969: Anerkennung der Teilung, um die Teilung erträglich zu machen.

Die Regierung Brandt/Scheel suchte den vernünftigen Kompromiß. Sie versprach eine Formalisierung der staatlichen Beziehungen zur DDR, wenn die DDR gleichzeitig mit einer Normalisierung für die Menschen beginne. Sie nahm zur deutschen Einheit den gleichen Standpunkt ein wie Ost-Berlin: Zwar gibt es zwei Staaten, aber sie gehören der deutschen Nation an. Theoretisch wie praktisch schien eine gemeinsame Basis geschaffen, auf der eine Annäherung möglich wäre - aber der Zweikampf ging weiter und erreichte seinen Höhepunkt.

Kaum hatte der neue Kanzler die gleiche Position bezogen wie die DDR, zog Ulbricht sich davon zurück und erklärte die »Einheit der Nation« zu einer »unrealistischen Behauptung«. Seine Theoretiker bauten eine ideologische Fluchtburg: Nicht nur in zwei Staaten sollten die Deutschen nun geteilt sein, sondern auch in zwei Nationen, eine sozialistische und eine kapitalistische.

Hinter der Absurdität verbarg sich Furcht. Die sozialliberale Regierung hatte der »Nation« erhöhte Bedeutung gegeben: Da sie nicht mehr von Wiedervereinigung sprach, brauchte sie einen Begriff, der alles zusammenfaßte und ausdrückte, was die Deutschen trotz staatlicher Teilung nach wie vor verband. Die Deutsche Nation wurde für die Bonner Politik zum Schlüsselbegriff für deutsche Gemeinsamkeit - für die DDR, die ihre Existenz aus dem Trennenden rechtfertigte, war das Wort nicht mehr verwendbar.

Vor allem fühlte sich Ulbricht durch Erfolge in der Dritten Welt ermutigt und meinte, die Anerkennung allein durchsetzen zu können - er wollte keinen Preis dafür an Bonn zahlen und schon gar nicht die Risiken gesamtdeutscher Annäherung eingehen. Doch die bewährte Methode, sich die Bundesrepublik durch unerfüllbare Forderungen vom Leibe zu halten, funktionierte nicht mehr, denn jetzt gab es einen Schiedsrichter, der den Streit der deutschen Regierungen entscheiden konnte. Moskaus Außenminister Gromyko hatte sich durch Brandts Unterhändler Egon Bahr davon überzeugen lassen, daß die neue Bundesregierung bereit war, die sowjetische Nachkriegsordnung einschließlich der DDR vertraglich zu bestätigen. Der Kreml gewann Interesse und verhandelte weiter mit Bahr.

So kam es zu den wohl merkwürdigsten Veranstaltungen der deutschen Nachkriegsgeschichte. Mitte März und Mitte Mai 1970 trafen die beiden deutschen Regierungschefs, Willy Brandt und Willi Stoph zu Verhandlungen zusammen, zuerst in Erfurt, dann in Kassel. Der Kanzler hatte nicht die geringste Hoffnung, mit der DDR politisch voranzukommen, bevor Bahr eine Einigung mit Gromyko gelang. Ulbricht und Stoph andererseits hatten nicht die geringste Absicht, Bonn auch nur einen Schritt entgegenzukommen, solange es noch unklar war, ob Bahr und Gromyko sich überhaupt einigen würden. Beide Regierungen mußten aber dem Kreml ihren »Realismus« beweisen. Brandt zeigte, daß er nicht, wie seine Vorgänger in Bonn, die DDR ignorieren und isolieren wolle; Ulbricht und Stoph durften nicht den Eindruck erwecken, daß sie die Entspannung störten.

Doch so arm an Ergebnissen beide Begegnungen blieben, ihre Wirkung war außerordentlich. Allein die Tatsache, daß die feindlichen Brüder einander die Hand gaben, erschien nach zwanzig Jahren politischen Bruderkriegs als Beginn eines neuen Zeitalters. Und der - buchstäblich - überwältigende Empfang, den die wartende Menge dem Kanzler auf dem Bahnhofsvorplatz von Erfurt bereitete, bot eine anschauliche Bestätigung, wie recht Brandt und Ulbricht hatten, wenn der eine von der deutschen Nation sprach und der andere sich davor fürchtete.

Mit dem Moskauer Vertrag gelang der Bundesregierung der entscheidende Erfolg, danach war ihre Ostpolitik nicht mehr aufzuhalten. Ulbricht versuchte, die schlimmsten Zumutungen abzuwehren, aber mußte schließlich, weil er zu hartnäckig blieb, zurücktreten. Mit seinem Sturz im Mai 1971 wurde der Weg frei für das Berlin-Abkommen der Vier Mächte und für die ersten Verträge, die allein die Deutschen miteinander schlossen. Sie waren nach dem Kompromiß-Muster Brandts gebaut: Die DDR wurde als gleichberechtigter Staat anerkannt, aber mußte sich zur Bundesrepublik öffnen - Formalisierung und Normalisierung hielten sich die Waage.

Bonn hatte den Zweikampf gewonnen, aber es war - von einem deutschen Standpunkt betrachtet - ein trauriger Sieg, denn nur mit russischer Hilfe war es gelungen, zwischen den deutschen Staaten ein normales Verhältnis einzuleiten.

Bonner Opposition und Ostberliner »Abgrenzung«

Bundesrepublik und DDR sollten - und wollten - nun miteinander auskommen, aber beiden fiel es schwer. »Früher hatten wir gar keine Beziehungen, jetzt haben wir wenigstens schlechte«, kommentierte Egon Bahr, der auch die Verhandlungen mit der DDR geführt hatte. Der Grundlagenvertrag war überfällig, wenn man die Lage der Deutschen betrachtete, doch für viele Politiker in Bonn und Ost-Berlin kam er immer noch zu früh.

Der innenpolitische Streit um Brandts Ostverträge glich dem Streit um Adenauers Westverträge und wurde mit ähnlicher Erbitterung geführt. Obwohl die sozialliberale Regierung ihre Mehrheit im Bundestag verlor, blieb Brandt seinen Gegnern überlegen. Denn er handelte, die anderen mußten reagieren. Er wußte, was er wollte, die anderen wußten meist nur, was sie nicht wollten. Er hatte realisierbare Ziele, die anderen konnten nur auf Möglichkeiten verweisen. Er hatte die stärkeren Bataillone auf seiner Seite: die Verbündeten, den Osten und sogar die Mehrheit der Bundesbürger, wie sich bei der Wahl gleich nach der Ratifizierung der Verträge zeigte.

Die Bundesrepublik war innerlich reif geworden, sich mit der Teilung abzufinden und mit dem Osten zu verständigen. Die Kommunistenangst hatte sich großenteils verflüchtigt, die Jüngeren kannten die DDR meist nur vom Hörensagen, und die Mehrheit aller Generationen machte sich keine Illusionen mehr über eine Wiedervereinigung. Das Volk war weiter als viele Politiker und hatte die gesamtdeutschen Reden gründlich satt. Brandts Erfolg beruhte nicht zuletzt darauf, daß er mit der zwanzigjährigen Unaufrichtigkeit Schluß machte und zugab, daß der Kaiser nackt war.

Dennoch setzten die Unionsparteien ihren Widerstand gegen die sozialliberale Ostpolitik beharrlich fort; als einzige europäische Partei (außer den albanischen Kommunisten) verweigerten sie sogar der Schlußakte von Helsinki ihre Zustimmung. Erst die Übernahme der Regierungsverantwortung im Herbst 1982 erlöste sie von einer zwanghaft gewordenen Opposition. Bis dahin ging die Gespensterdebatte über Fragen, die keine mehr waren, weiter und erschwerte die ohnehin schwere Arbeit, mit der DDR in erträgliche Beziehungen zu gelangen.

Die DDR hatte endlich erreicht, was sie seit zwei Jahrzehnten ersehnte: Sie war gleichberechtigt mit der Bundesrepublik und Mitglied der Vereinten Nationen. Aber sie bekam die Anerkennung nicht umsonst. Die Annäherung der Bundesrepublik, die Ulbricht noch hatte verhindern können, war nun nicht mehr zu vermeiden; Honecker versuchte, sie so gering zu halten wie möglich. »Abgrenzen« - so der neue Begriff - bedeutete Abwehren. Zur *ideologischen* Hauptgefahr hatte sich wieder der »Sozialdemokratismus« entwickelt - der Friedensnobelpreisträger Brandt war populär in der ganzen DDR und geschätzt in Moskau. Die *nationale* Gefahr lag in der mutmaßlichen Absicht der Westdeutschen, ihre ostdeutschen Brüder, wenn auch als DDR-Bürger, in deutscher Gemeinsamkeit zu umarmen. Schon Ulbricht hatte eine Verfolgungsjagd auf die Wörter »deutsch« und »Deutschland« veranstaltet; Honecker demontierte nun alles Gemeinsame: Nation, Geschichte, Kultur. Sogar die Wiedervereinigungsformel der Verfassung wurde gestrichen, obwohl eine sozialistische, also kommunistische Vereinigung gemeint war. Aber der Weg dahin erschien wohl bedenklich: Eine »schrittweise Annäherung der beiden deutschen Staaten« war 1974 in keiner Weise erwünscht.

Die *praktische* Gefahr lag in der Masseninvasion der Westberliner und Bundesbürger; die DDR mußte nach 1972 mindestens dreimal so viele Westbesuche bewältigen wie vorher. Zweimal erhöhte die Führung den Pflichtumtausch und verringerte den Strom für gewisse Zeit. Vor allem versuchte sie, die Stützen des Staates zu schützen: Den Funktionären und »Geheimnisträgern« wurde jeder »Westkontakt« verboten.

Die Wende

Die siebziger und achtziger Jahre waren eine Zeit der Umgewöhnung auf einen ganz neuen Zustand. Zehn Jahre dauerte es nach den Treffen zwischen Brandt und Stoph, bis die Hauptverantwortlichen wieder zueinander kamen. Bundeskanzler Schmidt hatte alle Partei- und Staatschefs aus dem Osten besucht oder in Bonn empfangen, aber eine Reise in die DDR gelang ihm erst beim dritten Versuch, Ende 1981. Auch Honecker brauchte drei Anläufe, bis er im Herbst 1987 endlich zur Gegenvisite in der Bundeshaupstadt eintraf. Lange Zeit lauerte hinter der politisch-diplomatischen Routine noch eine explosive Reizbarkeit; beim geringsten Anlaß brachen die alten Verdächtigungen wieder hervor; was Zufall oder Unfall war, wurde sogleich als Absicht oder Anschlag mißdeutet. Auch die alten Ansprüche störten weiter, meist bis in die Gegenwart. Noch immer fühlt die DDR sich nicht völlig anerkannt, verlangt zwei Staatsbürgerschaften und statt der »Ständigen Vertretungen« Botschaften. Noch immer lebt - und belebte sich - in der Bundesrepublik eine Wiedervereinigungs-Rhetorik, die mit Bonns Politik gegenüber der DDR nicht vereinbar ist.

Wie früher unterschieden sich auch die Ziele. In Bonn überwogen die humanitären Wünsche und in Ost-Berlin die wirtschaftlichen, und da die »menschlichen Erleichterungen« fast das einzige Pfund waren, mit dem die DDR wuchern konnte, geizte sie damit. Trotzdem entstand in stiller, zäher und zielbewußter Arbeit allmählich ein Netz von Verträgen, das zu zerreißen keine Seite sich mehr leisten konnte und wollte. In Bonn wie Ost-Berlin entdeckte man, daß auch sonst manche Interessen sich deckten: Beide brauchen Entspannung und Abrüstung, beide leiden unter den Ansprüchen der Vormächte und dem Mißtrauen der Nachbarn - aus übereinstimmenden Interessen wurden manchmal schon gemeinsame Interessen.

Allmächlich entstanden »deutsch-deutsche« Beziehungen - das Wort war neu und drückte ein neues Empfinden aus: Nicht mehr nur Demokraten und Kommunisten trafen sich, wenn die Politiker zusammenkamen, sondern Deutsche. Und allmählich änderte sich das Verhältnis. Früher brauchte die SED-Führung den Feind, um Disziplin zu wahren und »Abgrenzung« zu rechtfertigen; in den achtziger Jahren empfahl sich Honecker den Bürgern der DDR, indem er ein gutes Verhältnis zur Bundesrepublik suchte. Das gleiche auch umgekehrt: Früher wurden in Bonn die Briefe Ulbrichts ungeöffnet zum Absender zurückgeschickt, jetzt galt es als Erfolg der Deutschlandpolitik, daß der Staatsratsvorsitzende zu Besuch kam. Im Jahr 1966 fragten sich die Sozialdemokraten, ob sie beim geplanten »Redneraustausch« den Leuten von der SED die Hand geben könnten, und die SED ließ es erst gar nicht dazu kommen, weil sie das ganze Unternehmen im letzten Augenblick absagte. Jetzt handelten SPD und SED Vertragsentwürfe für die Abrüstung aus, wagten sich sogar an Grundsatzfragen und einigten sich über eine Erklärung, wie man ideologisch streiten und doch politisch zusammenarbeiten kann.

Früher erschien der Schaden des einen - wie selbstverständlich - als Gewinn des anderen; jetzt weiß man in Ost-Berlin wie Bonn, daß bei einer wirtschaftlichen Katastrophe beide verlieren. Früher war die Schwächung des Gegners das natürliche Ziel, jetzt sind sich beide Seiten bewußt: Nur ein stabiler Partner kann Partner sein; und kooperieren kann man nur, wenn gewiß ist, daß man einander nicht umbringen will.

Früher rechtfertigten beide Staaten ihre Existenz »ideologisch«: hier die deutsche Demokratie, dort der deutsche Sozialismus. Jetzt suchen sie Grund auch in der deutschen Geschichte, und zwar in der ganzen, nicht nur in ausgewählten Kapiteln. Dabei konnte nicht ausbleiben, daß sie einander begegneten und nun beide Luther, den preußischen Friedrich und Bismarck würdigten. Jeder legt zwar Wert auf eine eigene Deutung der Vergangenheit, aber es ist doch die gemeinsame Vergangenheit, und der Unterschied der Deutungen verringerte sich. Die SED widerrief ihre Theorie von den zwei Nationen und Kulturen nicht, aber hielt sie immer mehr im Hintergrund - zum Gebrauch nur noch für äußerste Notfälle.

Auf beiden Seiten verschwammen die »Feindbilder«. Tagelang sahen alle Deutschen Honecker durch die Bundesrepublik reisen und mit jeglicher Prominenz dort reden; jahrelang schon wiederholten sich die Bilder und Berichte, wie fast alle Ministerpräsidenten der westdeutschen Länder dem Staatsratsvorsitzenden ihre Aufwartung machten - die Warner vor dem Imperialismus und der kommunistischen Gefahr redeten immer mehr ins Leere.

Bundesrepublik und DDR sind seit den achtziger Jahren innen- und außenpolitisch, ökonomisch und ökologisch zu sehr aufeinander angewiesen, als daß sie weit auf Distanz gehen oder gar wieder in das alte Gegeneinander zurückfallen könnten. Schon der krisenhafte Anfang des Jahrzehnts zeigte die Veränderung: Afghanistan, polnisches Kriegsrecht, Raketenstationierung, Regierungswechsel in Bonn und das schlechteste Großmachtverhältnis seit der Kuba-Krise - die deutsch-deutschen Beziehungen stagnierten zwar, blieben im wesentlichen aber unbeschädigt.

Am besten wird der Wandel der Zeiten im Wachsen der Zahlen sichtbar. Vergleicht man das Jahr 1969, als die neue Ostpolitik begann, mit dem Jahr 1987, so ergibt sich: fast viermal so viel Handel und fast viermal so viele Besuche von Westdeutschen in der DDR, ferner sechzigmal so viele Telefongespräche; 1969 gab es zwischen Bundesrepublik und DDR 34 Leitungen, 1986 waren es 860. Durch den »Verkehrsvertrag« erhielten 1972 DDR-Bürger, die noch nicht Rentner sind, die Möglichkeit (nicht das Recht), »in dringenden Familienangelegenheiten« in den Westen zu fahren. Zehn Jahre lang waren es etwa vierzigtausend im Jahr, 1987 kamen 1,2 Millionen - das sind dreißigmal so viele!

Diese Fortschritte wurden nur möglich unter zwei Voraussetzungen. Die deutschen Staaten brauchten ein Bewußtsein eigener Staatlichkeit, um sich einander zu öffnen. Als die Bundesrepublik die DDR anerkannte, sagten kluge Beobachter, sie habe auch sich selbst anerkannt. Ihre Politik war immer von den eigenen Bedürfnissen bestimmt gewesen, alle wesentlichen Entscheidungen nach der Räson der Westzonen und des Weststaats getroffen worden - doch seit den siebziger Jahren geschieht das ohne schlechtes Gewissen. Die nachgewachsenen Generationen empfinden die DDR meist ebenso als Ausland wie andere Nachbarländer; sie kennen als ihren Staat nur die Bundesrepublik; und wenn sie Politiker sind, denken sie mit unschuldiger Selbstverständlichkeit nur als Politiker der Bundesrepublik.

Die DDR wurde überhaupt erst fähig, sich selbst zu definieren, seit sie als Staat überall anerkannt ist. Auch zwischen Elbe und Oder muß man dem Rentenalter nahe sein, um sich an ein einheitliches Deutschland zu erinnern; man muß wenigstens vierzig Jahre haben, um das westliche Berlin oder westliche Deutschland noch aus eigener Anschauung zu kennen. Für viele, die seit 1987 die Bundesrepublik besuchten, war es die erste Begegnung. Die große Mehrheit der DDR-Bürger ist ebenso wie ihre Altersgefährten westlich der Elbe in ihren Staat hineingeboren oder -gewachsen; es ist ihr Staat, auch wenn sie viel daran auszusetzen haben; es ist ihre Welt, in der sie sich auskennen; es ist ihre Heimat, in der sie verwurzelt sind und in der ihre Freunde leben. Trotz der vielen Ausreiseanträge ist der Schritt, die DDR zu verlassen, viel größer als vor dem Mauerbau. Ende der vierziger Jahre war es ein Umzug, wenn jemand von Leipzig nach Stuttgart ging; Ende der fünfziger war es eine Übersiedelung, aber in den Achtzigern handelt es sich um Auswanderung. Die meisten haben Mühe, sich in der neuen Umgebung einzuleben, viele schaffen es nicht, und fast alle, die es schaffen, lassen einen Teil ihrer Existenz »drüben« zurück.

Die zweite Voraussetzung, unter der sich die Annäherung der deutschen Staaten vollzog, war ihre Resignation gegenüber einer Wiedervereinigung.

Bonn spricht zwar weiter von der »offenen« deutschen Frage und spekuliert auf einen »Zustand des Friedens in Europa«, der auch dem deutschen Volk seine Selbstbestimmung und Einheit gebe. Umgekehrt warnte Honecker im Februar 1981 »großdeutsche Sprücheklopfer« im Westen: »Seid vorsichtig! Der Sozialismus klopft eines Tages auch an Eure Tür.« Und wenn die Werktätigen der Bundesrepublik »an die sozialistische Umgestaltung gehen, dann steht die Frage der Vereinigung beider Staaten vollkommen neu«. Aber beides bedeutet nicht viel. Die Bonner Reden gelten zu achtzig Prozent der Innenpolitik, Honeckers Äußerung vielleicht auch. Im übrigen wollen manche die Tür nicht ganz zuschlagen, dieses Jahrhundert hat so oft völlig neue Umstände geschaffen, vielleicht kann der Traum einer Wiedervereinigung - je nach Standpunkt demokratisch oder kommunistisch - doch noch irgendwie und irgendwann Wirklichkeit werden.

Man hofft nicht mehr auf die Einheit, sondern bezweifelt nur noch, daß die Teilung gewiß sei. Wer in den achtziger Jahren die gleichen Wiedervereinigungsreden führt, die in den Fünfzigern und Sechzigern bis zum Überdruß zu hören waren, gilt bereits als originell und bekommt vielleicht sogar volle Säle. Wer als verantwortlicher Politiker von der Einheit spricht, vergißt selten hinzuzufügen, daß an die Wiederherstellung des Bismarckreiches nicht zu denken sei. Und wenn er Selbstbestimmung für die Deutschen einfordert, läßt er meist offen, was er meint: Wiedervereinigung oder Demokratie der DDR.

Schon seit einem Vierteljahrhundert haben Bonn wie Ost-Berlin das Ziel einer staatlichen Vereinigung aus ihrer operativen Politik herausgenommen. Alle Kanzler seit Brandt gaben zu erkennen, daß sie diesem Ziel auch für eine weitere Zukunft keine Chance mehr geben. Vermutlich denken die Zuständigen in der SED-Führung ähnlich. Hätte der Bundestag über Adenauers Österreich-Vorschlag zu entscheiden - es gäbe einige schmerzvolle Reden über den Verlust der Einheit, aber die Mehrheit aller Fraktionen wäre dafür. Könnten die Ostdeutschen darüber abstimmen, ob sie in einer demokratischen DDR mit westlichem Lebensstandard, aber Anschlußverbot an die Bundesrepublik leben wollten - auch hier wäre, so ist zu vermuten, die Mehrheit einverstanden.

Die deutsche Frage hat ihren Inhalt verändert. Nicht mehr um die Einheit geht es, sondern um die Gemeinsamkeit (Wolf Jobst Siedler); nicht mehr die Teilung muß überwunden werden, sondern die Trennung. Zwanzig Jahre lang trieben Bundesrepublik und DDR auseinander, seit dem Grundlagenvertrag nähern sie sich einander, doch die Wende war keine Rückkehr zur Wiedervereinigung - im Gegenteil: erst die Anerkennung der Teilung ermöglichte die Annäherung; die Deutschen mußten geschieden sein, um sich neu zu begegnen.

Bundesrepublik und DDR haben einen weiten Weg zurückgelegt. Sie nähern sich zwar nicht einer Lösung der deutschen Frage, aber einer Regelung der deutschen Verhältnisse; und sie wären schon viel weiter, wenn nicht Hindernisse im Wege lägen. Fast aller Streit, den sie seit dem Grundlagenvertrag bekamen, hing mit Berlin zusammen (davon handelt das nächste Kapitel); beinahe alle Konflikte, die zwischen ihnen entstanden, hatten ihre Ursache in Konflikten innerhalb der DDR. Wäre die Mehrheit der Ostdeutschen zufrieden mit ihrem Staat, dann lebten auch Bundesrepublik und DDR in Harmonie. Doch den Fortschritten im Verhältnis der Staaten folgten immer wieder Rückschritte im Verhältnis zwischen Parteiführung und Volk in der DDR; erstaunlich viele Ostdeutsche durften nach Westen reisen, aber an den Grenzen wurde immer noch geschossen; nachbarschaftliche Normalität stellte sich nicht ein, weil die Innenpolitik des Politbüros mit der Außenpolitik nicht Schritt halten konnte.

Die DDR ist noch nicht reif für unbeschränkte deutsche Gemeinsamkeit - aber ist es die Bundesrepublik? Sie fordert den Abriß der Mauer, aber was wäre, wenn die Mauer fiele? Wenn Massen von gut ausgebildeten Ostdeutschen auf den westdeutschen Arbeitsmarkt drängten und auch dort wohnen wollten, wo sie arbeiten? Schon die Umsiedler aus Polen und der Sowjetunion schufen dem Staat Probleme und bei manchen Bundesbürgern Neid. Wenn man einen »Sog« vermeiden will - was kostet es, Wirtschaft und Infrastruktur im östlichen Deutschland zu sanieren? Wäre die reiche Bundesrepublik zu einem Lastenausgleich für die DDR bereit, wie ihn die arme Bundesrepublik seinerzeit den Ost-Vertriebenen gab? Die Probe auf die Einheit der Nation haben auch die Westdeutschen noch nicht bestanden.

Die Zukunft hängt von der Wandlungsfähigkeit der DDR und der Hilfebereitschaft der Bundesrepublik ab, doch das sind nicht mehr allein deutsche, sondern auch europäische Fragen - und davon handelt das letzte Kapitel.

Sechstes Kapitel
Berlin und Deutschland

> Die Mauer hat sich von uns nicht wegrufen lassen, und doch steht sie gegen die Geschichte. Was immer diese in ihrem Schoß tragen mag, das Modell von zwei Städten in einer kann es nicht sein.
>
> *Willy Brandt*
> *am 30. April 1987*

Die Entstehung West-Berlins

Als im Herbst 1949 die deutschen Staaten zur Welt kamen, legten die Väter ihnen ein Problem in die Wiege, das beide bis heute begleitete und auch künftig begleiten wird. Eigentlich war es ein Problem der Vier Mächte. Von Berlin aus, wo jede ihren Besatzungssektor hat, wollten die Vier Deutschland regieren; doch knapp drei Jahre nach Kriegsschluß zerfiel die gemeinsame Administration, der »Kontrollrat«; und vier Monate später, als entschieden werden mußte, ob die neue West- oder Ostmark in Berlin gelten solle, brach der offene Konflikt aus. Die Sowjetunion riegelte die Westsektoren von aller Zufuhr aus dem Westen ab; aber die Amerikaner und Briten, unterstützt von den Franzosen, versorgten sie elf Monate lang durch die Luft mit allem, was die Halbstadt für ein notdürftiges Überleben brauchte. Die »Luftbrücke« überwand die »Blockade«, im Mai 1949 brach Stalin die Belagerung ab.

Die Westmächte hatten gewonnen und ihr Berlin

erfolgreich verteidigt, aber nun saßen sie darauf fest. Der ursprüngliche Zweck ihrer Anwesenheit an der Spree hatte sich erledigt, denn für eine Wiederaufnahme der Vier-Mächte-Regierung über Deutschland bestand keine Aussicht mehr. Die Westsektoren waren überflüssig geworden; vor allem waren sie ein höchst unbequemer Platz, um dort länger zu verweilen: ein weit vorgeschobener Vorposten inmitten des Machtbereichs der Sowjetunion, mit der man sich im Kalten Krieg befand. Manche Militärs entsetzten sich über eine so »unhaltbare« Position und dachten über eine »Frontbegradigung« nach.

Aber zurückziehen konnten sich die Alliierten nicht, denn Blockade und Luftbrücke hatten eine neue Situation geschaffen. Aus den westlichen Besatzungsektoren war West-Berlin entstanden, eine eigene politische Größe mit eigenem, unübersehbar bewiesenem Willen, beim Westen zu bleiben. Dem sinnlos gewordenen Gebilde war ein Sinn zugewachsen. Noch ein Jahr vorher wäre es kaum vorstellbar gewesen: Hitlers Hauptstadt hatte sich zu einem Symbol der Freiheit gewandelt, und die Deutschen dort hatten sich zu Partnern entwickelt; vor allem aber galt Berlin nun als Sinnbild der Entschlossenheit Amerikas, kein Land mehr unter kommunistische Herrschaft fallen zu lassen. Ohne den Beweis dieser Entschlossenheit, so meinte man in Washington, hätte man die Westdeutschen kaum zur Gründung der Bundesrepublik ermutigen können.

Konsequent wäre es gewesen, das demokratische Berlin dem demokratischen deutschen Staat anzugliedern; so sahen es auch das Grundgesetz und die Berliner Verfassung von 1950 vor; beide erklären »Groß-Berlin« zum Land der Bundesrepublik

Deutschland. Aber das mußte Theorie bleiben, denn der Ostteil Groß-Berlins stand unter sowjetischer Besatzung; an eine Teilung der Stadt - noch gab es keine Mauer - dachte damals niemand; und vor allem wollten die Alliierten ihr Siegerrecht dort durch keinerlei deutsche Kompetenz einschränken und angreifbar machen. Die Sowjetunion verfuhr in ihrem Sektor ebenso. So hart die Vier zerstritten waren - in der Bewahrung des Sonderstatus von ganz Berlin und ihrer Rechte dort blieben sie sich einig.

So mußten sich die Westmächte mit Kompromissen behelfen. Einerseits setzten sie die einschlägigen Artikel der deutschen Verfassungen außer Kraft und verfügten, Groß-Berlin dürfe nicht vom Bund regiert werden. Andererseits erlaubten sie jedoch, daß Berlin Vertreter in den Bundestag und Bundesrat entsendet, jedoch ohne Stimmrecht. Diese Regelung gilt bis heute, sie galt formal sogar lange Zeit für die ganze Stadt: Bis zum Mauerbau saßen im Bonner Parlament Abgeordnete, die in Ost-Berlin wohnten und lebten. Ein zweiter Kompromiß betraf die Lastenverteilung. Die Alliierten selbst verbürgen sich für die Sicherheit des westlichen Berlin und seiner Verbindungswege nach Westen; für Wirtschaft und Finanzen aber, für die »Lebensfähigkeit« der Halbstadt, muß die Bundesrepublik sorgen. Sie tat es immer aus eigenem Antrieb, aber die Amerikaner verpflichteten sie dazu ausdrücklich.

Die Sowjetunion steckte in gleichen, vielleicht noch größeren Schwierigkeiten. Moskau war alles mißlungen: Es hatte weder die Westmächte aus Berlin vertrieben noch die Gründung des westdeutschen Staates verhindert oder auch nur verzögert; es mußte sich damit abfinden, daß es innerhalb des sowjetischen Machtbereichs eine antisowjetische Insel gab. Doch Stalin hatte zwar den Kampf um Berlin verloren, aber der Kampf um Deutschland erschien ihm noch unentschieden, er verfuhr deshalb in Berlin ebenso vorsichtig, wie die Westmächte es taten. Auch Stalin regelte dort alles nur provisorisch.

Die DDR durfte zwar ihre Hauptstadt im sowjetischen Sektor einrichten, aber der Sektor blieb unter Besatzungsrecht. Bis in die sechziger, teils sogar bis zum Ende der siebziger Jahre unterlag Ost-Berlin in seinem Verhältnis zur DDR den gleichen Beschränkungen, die West-Berlin in seinem Verhältnis zur Bundesrepublik hinnehmen muß. Für den ostdeutschen Staat war dieser Zustand allerdings besonders absurd. Die Abgeordneten der Hauptstadt hatten im Parlament nicht einmal Stimmrecht, sie wurden nicht gewählt, sondern delegiert; und an den großen Ausfallstraßen Ost-Berlins standen Polizeiposten, die den Verkehr zwischen der Hauptstadt und ihrem Land kontrollierten. Bis heute ist zwar die DDR als Staat anerkannt, ihre Hauptstadt aber nicht als Hauptstadt.

Es war ein merkwürdiges Erbe, das die deutschen Nachkriegsstaaten an Spree und Havel antraten. Die Bundesrepublik erhielt einen Außenposten, zu dem sie nicht einmal eigene Verkehrsverbindungen hat und dessen Bestand andere Mächte garantieren. Sie muß und will für ein Gebilde sorgen, das gar nicht zu ihr gehört; sie hat dort Pflichten, aber keine Rechte. Die DDR andererseits erhielt im Zentrum ihres Staatsgebiets einen Fremdkörper, auf dessen Befinden und Verhalten sie rechtlich nicht den geringsten Einfluß hat. Sie muß auf ihrem Territorium Transitwege für die Armeen fremder Mächte dulden und sogar hinnehmen, daß diese Mächte in ihrer Hauptstadt Patrouille fahren. Selbst die Kontrolle des deutschen Verkehrs zwischen West-Berlin und Westdeutschland erwarb sie erst schrittweise, der Luftverkehr bleibt ihr bis heute entzogen.

Sogar in friedlichen Zeiten ist das ein Zustand, mit dem sich nicht leicht leben läßt; doch die Zeiten waren zwanzig Jahre lang keineswegs friedlich, die Existenz einer Westinsel im Osten gab dem Kalten Krieg Gelegenheit zu Exzessen wie nirgendwo sonst. Wüßte man nicht, daß auch die Vier Mächte selbst durch West-Berlin in größte Schwierigkeiten, einmal sogar bis zur Atomkriegsgefahr, gerieten – man müßte vermuten, sie hätten den deutschen Regierungen einen Zankapfel in die Wiege legen wollen, der sie für alle Zukunft im Streit hielte.

Die Erblast der Bundesrepublik

Die Bundesrepublik übernahm mit West-Berlin 1949 ein Notstandsgebiet. Jeder Dritte war dort arbeitslos, im Bundesgebiet nur jeder zehnte. West-Berlin hatte während der Blockade am Rande des Existenzminimums vegetiert, der Bundesrepublik brachte das erste Jahr nach der Währungsreform schon den ersten Aufschwung. West-Berlin hatte die früheren Dienstleistungsfunktionen als Hauptstadt verloren und seine Industrie zu – mindestens – zwei Dritteln eingebüßt, in den Westzonen betrug der Verlust durch Krieg und Reparationen nur fünfzehneinhalb Prozent. West-Berlin war vergreist: noch 1960 kamen dort auf tausend Rentner etwa sechshundert im Bundesgebiet. West-Berlin war entvölkert: Ende 1960 hatte es erst vier Fünftel seiner Vorkriegseinwohnerzahl wieder erreicht; die Bundesrepublik hatte hingegen um ein Drittel zugenommen.

Dieses Mißverhältnis milderte sich im Lauf der Jahrzehnte, wurde aber nie ganz überwunden. West-Berlin blieb fast überall hinter dem Bundesgebiet zurück. Die Ruinen standen dort länger, die Bevölkerungsstruktur normalisierte sich langsamer, das Durchschnittseinkommen blieb niedriger, die Wirtschaft erholte sich schwerer und erreichte nie ganz den Stand wie im Westen. West-Berlin bildete eine ständige Forderung, und manchmal auch Herausforderung, an die Bundesrepublik. Keine Regierung in Bonn, die sich nicht um neue Formen oder höhere Zahlen für die Berlinhilfe zu bemühen hatte. Kein Plan zur Belebung und Entwicklung der Stadt, dessen Erfinder nicht als selbstverständlich voraussetzten, daß der Bund die Kosten übernehme. Kein Unglück, das Berlin traf und nicht von Bonn, soweit es ging, erträglich gemacht werden mußte.

Die Bundesrepublik trug diese Last ohne stark vernehmbares Murren, sie gewöhnte sich auch daran, einen beachtlichen Teil ihres Haushalts jährlich für Berlin zu reservieren. Wenn man die tatsächlichen Kosten, auch Zahlungen an die DDR wie die Transitpauschale, zusammenrechnet, gab Bonn 1987 für die Stadt an der Spree etwa vierzehn Milliarden. Berlin war und blieb für alle Parteien ein politisches Tabu, aber hinter den Bekenntnissen verbarg sich allezeit mehr Unmut, als nach außen erkennbar wird. Er äußerte sich offen, als es der Bundesrepublik selbst noch schlecht ging. Um dem blockadegeschädigten Berlin zu helfen, sollte jeder Bundesbürger ein »Notopfer Berlin« bringen, unter anderem in Gestalt einer Zusatzmarke, ohne die kein Brief seinen Empfänger erreichte. Bewirkt wurde das Gegenteil des Zwecks, nicht Solidarität wurde geweckt, sondern das Bewußtsein, daß Berlin eine Last war. Vierzig Jahre später entschloß sich erstmals eine Bundesregierung, die Last zu verringern: Im Bundeshaushalt für 1988 wurde die Berlinförderung drastisch, um achthundert Millionen, gekürzt.

Schwerer wogen die politischen Nöte, die Berlin verursachte. Als Chruschtschow die Stadt mit seinen Ultimaten bedrohte, arbeiteten die Amerikaner, vom Februar 1959 bis zum November 1962, immer neue Pläne für den Fall aus, daß der Zugang über die Autobahn nach Berlin gesperrt würde: Unter welchen politischen Voraussetzungen sollte eine Einheit mit welcher Stärke, Bewaffnung und Anweisung zur Inselstadt »durchbrechen«? Dabei fragten sie die verbündeten Deutschen, ob die Bundeswehr teilnehmen werde - das Bundeskabinett sagte einhellig Nein. Die Amerikaner fragten weiter, ob die Bonner Regierung - falls erforderlich - einverstanden sei, daß die drei Westmächte ihre Zugangswege nach Berlin stufenweise freikämpften, bis zur Anwendung von Atomwaffen. Adenauer bejahte ein Vorgehen in Stufen, blieb aber sonst ganz allgemein.

Das Risiko eines Atomkriegs für Berlin wollten die Deutschen nicht, aber das Gegenteil, ein Zurückweichen der Alliierten, erschien ihnen ebenso bedenklich. Adenauer sorgte sich damals nicht nur um Berlin, sondern vor allem um sein Lebenswerk, die Verklammerung der Bundesrepublik mit Westeuropa. Er fürchtete, das Vertrauen ins Bündnis könne verloren gehen, wenn die Westmächte in Berlin schwach würden.

Die geheime Notfallplanung des Kanzlers erstreckte sich auch auf Berlin. Der Stufenplan, den sein Staatssekretär Globke entwarf, bestimmte ganz Berlin zu einer Freien Stadt; die Bundesrepublik sollte ihre Dienststellen und die DDR ihre Regierung daraus zurückziehen. Nach der ersten Fassung des Plans mußte die Freie Stadt auch frei von »militärischen Verbänden« sein; nach der zweiten Fassung wurde sie den Vereinten Nationen unterstellt, die dort eine Streitmacht von fünftausend Mann unterhalten durften, die sich aus Soldaten der Vier Mächte zusammensetzen sollte. Ebenso fern aller Wirklichkeit war der Vorschlag, den Staatssekretär Felix von Eckardt im Auftrag Adenauers ausarbeitete: Die DDR müsse demokratisch werden, dann könne ganz Berlin ihre Hauptstadt werden.

Der Kanzler verschloß die Pläne fest im Panzerschrank, die Diskretion hatte ihren Grund: Nirgendwo sonst wurde das Berlinproblem Bonns so kalt und konsequent zu Ende gedacht, niemals vor- und nachher wurde so unverblümt gesagt, was die Staatsräson der Bundesrepublik verlangte. Globke und v. Eckardt, zweifellos im Sinne Adenauers, empfahlen in unterschiedlicher Form das gleiche: Man müsse versuchen, die Last mit Anstand loszuwerden. Aber das war nicht möglich, weder innen- noch außenpolitisch. Unter der Bedrohung durch Chruschtschow erwies sich, daß Bonn und West-Berlin nicht nur auf Gedeih, sondern auch auf Verderb miteinander verbunden sind.

Auf andere Weise erfuhr zehn Jahre später Bundeskanzler Brandt das gleiche. Zu Adenauers Zeit ging es um die Sicherheit des gefährdeten Außenpostens, Brandt mußte dafür sorgen, daß die Entspannung nicht die Insel Berlin ausließ. Sein Versuch, mit dem gesamten Osten zu politischem Frieden zu gelangen, mußte den Platz einschließen, an dem die Krisen der vergangenen Jahrzehnte entstanden und die Großmachtkonflikte ausgetragen worden waren. Ohne Berlin-Regelung blieb Brandts Ostpolitik Stückwerk, beinahe zwecklos. Aber Berlin ist eine Domäne der Vier Mächte, Bonn konnte darüber nicht verhandeln, sondern nur vertraulich auf die Vier einwirken.

Wie Adenauer die verschiedenen Gefahren ertragen mußte, die West-Berlin der Bundesrepublik bereiten kann, so erlebte Brandt die verschiedenen Formen der Abhängigkeit, in die West-Berlin die Bundesrepublik zu bringen vermag. Um seine Ostpolitik durch ein Berlin-Abkommen zu vollenden, brauchte der Kanzler die Amerikaner; aber aus der Sicht Washingtons führte Brandt die Ostpolitik zu schnell und zu selbständig. Henry Kissinger, Präsident Nixons Sicherheitsberater, nutzte deshalb die amerikanische Schlüsselstellung in Berlin, um die westdeutschen Bemühungen um den Osten zu bremsen und zu kontrollieren. Zugleich aber war Brandt genötigt, bei den Russen gut Wetter zu machen, denn die entscheidenden Zugeständnisse, die West-Berlin sichern und das Leben dort erleichtern sollten, mußten aus dem Kreml kommen. Und nicht nur das. Allein Moskau konnte Ulbricht, der sich mit Händen und Füßen wehrte, die Kompetenzen abnehmen und die Konzessionen abringen, die für ein »befriedigendes« Berlin-Abkommen nötig waren.

Das Abkommen fiel durchaus befriedigend aus, vor allem funktionierte es in seinen wesentlichen Teilen weit besser als erwartet. Seit 1972 gibt es um Berlin keine Krisen mehr, sondern nur noch Streitereien; immer mehr Leute leben auf der politischen Insel, als ob sie in einer großen Stadt der

Bundesrepublik wohnten; sie bemerken den Osten, der früher allgegenwärtig schien, nur noch, wenn sie nach bequemer und schneller Ausweiskontrolle hundertachtzig Kilometer weit Tempo 100 fahren müssen, um ins Bundesgebiet zu gelangen. Das Abkommen hat die Berlin-Last der Bundesrepublik erheblich verringert, aber beseitigen konnte es sie nicht. Die Außenpolitik Bonns bleibt durch Berlin behindert, weniger als früher zwar, aber auf die gleiche Weise.

Die Bundesrepublik muß auf die Amerikaner, Briten und Franzosen Rücksicht nehmen, weil sie über die Halbstadt verfügen. Nichts geschieht dort gegen ihren Willen und nur wenig ohne ihr ausdrückliches Einverständnis; jedes Bundesgesetz wird von ihnen auf seine Status-Verträglichkeit geprüft, bevor es für West-Berlin in Kraft gesetzt werden darf. Das meiste ist Routine, die reibungslos verläuft; aber in kritischen Fragen oder Situationen, auf die es ankommt, fallen die deutschen und die alliierten Auffassungen keineswegs immer zusammen.

Aus deutscher Sicht sind die Amerikaner in Berlin, um West-Berlin zu schützen; aus amerikanischer Sicht sind sie dort, um amerikanische Interessen wahrzunehmen - wäre es anders, hätten sie an so exponierter Stelle kaum so lange ausgehalten. Für die Weltmacht USA ist Berlin eine Position in ihrem globalen Kräftespiel mit der Sowjetunion. Als Chruschtschow 1962 Raketen auf Kuba stationierte, mußte Kennedy entscheiden, ob er Kuba besetzen oder Berlin halten wolle. Er entschloß sich für Berlin, weil er fürchtete, sonst Westdeutschland oder sogar Westeuropa zu verlieren. Amerika schützt das westliche Berlin, weil sein Prestige und sein Selbstverständnis als Schutzmacht der Demokratie es gebieten.

Aber Washington nutzt seine Stellung an der Spree auch. Kissinger verknüpfte 1971 die Berlin-Verhandlungen zeitweise mit den strategischen Verhandlungen (SALT). Die drei Alliierten hinderten 1987 den Regierenden Bürgermeister, den 750. Geburtstag der Stadt auch in Ost-Berlin mitzufeiern. Die Russen taten das gleiche mit Honecker, der mit dem Gedanken spielte, zur Feier nach West-Berlin zu gehen. Wenn die Deutschen sich rühren, nehmen alle Vier ihre Rechte in Berlin wahr, damit sie sich nicht allzu sehr rühren.

Für Bonn wie West-Berlin aber bleibt der Schutz der Insel das Entscheidende. West-Berlin ohne die Westmächte ist eine Vorstellung, die auch manchen Kritiker der Alliierten zur Zurückhaltung nötigt: Ein östlicher Gewaltakt drohte der Stadt zwar kaum noch, aber die Übermacht der Umgebung und das Fehlen einer Gegenmacht ergäben ein Mißverhältnis, das kein westdeutscher Politiker verantworten kann und will. Die Alliierten sind klug genug, ihre Unentbehrlichkeit nicht auszuspielen, aber jeder am Rhein ist sich ihrer bewußt - zuweilen mehr als nötig.

Die Bundesrepublik muß ferner Rücksicht auf die Sowjetunion und die DDR nehmen, die nach wie vor in Berlin geographisch im Vorteil sind. So gut der Verkehr über die Transitstraßen und durch die Luftkorridore funktioniert - wasserdichte Verträge kann es für eine Stadt in dieser Lage nicht geben, ihre Verbindungen nach Westen bleiben anfällig. Auf der Gewißheit ungestörter Kommunikation aber beruht die Zuverlässigkeit der Stadt als Wirtschaftspartner, ihre Anziehungskraft als Kultur- und Touristenzentrum und vor allem die psychische Stabilität ihrer Bewohner. Wenn Bonn sich um ein gleichmäßig gutes Verhältnis zur Sowjetunion und DDR bemüht, so geschieht das auch um West-Berlins willen: Es bleibt die Achillesferse der Bundesrepublik - da man sie ganz nicht schützen kann, muß man den anderen das Interesse nehmen, sie zu verletzen.

Die Bundesrepublik muß schließlich bei allem, was sie mit Oststaaten vereinbart, West-Berlin einbeziehen. Jeder Vertrag braucht eine »Berlin-Klausel« - unterschriftsreife Abkommen blieben über ein Jahrzehnt liegen, weil man sich über den Text der Klausel nicht einigen konnte. Aber auch jede Ausstellung oder Messe im Osten, oft auch Sportwettkämpfe, Konferenzen und Fachaustausch werden zum Problem, weil die Teilnahme von Berlinern und die Form ihrer Teilnahme geklärt werden muß: Treten sie als Institutionen oder Personen auf, mit eigenem Stand oder vereint mit dem westdeutschen, mit Bundes- oder Bärenfahne? So lästig, manchmal lächerlich dieser Kleinkrieg anmutet - er hat politische Bedeutung. Moskau kann vieles beaufsichtigen, was seine Gefolgsstaaten mit der Bundesrepublik vereinbaren; Bonn muß dauernd um Formalitäten kämpfen, die mit der Sache nichts zu tun haben - seine Ostpolitik wird durch West-Berlin behindert.

Die Erblast der DDR

Auch für die DDR war und blieb West-Berlin ein teures Erbstück. Ein Dutzend Jahre lang litt sie unter der doppelten Währung innerhalb einer Stadt, die Westberliner konnten, mit eins zu vier getauschten Ostmark, in Ost-Berlin billig einkaufen. Dann verschlang der Mauerbau viel Geld und dringend benötigte Baustoffe, und seitdem kostet die Grenze rund um die Enklave beachtliche Summen: Unterhaltung, »Modernisierung«, taghelle Beleuchtung auch bei Nacht und Bewachung. Wieviele Kleinstadtstraßen der DDR hätten Licht und wieviele kräftige junge Männer könnten einer produktiven Tätigkeit nachgehen, wenn es die Westinsel im Osten nicht gäbe.

Aber schwerer wogen die politischen Lasten. Die deutschen Kommunisten litten schon genug unter der Bundesrepublik, die eine permanente deutsche Alternative zu ihrer Politik bildete - West-Berlin war für die SED eine Bundesrepublik im Kleinen, mitten in ihrem Territorium gelegen und für jeden DDR-Bürger zugänglich. Das politische, wirtschaftliche und gesellschaftliche Gegenbild zur SED-Republik stand zur Besichtigung; bald erhob es die Inselstadt sogar zu ihrem Daseinszweck, das Gegenbild zu schaffen. Sie sollte »Schaufenster des Westens« sein, »Speerspitze gegen den Osten« und »Frontstadt der freien Welt«; die DDR-Regierung empfand sie als »Pfahl im Fleische« ihres Staats.

Die Bezeichnung »Schaufenster« kam der Wirklichkeit am nächsten. Das westliche Berlin lockte mit allem, was es in der DDR nicht gab - von den tausend praktischen Kleinigkeiten über neue Technik bis zum Modeschlager, vom Krimi über moderne Kunst bis zur zeitgenössischen Literatur. Behörden boten Rat und Hilfe an, Politiker sprachen über den Funk »zur Zone«, sie sprachen sogar im Namen der Landsleute dort und wurden lange auch von den meisten als deren Repräsentanten empfunden. Die Sender West-Berlins, ebenfalls offen für Besucher aus dem Osten, erfuhren viel über die Vorgänge, Verhältnisse und Stimmungen dort; und so erfuhr die DDR aus West-Berlin vieles, was in der DDR sich ereignete.

Ulbricht wurde das fast zum Verhängnis. Daß am 16. Juni 1953 die Bauarbeiter der Stalinallee zum Protestmarsch aufbrachen und daraus eine spontane Massendemonstration wurde, war ein Berliner Ereignis. Daß am folgenden Tag Protest und Demonstrationen sich wie ein Steppenbrand über das ganze Land ausbreiteten, lag aber daran, daß aus dem RIAS das ganze Land gehört hatte, was in Ost-Berlin geschehen und beschlossen worden war: Streik am 17. Juni.

Die zweite Existenznot der DDR, die Dauerfluchtbewegung, wurde durch West-Berlin sogar verursacht. Mehr als die Hälfte derer, die zum Westen wechseln wollten, gingen den, ungenügend kontrollierten, Weg vom Ost- in den Westteil Berlins. Erst nachdem dieser Weg im August 1961 versperrt worden war, begann die Regierung, die Grenze zur Bundesrepublik ganz undurchlässig zu machen.

Mit dem Mauerbau hatte der SED-Staat das Schlimmste hinter sich; manche Kenner im Westen sprechen von einer zweiten Staatsgründung. Die Erleichterung machte der Führung sogar die Peinlichkeit erträglich, die das Bauwerk, fünfundvierzig Kilometer quer durch ganz Berlin, verursachte. Monate lang gingen die Bilder und Berichte von dramatischen Fluchtversuchen um den Globus; Bonn tat lange Zeit alles, um der Welt die »Schandmauer« im Gedächtnis zu halten, und schickte, wenn irgend möglich, jeden Staatsbesucher vom Rhein an die Spree, um sie ihm vorzuführen. Auch die Verbündeten der DDR empfanden, daß hier nicht allein die deutschen, sondern alle Kommunisten blamiert waren; sogar Chruschtschow gestand: »Ich weiß, die Mauer ist eine häßliche Sache.«

Mit gewissem Trotz, der nicht ganz echt wirkt,

bekannte sich die SED-Führung zu ihrer Tat, feierte sie sogar jedes Jahr mit Aufmärschen. Honecker selbst hatte die Aktion am 13. August 1961 organisiert und geleitet, berichtet mit verhaltenem Stolz darüber auch in seiner Autobiographie. Aber gerade er muß allmählich gespürt haben, daß die Zeit nicht mehr für ihn arbeitet. Mehr als zwei Jahrzehnte lang wuchs die Gewöhnung an das Monstrum, seit Mitte der achtziger Jahre aber regt sich in wie außerhalb der DDR Ungeduld: Die meisten Oststaaten gewähren zunehmende oder unbeschränkte Reisefreiheit, die Berliner Mauer wirkt wie ein Relikt aus dem kommunistischen Mittelalter. Aber auch für Honeckers Außenpolitik wurde der Kontrast zu groß: Er empfahl seinen Staat nicht ohne Erfolg im Westen, aber je mehr er überall für Ausgleich und Austausch zwischen Ost und West plädierte, desto mehr mußte er sich die Frage gefallen lassen, wie es denn um die Zukunft des Bauwerks in Berlin stehe.

Anfang der siebziger Jahre wurde West-Berlin noch einmal zum akuten Problem für die DDR, allerdings auf ganz andere Weise als früher. Leonid Breschnew hatte, um mit seiner Westpolitik voranzukommen, bei den Vier-Mächte-Verhandlungen mehr Zugeständnisse gemacht als zunächst beabsichtigt - aber auf Kosten der DDR. Sie mußte die Souveränität über den deutschen Berlin-Transit wieder hergeben, mußte mitansehen, daß die staatliche Verbindung West-Berlins mit der Bundesrepublik sanktioniert wurde und mußte sich auf eine Masseninvasion von Westberliner Besuchern einstellen. Schon 1961 hatte Ulbricht auf die Einverleibung West-Berlins verzichten müssen, nun sollte er auch noch die unbegrenzte Fortexistenz des »Störfaktors« hinnehmen und der feindlichen Stadt sogar das Leben erleichtern - sein Widerstand endete, wie bekannt, mit seinem Sturz.

Der Nachfolger Honecker half zwar, das Vier-Mächte-Abkommen zustandezubringen, aber Mühe bereitete es auch ihm. Schon die Normalisierung mit der Bundesrepublik fiel nicht leicht, West-Berlin erhöhte die Schwierigkeiten, verdoppelte sie sogar: Ohne die Insel in ihrer Mitte hätte die DDR nach 1972 nur halb so viele Westbesuche bewältigen müssen.

Auf *West*-Berlin ist schließlich zurückzuführen, daß es *Ost*-Berlin gibt: geographisch und rechtlich nur eine halbe Hauptstadt, denn der Ostteil der Stadt ist nach westlicher Rechtsauffassung immer noch der sowjetische Besatzungsektor. Darin liegt mehr als eine Formalität. Die Proteste der Alliierten, wenn in Ost-Berlin die Volksarmee paradiert, haben praktisch keine Bedeutung; doch als Bonner Juristen 1983 Bundespräsident Carstens hinderten, an den Luther-Feiern in der DDR-Hauptstadt teilzunehmen, zog der König von Schweden seine Besuchszusage zurück.

Aber nicht nur der Westen schafft der DDR Probleme, die Sowjetunion betreibt in Berlin ein ähnliches Doppelspiel wie die Alliierten. Die Westmächte unterhalten in der Hauptstadt der DDR ihre Botschaften, aber fahren im Ostsektor Berlins Militärpatrouille, sie sind Gast und Herr am selben Ort. Die Sowjetunion beschwört hoch und heilig, Berlin sei die Hauptstadt der DDR, außerdem gebe es nur noch das Besatzungsgebiet West-Berlin. Moskau erlaubte auch, daß die Hauptstadt sich von den Statusbeschränkungen befreite, denen West-Berlin weiter unterliegt. Aber noch immer ist auf Berliner Boden eine symbolische Einheit der Roten Armee stationiert: Die Sowjetunion will sich ihr Recht auf das letzte Wort in allem, was Berlin angeht, bewahren. Doch sie kann das nur, weil jenseits der Mauer noch die Westmächte sind; sie kann in Ost-Berlin nur deshalb weiterhin verborgene Besatzungsmacht sein, weil es West-Berlin gibt. Walter Ulbricht hatte viele Gründe, weshalb er den ganzen Vier-Mächte-Status loswerden wollte.

Drei Veränderungen

Die Erblast West-Berlin liegt weiterhin auf beiden deutschen Staaten, aber sie ist für beide viel leichter geworden. Krisen, die an die Existenz oder auch nur an die Substanz gehen, sind - soweit man voraussehen kann - nicht mehr zu befürchten. Darin besteht, im Vergleich zu den fünfziger und sechziger Jahren, die erste große Veränderung.

Die zweite hängt damit zusammen: Auch in Berlin hat sich die Lage entspannt, genauer: im Verhältnis zwischen West-Berlin und der DDR. Beiden ist allmählich klargeworden, daß sie auf absehbare Zukunft miteinander rechnen und also auch miteinander auskommen müssen, denn die Bedingungen, unter denen sie leben, werden bleiben. Der Vier-Mächte-Status bleibt - dafür sorgen die Vier Mächte. Und das Berlin-Abkommen sollte bleiben, denn es bietet für alle Beteiligten die beste Regelung. Die Maxime der neuen Ostpolitik »Ausgehen von dem, was ist« wurde auf dem schwierigen Berliner Gelände nachvollzogen.

Seit Mitte der achtziger Jahre streben die Parteien des Westberliner Abgeordnetenhauses dahin, die Inselstadt mit ihrer Umgebung in ein möglichst normales Verhältnis zu bringen, manche sagen sogar: auszusöhnen. Im Herbst 1987 billigte das Politbüro der SED ein längeres Dokument, das die DDR-Interessen anders als vorher definierte. Die Rechtspositionen bleiben zwar gleich: West-Berlin darf nicht elftes Bundesland werden, jeder Schritt dorthin führt zum Konflikt mit der DDR; Ost-Berlin soll als Hauptstadt anerkannt werden, jedes Abkommen, das einen Schritt weiter dorthin führt, ist wünschenswert. Im übrigen aber möchte die DDR-Regierung nutzen, was die Inselstadt bietet: eine wirtschaftliche Leistungsfähigkeit, die halb so groß ist wie die Dänemarks oder Österreichs, ferner die wissenschaftlichen Möglichkeiten von elf Hochschulen.

Mitte November 1988 kam Kulturminister Hans-Joachim Hoffmann als erster DDR-Minister ins westliche Berlin und weihte dort, zusammen mit dem Regierenden Bürgermeister, eine Potsdamer Ausstellung über den Großen Kurfürsten ein. »Ein großer historischer Fortschritt«, sagte Hoffmann. Das Ende eines besonders widersinnigen Zustands zeichnete sich auch sonst ab: Kaum zwei Städte in Deutschland haben einander kulturell so viel zu geben wie die beiden Berlins, im Jahre 1988 begannen sie endlich damit.

Beide Seiten haben das Ruder herumgelegt. West-Berlin versteht sich nicht mehr als Frontstadt gegen die DDR, und die DDR will West-Berlin nicht mehr isolieren. Beide sind, in der Sprache der siebziger Jahre, vom Gegeneinander zum Nebeneinander gelangt und probieren erste Schritte zum Miteinander.

Dieser deutsch-deutschen Annäherung entsprach – fast unvermeidlich – eine gewisse Entfernung von der jeweiligen Vormacht. In Berlin vollzog sich im Kleinen, was sich zwischen den deutschen Staaten und deren Vormächten vorher im Großen entwickelt hatte. An der Spree, wo der Kalte Krieg am härtesten und die Hilfe der Großen am nötigsten waren, erfaßte der Wandel tiefere Schichten - erkennbar aber nur im Westteil der Stadt. Seit der Blockade standen die Westberliner den Amerikanern näher als die Westdeutschen. Das Bündnis hatte in Berlin nie eine Form, aber lange Zeit mehr Gehalt als die Allianz zwischen Bonn und Washington; nach zwei lebensbedrohenden Krisen war hier das ganze Volk mit den Amerikanern verbündet. Um so stärker empfanden Alt-Berliner wie Alliierte den Wandel. Was vorher nur als Schutzmacht und höchstens nebenbei als Besatzungsmacht betrachtet wurde, nahm sich nach zwanzig Jahren Ruhe für neue Generationen anders aus: Schutz erschien vielen nicht mehr dringlich, aber die Selbstverständlichkeit einer Besatzungs-Oberherrschaft ärgerlich und unvertretbar.

Dieser Stimmungswandel wirkte auf die Politiker weiter. Sie wollten den Spielraum, den die Entspannung eröffnete, nutzen und fühlten sich von der Vorsicht und den Vorbehalten der Verbündeten eingeschränkt. Sie sahen, daß Deutsche nicht tun durften, was die Alliierten sich erlaubten; und sie gaben sich nicht mehr mit deren alter Rechtfertigung zufrieden, der Schutzherr müsse um des Schutzes willen Herr bleiben. Nach vierzig Jahren Bundesgenossenschaft wollte man auch im westlichen Berlin endlich Bundesgenosse sein, also von gleich zu gleich verkehren. Am Status rüttelten nur ganz wenige, doch nicht mehr zeitgemäß erschien den meisten, wie der Status für amerikanische, britische und französische Nationalinteressen genutzt wurde. Über die Meinungsentwicklung im östlichen Berlin wurde wenig bekannt - daß sie die gleiche Richtung nahm, ist wahrscheinlich.

Die dritte große Veränderung in Berlin ergab sich aus der Veränderung zwischen Bundesrepublik und DDR. Früher rivalisierten beide auch an der Spree; um ihre Stellung dort zu behaupten oder zu verbessern, ließen sie es auch auf einen Streit ankommen – jetzt bemühten sie sich, Streit zu vermeiden. Schon Schmidt und Honecker wurden sich einig, daß man das Vierer-Abkommen nicht auf seine »Belastbarkeit« prüfen dürfe; als die CDU in West-Berlin und Bonn zur Regierung kam, verfuhr auch sie – allerdings nicht konsequent – nach der Erfahrung, daß ein so empfindlicher Platz nicht lautstarke Demonstration braucht, sondern behutsame Fürsorge.

Seit Mitte der siebziger Jahre ruhen die Änderungen auf einer materiellen Basis, die sich verbreiterte. Bonn und die DDR schlossen Verträge, die West-Berlin galten und beiden Seiten nützten. Bonn zahlt feste Summen für die Erfordernisse des Insellebens – für die Benutzung der Transitwege, für Mehrleistungen der DDR-Post, für die Visa, die Westberliner zum Besuch der DDR brauchen. Bonn zahlte für den Bau und Ausbau der Transitautobahnen sowie für die Verlegung einer Erdgasleitung; es wird einen Intercity-Anschluß finanzieren und später auch einen Umweltschutz, der West-Berlin hilft.

Die Westinsel im Osten ermöglichte den deutschen Regierungen, ins Geschäft zu kommen und im Geschäft zu bleiben; sie bietet, was sonst knapp wird: »Verhandlungsmasse«. Wo politische und wirtschaftliche Hemmnisse keine Vereinbarungen gestatten, liefert West-Berlin Stoff für Verträge, die beiden Seiten zugute kommen: Die Bundesrepublik knüpft das Netz der Beziehungen enger, das beide Staaten verbindet und West-Berlin sichert;

die DDR erhält Devisen in einem Umfang, von dem andere Oststaaten nur träumen.

Um ganz zu ermessen, was die Inselstadt ihrer Umgebung wirtschaftlich bedeutet, muß man versuchen, alle Einnahmen der DDR an harter Währung zusammenzurechnen, die sich aus der Existenz West-Berlins ergeben. Das Gespräch mit Fachleuten zeigt ein buntes Bild höchst unterschiedlicher Quellen: langfristige Verträge mit Bonn wie die Transitpauschale und gemeinsame Projekte wie der Autobahnbau; ferner der Pflichtumtausch für Westberliner DDR-Besucher und für Bundesbürger, die für einen Tag von West- nach Ost-Berlin gehen; weiterhin Genex sowie Intershop und Intertank an den Autobahnen und innerstädtischen Grenzen; ein Experte erinnert an die Strafgebühren auf den Transitstrecken; schließlich der Handel: Zehn Prozent aller Deviseneinnahmen, die der Westhandel der DDR einbringt, stammen aus Lieferungen nach West-Berlin. Vieles läßt sich nur schätzen, und manches schwankt, aber auch bei vorsichtiger Berechnung ergibt sich: Die DDR büßte etwa ein Fünftel ihrer Deviseneinkünfte ein, wenn es West-Berlin nicht mehr gäbe. Dessen Fortbestand und sogar Wohlstand sind zu einem Interesse geworden, das der ostdeutsche Staat nicht leicht aufgeben kann.

Die Insel erhielt damit eine neue Bedeutung. Früher war sie Last, Grund zum Streit oder manchmal Gelegenheit zum Triumph des einen über den anderen. Nun stiftet sie für beide auch Nutzen.

Wahrscheinlich überwiegen die Vorteile der Existenz West-Berlins schon die Nachteile, zumindest für die DDR. Dennoch bleiben Gegensätze. Ost-Berlin wird vom Westen nicht als Hauptstadt anerkannt - wie ein Satyrspiel nach der Tragödie wiederholt sich der Juristenkampf aus der Zeit der Hallstein-Doktrin. West- und Ost-Berlin konkurrieren weiter, wer denn nun wirklich Berlin sei - manches dabei belebt wie jede Konkurrenz, manches ist reine Verschwendung und schafft unnötige Spannungen. Die DDR knausert mit Reiseerleichterungen für Westberliner wie der Geizhals in der Komödie; immer noch fühlt sie sich von der Schwesterstadt bedrängt, die ihr zu dicht auf dem Leib sitzt. Diplomaten, Korrespondenten und Geschäftsleute, überhaupt alles, was mit der Hauptstadt zusammenhängt, haben den Verkehr durch die Mauer in beide Richtungen sehr erweitert. Ost-Berlin liegt für Beobachter wie auf dem Präsentierteller, aber West-Berlin bietet nach wie vor ein Gegenbild zur DDR; all das stört deren innere Ordnung, wie die Führung sie versteht.

Bundesrepublik und DDR haben in der Insel Berlin ein Problem, das keiner allein lösen kann, doch gemeinsam gelang ihnen, es zu entschärfen und erträglich werden zu lassen. Der nächste Schritt wäre, es auch als gemeinsames Problem zu betrachten. Die Bundesrepublik behält die Obhut, aber beide deutschen Staaten teilen das Interesse, aus dem Erbstück der Siegermächte das Beste zu machen. Sie bewegten sich dabei auf den Spuren der Vier, die sich nach zwei gefährlichen Krisen und vielerlei Ärger in dem Wunsch zusammenfanden, den Unruheherd stillzulegen. Das Berlin-Abkommen von 1971 entsprang der Einsicht: Die West-Insel im Osten ist ein gemeinsames Problem von West und Ost, das nur gemeinsam geregelt werden kann.

Den Großmächten genügt, daß an der Spree Ruhe herrscht; die Deutschen brauchen mehr. Manche Politiker haben begonnen, Berlin neu zu denken: Nicht als einen Ort der Rivalität, sondern der Kooperation, nicht als eine Quelle der Gefahren, sondern der Möglichkeiten. Wo gibt es im geteilten Europa noch einmal so günstige Voraussetzungen, um gemeinsam etwas zu unternehmen und auch gemeinsam zu experimentieren? Wo bietet sich sonst die Chance, aus dem Kontrast einen Anreiz zu machen: West- und Ost-Berlin laden gemeinsam ein: Künstler, Akademiker, Sportler, Politiker und Diplomaten. Für die Einberufung internationaler Konferenzen hätten die beiden Berlins eine neue Art von Neutralität zu bieten: nicht wie Wien und Genf ein »Weder West noch Ost«, sondern »West *und* Ost«.

Am weitesten haben es bisher Wien und Budapest gebracht, die für die Mitte der neunziger Jahre sogar eine gemeinsame Weltausstellung planen. Österreicher und Ungarn verfügen über gute historische Voraussetzungen und haben ein vitales Interesse, die Ost-West-Trennung zu überwinden – die Grenze provoziert sie zum Zusammengehen. Dennoch sind die Bewohner ein und derselben deutschen Stadt einander näher. Lange Zeit war ihre Nähe Anlaß zu besonderer Distanz: Man kam leichter von Köln nach Leipzig als von Berlin nach Berlin. Doch nach vierzig Jahren erhalten die natürlichen Gegebenheiten langsam wieder ihr Recht – die Nähe wird Anlaß zu besonderer Nähe.

Die Parallelität der deutschen Interessen wird in

Berlin ebenso zunehmen wie zwischen Bundesrepublik und DDR, doch ein Unterschied bleibt: der Blick auf die fernere Zukunft. Zwei deutsche Staaten sind als Dauerzustand vorstellbar - aber zwei Berlins? Die Mauer als Ewigkeitseinrichtung? Die Nachkriegsgeneration hat zwar gelernt, daß sinnlose, abwegige und widernatürliche Zustände lange anhalten können, viel länger jedenfalls, als möglich erschien. Aber auch die Absurdität hat Grenzen; und ganz Europa befindet sich seit den sechziger Jahren auf der Rückkehr zur Normalität.

Alle Berlin-Politik steht deshalb unter einem letzten Vorbehalt. Im Westen denken manche immer noch an Wiedervereinigung und andere an West-Berlin als elftes Bundesland; im Osten gilt die Bereitschaft zum Arrangement mit der Enklave nur so lange, wie Europa und Deutschland im Zustand der Ost-West-Teilung und Großmächtedominanz bleiben. Wie Bonn die deutsche Frage »offen« hält, so hält die Führung der DDR die »West-Berlin-Frage« offen.

Doch was immer die Beteiligten sich als Zukunft für die Insel ausmalen - alle Pläne und Visionen verlangen gründlich veränderte Verhältnisse. Berlin soll mit den klassischen Konferenzplätzen konkurrieren, vielleicht sogar Sitz all-europäischer Einrichtungen werden. Aber die großen Pläne können nur gelingen, wenn das westliche Berlin sich mit dem östlichen abstimmt. Bisher blockieren sie sich gegenseitig: Ost-Berlin soll nicht Hauptstadt werden und West-Berlin nicht europäische Konferenzstadt. Beide werden über ihren Schatten springen müssen.

Weiter in die Zukunft geht Egon Bahrs Vorschlag, gleichlautende Friedensverträge mit beiden deutschen Staaten zu schließen. Die Deutschland-

Rechte der Vier Mächte wären damit abgelöst, und beide Berlins würden in aller Form, was sie faktisch längst sind: Hauptstadt der DDR und elftes Bundesland. Doch bis solche und ähnliche Regelungen möglich werden, muß sich sehr viel geändert haben - zwischen West und Ost und zwischen Bonn und Ost-Berlin. Die Inselstadt kann den Schutz der Alliierten erst entbehren und wird ihn erst entbehren wollen, wenn zwischen Bundesrepublik und DDR konfliktträchtige Gegensätze nicht mehr bestehen und der ostdeutsche Staat sich dem westdeutschen soweit verflochten und verpflichtet hat, daß der Insel weder Gefahren noch Schikanen drohen.

Wenn schließlich die DDR sich Hoffnung macht - es wäre ein Wunder, wenn sie es nicht täte -, eines fernen Tages West-Berlin mit Ost-Berlin vereint zur Hauptstadt zu bekommen, dann muß sie eine von Grund auf andere DDR geworden sein. Als Adenauer und Felix v. Eckardt vor dreißig Jahren diese Lösung erwogen, hatten sie einen demokratischen deutschen Staat im Auge, ähnlich wie Österreich, der den Westberlinern alle Freiheiten und die gleichen Lebensumstände ließe, die sie haben. Die Inselstadt wieder mit ihrem Umland zu vereinen, wäre, außer einer Wiedervereinigung, die einzig natürliche Lösung; aber ob, wie und wann die DDD sich zu einer Demokratie zu wandeln vermag, weiß noch niemand.

Doch so unterschiedlich die Erwartungen sind - der Weg zu allen Zielen ist der gleiche: Je mehr Amerikaner und Russen sich verständigen, je weniger NATO und Warschauer Pakt einander gefährlich werden können, je stärker sich die Europäer beider Seiten einander nähern und je dichter die deutschen Staaten das Netz ihrer Beziehungen knüpfen, desto besser für die Insel mittendrin. Noch mehr als Deutschland ist Berlin eine europäische Frage.

Siebentes Kapitel

Europa und Deutschland

> Das deutsche Problem ist recht eigentlich das europäische Problem.
>
> *Charles de Gaulle*
> *am 4. Februar 1965*

Die geschichtliche Selbstbesinnung der letzten Jahrzehnte hat eine alte Erfahrung wieder in Erinnerung gebracht: Deutschland schafft seit Jahrhunderten ein Problem für Europa; es ist zu klein, um den Kontinent zu beherrschen, und zu groß, um sich ihm als Gleicher unter Gleichen einzufügen. Zur kritischen Größe tritt die heikle Lage: Wenn es sich wenigstens am Rande befände wie Rußland, aber es liegt in der Mitte - Europa kommt um Deutschland buchstäblich nicht herum.

Das Bismarckreich verschärfte das Problem, und Hitler trieb den Kontinent in die Katastrophe. Ganz gleich, ob moralisch, historisch oder politisch betrachtet: Aus Europa kann nur etwas werden, wenn die Deutschen nicht mehr imstande sind, es zu sprengen. Umgekehrt werden die Deutschen erst vom Mißtrauen ihrer Umgebung befreit sein, wenn sie sich nicht nur in ein Bündnis einordnen, sondern einen Platz in Europa gefunden haben. Die Zukunft der Alten Welt hängt - zu einem wesentlichen Teil - davon ab, ob es gelingt, Europa und Deutschland miteinander in Einklang zu bringen.

Zwanzig Jahre lang waren die Deutschen die schlechtesten Europäer. Die Politiker und viele Bürger der Bundesrepublik meinten allerdings, sie seien die besten: bereit zu Souveränitätsverzichten, gewöhnt, als erste zur Kasse gebeten zu werden, und auch imstande, sich als Deutsche etwas zurückzuhalten. Viele bemerkten nicht einmal, daß es nur das halbe Europa war, dem man sich verschrieb. Am Rhein glaubten bis weit in die sechziger Jahre hinein Kanzler und Minister, etwas Neues zu sagen, wenn sie Polen, Tschechen, Ungarn, fast niemals aber Russen, bescheinigten, daß auch sie zu Europa gehörten.

Nur wenige waren sich darüber klar, daß Adam Rapacki 1956 mit dem Plan einer atomwaffenfreien Zone ein besserer Europäer war als Konrad Adenauer, der den Plan zurückwies. Nur wenige wußten überhaupt, wieweit auch die kommunistischen Führungen über Europa nachdachten und, in ihren begrenzten Möglichkeiten, dafür zu wirken versuchten. Von Warschau bis Sofia kehrten seit Ende der fünfziger Jahre überall die gleichen Überlegungen wieder: Lockerung der Militärbündnisse oder sogar deren Auflösung; Ausbau der zweiseitigen Beziehungen aller mit allen über die Ost-West-Grenze hinweg; Sicherheit weniger durch militärisches Gleichgewicht als durch wirtschaftliche und politische Zusammenarbeit.

Die Bundesrepublik verhielt sich europäisch nur nach Westen, nach Osten hingegen benahm sie sich so national, daß manche ganz in alte Töne zurückfielen. Von »Neuordnung« war die Rede und von der »großen neuen Kolonisationsaufgabe unseres Volkes«, sobald der »Eiserne Vorhang« hochgehe.

Nach Westen war Bonn nicht kleinlich, Adenauer hätte zur Not auch das Saargebiet geopfert; nach Osten brachte es die Bundesrepublik bis jetzt nicht fertig, die Oder-Neiße-Grenze auf eine Weise zu bestätigen, die jeden Zweifel für die fernere Zukunft dadurch ausschließt, daß sie auch einen »gesamtdeutschen Souverän« binden würde. Alles werde anders, heißt es, wenn im östlichen Europa Grenzen ebenso wenig trennen wie im westlichen - aber warum fängt Bonn selbst nicht damit an, die Grenze nicht mehr wichtig zu nehmen?

Bis zu Beginn der großen Koalition Ende 1966 be- und verhinderte die Bundesrepublik die Wiederannäherung beider Teile Europas. »Für uns ist Entspannung nur sinnvoll«, sagte Außenminister Gerhard Schröder, »wenn sie zu einer positiven Veränderung des Status quo führt«, das hieß: zur Wiedervereinigung. Schröder folgerte: »Wir müssen den Status quo international ständig in Frage stellen.« Das deutsche Ziel, ohnehin zur Illusion geworden, hatte Vorrang vor der europäischen Notwendigkeit.

Auch die Regierung der DDR kannte zunächst nur zweierlei: die sozialistische Gemeinschaft und die Wiedervereinigung. Sie sprach zwar - getreu zu Moskau - von »europäischer Sicherheit« und einem »System«, das dafür geschaffen werden müsse, doch sie verband damit vor allem die Hoffnung, über Sicherheitsabkommen schrittweise zur Anerkennung zu gelangen. »Europa« war für die deutschen Kommunisten weder ein Wert noch ein Ziel - sie sahen nur Moskau, den Freund, und Bonn, den Feind, der das Wort auch noch fragwürdig machte, weil er es im Sinne von Westeuropa politisch beschlagnahmt hatte.

Wer in den sechziger Jahren der DDR europäische Perspektiven nahelegte, geriet in den Verdacht, imperialistische Konterbande einschleusen zu wollen: Europa erschien als heimtückischer Versuch, das Bündnis aufzulockern, von dem die Existenz abhing. Und wie die Regierung am Rhein Verbündete beargwöhnte, die sich mit dem Osten näher einließen, so versuchte man an der Spree, den Polen, Rumänen und später den Tschechen in den Arm zu fallen, wenn sie im Namen Europas nach Westen strebten.

Deutschland, damals bestehend aus verfeindeten Staaten, lag wie ein Eisklotz des Kalten Krieges in der Mitte des Kontinents, der sich langsam erwärmte. Nach dem Genfer Gipfel im Sommer 1955 und nach der Kubakrise 1962 wurde von West wie Ost versucht, die Teilung zu überbrücken, doch alles Bemühen blieb Stückwerk, weil die Deutschen nicht mitmachten oder störten.

Erst die große Koalition mit dem Kanzler Kiesinger und dem Außenminister Brandt entwarf eine neue Philosophie: Deutschland könne nur wieder zusammenwachsen, wenn Europa zusammenwachse; Entspannung in Europa helfe daher auch Deutschland. Der Widerspruch zwischen nationaler Einheit und europäischer Annäherung war aufgehoben, die Reihenfolge sogar umgekehrt. Offizielles Ziel aller Bundesregierungen ist seitdem ein »Zustand des Friedens in Europa, in dem das deutsche Volk in freier Selbstbestimmung seine Einheit wiedererlangt«.

Nur über Europa kommt man nach Deutschland – die Chronologie der Ostpolitik Brandts bestätigte es drei Jahre später. Erst mußten die Verträge mit Moskau und Warschau in Kraft sein, bis Bundesrepublik und DDR ihr Verhältnis zueinander regeln konnten. Doch als sie es getan hatten, war das deutsche Hindernis für den Kontinent beseitigt, die KSZE wurde möglich, die erste wahrhaft europäische Einrichtung. Brandt hatte Europa soweit von der deutschen Frage befreit, wie es die Umstände damals erlaubten.

Die »Europäisierung« der Bundesrepublik schritt seitdem voran, schon der Sprachgebrauch zeigt es. Zwar gilt »Europa-Politik« nach wie vor nur dem Westteil des Kontinents; doch wenn nur von »Europa« gesprochen wird, ist nicht mehr - wie früher - unbedingt der Westteil gemeint. Auch eingeschworene Karolinger fühlen sich verpflichtet, daran zu erinnern, daß Europa nicht an der Elbe aufhört; in der Berichterstattung konkurriert die alleuropäische KSZE bereits mit der westeuropäischen EG. Die Westdeutschen haben begonnen zu lernen, daß Europa Europa ist.

Eine bedeutende Erweiterung ihres Blickfelds brachte die Raketendebatte Anfang der achtziger Jahre. Die Reichweite der SS 20 und Pershing II erhöhte auch die Reichweite der politischen Vorstellungen. Allein der Begriff »eurostrategisch« gab einen Hinweis: Was strategisch eine Einheit ist, muß auch politisch eine Einheit sein. Die Frage nach dem Frieden, zunächst nur militärisch gestellt, mündete in die Frage nach Europa.

Die Rüstungen und Nachrüstungen führten zum Gegenteil dessen, was ihre Verfechter im Auge hatten; sie festigten weder die NATO noch den Warschauer Pakt, sie schärften vielmehr in den kleinen und mittleren Staaten das Gefühl für ihre prekäre Lage zwischen zwei Atomgroßmächten. Nicht die Furcht vor der Bedrohung durch die Gegenseite wuchs, sondern das Bewußtsein gemeinsamer Bedrohtheit.

Ähnlich wirkte die Renaissance des Begriffs »Mitteleuropa«. Mag die Diskussion manchmal auf Abwege geraten sein – das Wort half, die verdorbene Kulturgeographie wieder zurechtzurücken: Die Universitäten von Prag und Krakau sind Jahrhunderte älter als ihre Schwestern in Berlin, Hamburg und München. »Mitteleuropa« erinnert, daß Länder, die man zum Osten rechnete, zur Mitte gehören; was fern lag, rückte näher.

Die DDR fand den Weg nach Europa erst, nachdem sie anerkannt und damit im Westteil manövrierfähig geworden war. In das Arrangement Anfang der siebziger Jahre mußte sie noch halb hineingezwungen werden, inzwischen strebt Honecker danach, seinem Staat einen gebührenden Platz in der Alten Welt zu schaffen: Die DDR soll nicht nur ein sozialistischer, sondern auch ein europäischer Staat sein; nicht allein als Teil des Ostens, sondern als Teil des Ganzen soll sie in Europa Ansehen gewinnen. Schon durch ihre Existenz, sagte Honecker, garantiere sie die Zweistaatlichkeit Deutschlands und sichere damit die Grundlage für Entspannung und Zusammenarbeit auf dem Kontinent. Der Generalsekretär der deutschen Kommunisten empfahl seinen Staat nicht ideologisch, sondern europäisch.

Zu Hause jedoch wurde Honeckers Außenpolitik mehr propagiert als erklärt; sie schrumpfte in der Berichterstattung auf protokollarische Erfolge des Generalsekretärs und wird von der Mehrzahl der DDR-Bürger weniger beachtet, als sie verdient. Europa ist sogar Ende der achtziger Jahre noch kein Thema in der DDR, es wird nicht unterdrückt, aber am Rande gehalten. Führung wie Bevölkerung empfinden sich noch immer als deutsch oder sozialistisch und nur ein wenig schon als europäisch.

Jeder Pole träumt von Paris und möchte einmal im Leben nach Italien, die Deutschen zwischen Elbe und Oder sind zunächst froh, wenn sie nach München und Hamburg oder wenigstens nach West-Berlin kommen.

Über Europa denken nur die Planer in Partei und Regierung sowie einige Leute in den Kirchen und Friedensgruppen nach. Anfang 1983 verfaßten evangelische Christen eine Denkschrift, die in die Empfehlung mündete: Bundesrepublik und DDR sollten ihre Rüstungen reduzieren und die Hälfte der freiwerdenden Gelder benutzen, um Polen aus seiner Krise zu helfen. Abrüstung, so lautete die Begründung, setze Stabilität beider Seiten voraus, Krisenbewältigung liege daher im Interesse beider Seiten. Ausführbar war der Vorschlag nicht, die Autoren liefen der Zeit zu weit voraus.

Exemplarisch war die Denkschrift noch aus einem anderen Grund. Sie zeigte, daß die DDR - ebenso wie die Bundesrepublik - über die Frage nach dem Frieden den Zugang zur Frage nach Europa fand. Das gilt, soweit von außen erkennbar, zu einem Teil sogar für die Führung, die erst spät die heillose strategische Lage erkannte, in der sich die DDR - wiederum wie die Bundesrepublik - als Hauptstationierungsgebiet an der Bündnisgrenze befindet. Sicherlich kam noch Taktik hinzu: Auf der Schiene Frieden und Abrüstung gelangte die DDR oft besser nach Westen, als es die Bündnisdisziplin vor Gorbatschow sonst erlaubt hätte.

In Bonn wie Ost-Berlin gibt es Ende der achtziger Jahre ein Gefühl deutscher Verantwortung für Europa; es ist noch eine zarte Pflanze, aber sie wächst. Die schon erwähnten Gespräche der Sozialdemokraten und SED-Politiker bieten eine Illustration.

»Chemiewaffenfreie Zone« und »Atomwaffenfreier Korridor« - unabhängig vom strategischen Urteil darüber zeigt sich hier ein politischer Fortschritt: Deutsche beider Seiten schließen - im Modell - militärische Verträge, die für ganz Europa Bedeutung hätten, wenn sie Staatsverträge würden. Auch die Erklärung beider Parteien zum Streit der Ideologien war ein Modell. Den gesamten Westen und den gesamten Osten beschäftigt die Frage: Wie geht man, trotz prinzipieller Gegensätze, friedlich und vernünftig miteinander um? Deutsche Demokraten und deutsche Kommunisten versuchten als erste, Verhaltensregeln für die ideologische Koexistenz aufzustellen, also für die neue Phase der Ost-West-Beziehungen, die teils begonnen hat und teils bevorsteht.

Die Deutschen befinden sich heute in leidlicher Harmonie mit Europa. Bonn und Ost-Berlin arbeiten beim Brückenbau fleißig mit und folgen der Philosophie, nach der es um so besser in Deutschland geht, je besser es in Europa geht. Aber für die Zukunft genügt das nicht, denn Deutschland und Europa sind vielfältiger miteinander verbunden; die deutsche Frage hat noch - mindestens - vier weitere europäische Dimensionen.

Deutsche Einheit als Frage Europas

Auf die erste wurden die Bonner Politiker schon Mitte der sechziger Jahre hingewiesen. Der französische Staatspräsident de Gaulle und der - von dem Polen Brzezinski beratene - amerikanische Präsident Johnson erklärten mit Nachdruck, daß die deutsche Frage nicht allein den Deutschen gehöre. Sie könne gelöst werden, wie de Gaulle sagte, »nur durch das Einvernehmen und das gemeinsame Tun der Völker, die das Schicksal des germanischen Nachbarn immer am meisten anging, angeht und angehen wird: die europäischen Völker«. Gegen oder auch nur ohne die Großmächte und Europa kann in Deutschland nichts Wesentliches verändert werden; diese Mahnung gilt unabhängig von den Rechten der Siegermächte, doch sie wird in Bonn, und wohl auch in Ost-Berlin, zuweilen verdrängt.

Selbst wenn die Deutschen ihr Problem heute als bedeutungslos empfänden, was viele in der Bundesrepublik tun – für die anderen bleibt es ein Problem. Die meisten Europäer und wohl auch Nordamerikaner können sich nicht vorstellen, daß die deutsche Einheit nicht das letzte Ziel der Deutschen ist; viele meinen es durchaus verständnisvoll. Auch während des Kalten Krieges mochten manche Ausländer nicht glauben, daß Bundesrepublik und DDR wirklich so verfeindet waren, wie sie erschienen; unter der Decke, so vermutete man, arbeiteten die Deutschen doch zusammen. Heute, da Bonn und Ost-Berlin in vielfältiger Beziehung stehen, ist der Verdacht deutsch-deutscher Konspiration weder im Westen noch im Osten zu überwinden. Und wenn auch der Gedanke der Vereinigung unter dem Zwang der Verhältnisse erstorben sein sollte, so fragt man im Ausland, was denn wäre, wenn der Zwang aufhöre, weil die Verhältnisse sich änderten: Was würden die Deutschen tun, wenn sich das Unmögliche doch als möglich erweist oder auch nur erscheint? Da Bundesregierung und Koalitionsparteien kaum eine Gelegenheit auslassen, die »Offenheit« der deutschen Frage zu beschwören, gibt es für die skeptischen Vermutungen auch immer neue Texte als Beweis.

Die Deutschlandpolitik Bonns wie Ost-Berlins

bleibt von der mißtrauischen Aufmerksamkeit der anderen eingeengt, aber die Europapolitik der anderen wird auch von der deutschen Frage behindert – hier zeigt sich deren zweite europäische Dimension. Nach der Bonner Formel, niedergelegt auch in den »Briefen zur deutschen Einheit«, soll die Vereinigung Europas zur Vereinigung Deutschlands führen – schon diese Zielsetzung muß die Nachbarn beunruhigen: Ist Bonns Ostpolitik nur die Begleitung seiner Deutschlandpolitik? Dient Europa nur als Umweg zum nationalen Ziel?

Die Unklarheit, die hier dauernd erzeugt wird, wäre vermeidbar, denn die Erfahrung spricht gegen die Formel: Die europäische Annäherung setzte die Teilung Deutschlands voraus, sie kam erst in Gang, nachdem die Teilung anerkannt war. Was immer an Vereinbarung und Zusammenarbeit, besonders in der KSZE, zustandekam, wurde nur möglich, weil das Gleichgewicht gewahrt blieb und zwei deutsche Staaten dabei mitwirkten. Erst das geteilte Deutschland erlaubte Schritte zur Einheit Europas, auch die denkbaren weiteren Schritte dorthin haben nur Aussicht, wenn die Kräftebalance nicht gestört wird.

Wie immer man sich die fernere Zukunft der Alten Welt vorstellt – die Anwesenheit fremder Soldaten in europäischen Staaten kann nicht dazugehören. Aber wenn es einmal soweit ist und die Amerikaner und Russen sich anschicken, nach Hause zu gehen, wird gefragt werden: »Und wer ist nun der Stärkste in Europa?« Die Antwort wird überall lauten: Es können nur die Deutschen sein, die schon jetzt im Westteil den stärksten Staat und im Ostteil einen starken bilden und, wären sie vereint, unweigerlich zur Vormacht Europas würden. Und das will auch in zwanzig oder dreißig Jahren noch keiner.

Solange die deutsche Frage »offen« ist, werden die meisten europäischen Regierungen, in Ost wie West, einen Abzug der amerikanischen Truppen, und damit auch der sowjetischen, mit Besorgnis betrachten; manche werden versuchen, ihn zu verhindern. Umgekehrt können dann beide Großmächte ihren Rückzug verzögern oder unterlassen, weil ihnen die Befürchtungen der Europäer vor den Deutschen dafür Grund oder wenigstens Vorwand geben.

Die Deutschen geraten damit in eine Schlüsselrolle. Auch in Zukunft, so scheint es, ist Europa durch Deutschland bedingt. Auf den Deutschen liegt die Verantwortung, ob der Kontinent aus dem Zustand herausfindet, in den der deutsche Krieg ihn gebracht hat.

Die Reformen und die DDR

Die dritte europäische Dimension der deutschen Frage weist nach Osten und birgt viele Fragen. Seit Gorbatschow regiert, gibt es erstmals Hoffnung auf wirklichen Wandel im Osten. Vom persönlichen Erfolg oder Mißerfolg des Reformators in Moskau wird viel abhängen, doch die Bewegung, die nun in Gang kam, hat er zwar ausgelöst und vorangetrieben, aber nicht verursacht. Die Reformen entspringen nicht dem Willen einiger Politiker, sondern der Not und der Notwendigkeit: Die Sowjetunion kann als Weltmacht und Industriestaat nicht überleben, der gesamte Osten kann wirtschaftlich wie politisch den Anforderungen der Zeit und der Menschen nicht mehr genügen, wenn sie sich nicht von Grund auf ändern. Die Alternative heißt überall Reform oder Verfall. Unterschiede bestehen nur zwischen den Ländern, in denen die Krise bereits eingetreten ist, und denen, wo sie sich erst am Horizont zeigt. Die Sowjetunion, noch mehr Polen und Ungarn, stehen unter unmittelbarem Handlungszwang; die älteren Industriestaaten Tschechoslowakei und DDR sind sogar mit dem leistungsfeindlichen Sowjetsystem besser fertiggeworden und können noch etwas warten oder, wie Prag es tut, ganz vorsichtig beginnen.

Der Wandel im Osten geht einerseits zu radikaler Erneuerung, andererseits zur Rückkehr in frühere Verhältnisse. In der Sowjetunion überwiegt die Erneuerung; Ungarn und Polen sowie oppositionelle Tschechen, Slowaken und Deutsche nehmen auch die ersten Nachkriegsjahre in den Blick - es sind die Zeiten, als die stalinistische Glocke noch nicht Parteienvielfalt, freie Presse, alle Privatwirtschaft und bürgerliche Freiheiten erstickt hatte. Rußland schreitet voran, das östliche Mitteleuropa wendet sich auch wieder den Traditionen zu, die 1948 gewaltsam abgebrochen wurden.

Der Unterschied erscheint bedeutungsvoll; und da er historisch und sozialökonomisch begründet ist, wird er noch längere Zeit weiterwirken. Für die Industriegebiete Mitteleuropas brachte das sowjetische Wirtschaftssystem ausschließlich Rückschritt. In Mitteleuropa leben demokratische Erinnerungen, dort wirkt auch das westeuropäische Beispiel stärker als in der Sowjetunion und auf dem Balkan. Nur in Mitteleuropa gab es vor Gorbatschow ernsthafte Versuche, den sowjetischen Kommunismus zu demokratisieren oder ihn sogar abzuschaffen. Das Bewußtsein, daß eine Alternative zum System denkbar und möglich ist, beschränkt sich hier nicht auf die »Intelligenz«.

In der Tschechoslowakei und DDR, in Polen und

Ungarn sind die Gesellschaften »erwachsen« geworden, sie engagieren sich nur, wenn sie mitbestimmen dürfen; Russen, Ukrainer, auch Rumänen und Bulgaren beschränken in ihrer großen Mehrheit die Wünsche darauf, daß sie besser leben und nicht Unterdrückung, sondern Gerechtigkeit herrscht. In Mitteleuropa geht es um den »Dialog« mit der selbständig gewordenen Größe »Gesellschaft«, in Ost- und Südosteuropa um Ermunterung des Volkes zur Selbständigkeit. Deutsche und Polen, Ungarn und Tschechen ertragen nicht mehr, von beschränkten Funktionären dauernd erzogen zu werden; in der Sowjetunion und auf dem Balkan ist es nötig, zu staatsbürgerlichem Selbstbewußtsein zu erziehen. Und vor allem: In Mitteleuropa verstehen die Leute Demokratie, wenn von Demokratie gesprochen wird - Gorbatschow hingegen kann sich noch mit »Demokratisierung« begnügen, der Ermunterung von Kritik und Initiative unten, damit die Ziele erreicht werden, die man oben setzt. Gorbatschow kann noch eine Zeitlang innerhalb des Systems reformieren; die Führungen in Mitteleuropa aber werden das System verabschieden müssen, wenn sie Heilung erreichen wollen; für sie gibt es nur die Wahl zwischen Demokratie und Verelendung.

Die Konsequenz aus diesem Unterschied wurde in Warschau und Budapest bereits gezogen; begrenzte Marktwirtschaft, Organisationsfreiheit und parlamentarische Demokratie entstehen zum Teil schon, zum anderen Teil sind sie politisches Programm. Die ungarischen und polnischen Kommunisten haben einen historisch beinahe beispiellosen Weg eingeschlagen: sie verfolgen eine Politik, die sie zuerst das Monopol auf die Macht und am Ende wahrscheinlich auch die Macht kosten wird.

Ihre einzige Chance besteht auf längere Sicht darin, sich zu demokratisch-sozialistischen Parteien zu entwickeln. Sie könnten strenge Hüter sozialistischer Grundsätze sein, das würde in Ländern, die Marktwirtschaft bekommen, aber Sozialismus gewöhnt sind, sehr bald dringend gebraucht.

Noch ist alles im Fluß, aber Moskau läßt es fließen – darin liegt die zweite historische Beispiellosigkeit. Die Tschechen und Slowaken waren 1968 nur halb soweit gegangen wie die Ungarn und Polen jetzt, aber der Warschauer Pakt marschierte ein. Wie weit die Toleranz der sowjetischen Führung in Zukunft reicht, bleibt offen und wird auch von den Personen abhängen, die im Kreml bestimmen. Unübersehbar ist jedoch, daß sich das östliche Mitteleuropa auf einen Zustand zubewegt, den man »Finnlandisierung« genannt hat. Darin verbinden sich außen- und verteidigungspolitische Loyalität gegenüber Moskau mit der Freiheit, die inneren Verhältnisse nach eigenem Gutdünken zu gestalten. Rakowskis und Grosz' radikale Reformen, Jakeš' Halbheiten und Honeckers Konservatismus sind gleichermaßen Ausdruck dieses neuen Zustands: Jeder darf tun, was er für richtig hält, gleich ob er über die sowjetischen Reformen hinausgeht oder sie ganz zurückweist.

Das Ende der Nachkriegszeit wurde in der Bundesrepublik oft schon verkündet, aber für Europa bricht es jetzt erst an. Das sowjetische Imperium hat erste Schritte getan, sich zu einem Commonwealth zu entwickeln. Die – scheinbar – unüberwindliche Grenze zwischen den Systemen verwischt sich und kann demnächst an manchen Stellen überhaupt schwinden. Ungarn klagt Rumänien gemeinsam mit dem Westen wegen Menschenrechtsverletzungen an – die alten Maßstäbe und

Zusammengehörigkeiten geraten durcheinander. Fast nichts, was drei bis vier Jahrzehnte lang als unumstößlich galt, erscheint noch sicher.

Die DDR ist Teil des östlichen Europa, ihr Schicksal läßt sich von den Verwandlungen dort nicht trennen, obwohl mancher in Ost-Berlin es sich wünscht. Je mehr die Vormacht und die Nachbarn reformieren und je mehr Reform zur Norm sozialistischer Staaten wird, desto weniger kann die SED sich der allgemeinen Bewegung entziehen. Wenn aber der Wind umschlägt, Gorbatschow nicht weiterkommt und Konservative wieder mehr den Ton im Kreml angeben, können die Konservativen an der Spree, gleich welcher Generation, noch eine Zeitlang auf ihrem Kurs bleiben. Die Unvermeidbarkeit eines Neubeginns auch in der DDR bliebe jedoch bestehen; denn der Zwang zur Änderung kommt nicht aus Moskau, sondern aus den eigenen Verhältnissen.

Das Sträuben Honeckers, dem Beispiel der anderen zu folgen, hat durchaus begreifliche Gründe. Manches, was im Osten nötig ist, hat die DDR schon lange; außerdem bleibt im Grenzland Vorsicht immer noch erstes Gebot; auch Gorbatschow muß so denken. Hinzukommen die Erfahrungen der Honecker-Generation. Der 17. Juni war ihr Urerlebnis. Streiks und Aufruhr entstanden nur, weil Stalins Nachfolger die DDR zum »Neuen Kurs« gezwungen hatten. Drei Jahre später widerstand Ulbricht erfolgreich Chruschtschows »Entstalinisierung«, wartete auf die Rückkehr konservativerer Zeiten und behielt recht. Auch die Reform-Experimente der Nachbarn bestärkten das Berliner Politbüro in seiner Zurückhaltung: In Budapest, Prag und Warschau ging die Parteikontrolle verloren, jedes Mal, 1956, 1968 und 1981, mußte die Macht militärisch wiederhergestellt werden.

Andererseits läßt sich eine starre Behauptung der alten Stellungen immer schwerer rechtfertigen. Ideologisch wirkt sie, mit etwas Abstand betrachtet, für einen deutschen Staat besonders widersinnig. Marx und Engels sprachen von einer Diktatur des Proletariats, nicht aber einer Parteiclique; sie hatten Demokratie im Auge, nicht Oligarchie. Erst Lenin paßte die Lehre der deutschen Klassiker den autokratischen Erfordernissen Rußlands an, und Stalin deformierte sie nach den Bedürfnissen seines asiatischen Despotismus. In dieser verfälschten Gestalt kehrte der Sozialismus 1945 nach Deutschland zurück und wurde ihm aufgenötigt. Aber nun verteidigen deutsche Kommunisten die russische Autokratie gegen die Anfänge der russischen Demokratie.

Die SED-Führung handelt gegen die deutsche Geschichte und gegen das Volk, das vom Moskauer Generalsekretär mehr erwartet als vom eigenen und das - in Ungarn und in Polen - zwei andere kommunistische Parteien vor Augen hat, die ihre Macht selbst beschränken und Grundfreiheiten gewähren: zu demonstrieren, sich zu organisieren und zu reisen, wohin man will. Doch die DDR unterschied sich immer von ihren Bruderstaaten und wird es auch künftig tun. Niemand weiß, um Honecker zu variieren, wann auch bei ihr die Demokratie an die Tür klopft und die Werktätigen dort an die demokratische Umgestaltung gehen - sicher aber ist, daß damit ein Problem entsteht wie nirgendwo sonst. Polen bleibt Polen, wenn es eine Demokratie wird - dann wird es sogar erst ganz und gar Polen. Aber bleibt die DDR noch DDR, wenn sie die Parteidiktatur hinter sich gebracht hat? Für die SED rechtfertigt ihr Sozialismus einen zweiten deutschen Staat, aber was rechtfertigt ihn, wenn dieser Sozialismus dahinschwindet? Die Rigorosität der Berliner Parteiführung hat ihre Gründe: anderswo geht es um die Staatsform, hier aber geht es um den Staat.

Nicht nur der SED kommt es darauf an, eine Vereinigungsbewegung mit der Bundesrepublik zu verhindern. Wieweit auch die Toleranz Moskaus sich noch ausweiten mag - die Herauslösung einzelner Staaten aus seinem Bereich kann der Kreml kaum dulden. Er gäbe damit ein Beispiel, das nicht nur die Polen und Rumänen, Tschechen und Ungarn, vielleicht sogar die Bulgaren beflügelte, in die Neutralität oder nach Westen zu gehen - auch Sowjetrepubliken würden ihre Selbständigkeit zurückfordern, die Baltischen Staaten wohl an erster Stelle. Nicht nur das Imperium, die Union der Sowjetrepubliken geriete in Gefahr.

Moskau kann den Warschauer Pakt liberalisieren, demokratisieren und »finnlandisieren«, aber es kann ihn weder auflösen noch einzelne Mitglieder daraus entlassen, solange es in Europa noch zwei politische und militärische Lager gibt. Wenn die DDR zu innerer Freiheit gelangt, dann gemeinsam mit den anderen Ländern im östlichen Mitteleuropa; die Zukunft der Ostdeutschen läßt sich auf absehbare Zeit nicht von der Zukunft der Polen, Tschechen, Slowaken und Ungarn trennen - auch im Osten gibt es keinen deutschen Sonderweg. Deshalb erscheint es als eine Illusion zu erwarten, durch Gorbatschow oder durch ungewollte Folgen seiner Politik werde eine Wiedervereinigung möglich - wer darauf hofft, muß annehmen, daß die Sowjetunion zusammenbricht oder kapituliert.

Die DDR wird zum europäischen Problem. Einerseits soll sie demokratisch werden, damit in Deutschland endlich Ruhe einkehrt und die Deutschen sich in ihrer Zweistaatlichkeit einrichten. Andererseits soll sie ein eigener Staat bleiben, damit das Gleichgewicht in Europa gewahrt bleibt und der große Wandel im Osten sich ungestört weiterentwickeln kann. Das gemeinsame Interesse der Amerikaner und Russen, in Europa nichts außer Kontrolle geraten zu lassen und den eigenen Besitzstand zu wahren, wird auch künftig verhindern, daß die Deutschen sich vereinigen. Aber deren Zweistaatlichkeit sollte nicht für alle Zeit nur das Zufallsergebnis einer Großmachtpolitik sein; sie hat Aussicht auf Bestand erst, wenn sie von den Deutschen getragen wird.

Daraus ergeben sich Fragen für die DDR und an die DDR. Kann die Sowjetunion, vom internationalen Zusammenhang abgesehen, es sich leisten, ihre Truppen dort ganz abzuziehen? Bleibt die SED dann noch an der Macht? Kommt es zu innerer Wandlung - evolutionär oder revolutionär? Oder muß sich die DDR erst reformiert haben, damit die Russen gehen können?

Weiter wäre zu fragen: Hat die Sozialistische Einheitspartei Deutschlands noch so viel Substanz, um einen demokratischen Sozialismus zu begründen? Ist sie noch entwicklungsfähig, um zu einer demokratisch-sozialistischen Partei zu werden, wie die italienischen Kommunisten es tun und die polnischen und ungarischen es versuchen? Kann die SED, befreit vom Leninismus-Stalinismus, das bisher Versäumte nachholen: Kann sie ein sozialistisches Gegenbild zur Bundesrepublik schaffen und ihren Staat auf überzeugende Weise rechtfertigen?

Daraus folgten wiederum Fragen an die Mehrheit

der DDR-Bürger, die vom System nicht profitieren. Haben sie soviel unbewußten Sozialismus in sich aufgenommen, daß sie einen demokratischen Sozialismus als ihre Lebensform begrüßen würden? Haben sie, oder bekämen sie, noch so viel Vertrauen in die SED, daß sie ihr einen respektablen Platz in der Politik einräumen könnten? Was brächte sie überhaupt dazu, an einem eigenen Staat festzuhalten? Müssen sie nicht mehr zum Westen, wenn der Westen zu ihnen kommt - in Gestalt von Demokratie und allmählich wachsendem Wohlstand? Sind Gewöhnung, Heimatgefühl und Selbstbewußtsein dann stark genug, daß sie sagen könnten: Die Bundesrepublik gibt es schon, eine zweite brauchen wir nicht, die DDR soll etwas Eigenes werden?

Die Reformen und der Westen

Doch der Westen kommt nur in die DDR, wenn die Bundesrepublik ihn dorthin bringt - und damit eröffnet sich die vierte europäische Dimension der deutschen Frage. Denn es geht nicht allein darum, wie die Westdeutschen sich zu den Ostdeutschen stellen, wichtig wird auch sein, wie die Westeuropäer sich zu den Osteuropäern verhalten. Selbst wenn Bonn nicht zur Abstimmung mit der Brüsseler Gemeinschaft verpflichtet wäre, brauchte es die Gemeinsamkeit mit ihr. Denn was im Osten sich an Möglichkeiten entwickelt und an Problematik zusammenballt, wirkt auf den ganzen Kontinent, sogar bis nach Amerika weiter - niemand kann davon absehen.

Allerdings scheint die Herausforderung, die im Aufbruch des Ostens liegt, im Westen nur unzureichend wahrgenommen zu werden. Man verfolgt die Reformen - meist - mit Sympathie, streitet sich, ob man Gorbatschow helfen oder lieber abwarten solle, versucht, Kredite an Reformfortschritte zu binden; die Europäische Gemeinschaft gewährt unterschiedliche Bedingungen für Verträge mit einzelnen Oststaaten. Business as usual, man macht weiter wie vorher; ein Gefühl für die historische Bedeutung und die Größenordnung dessen, was sich im Osten anbahnt, wird kaum erkennbar.

Die Kommunisten in Warschau und Budapest befolgen endlich, was der Westen seit Jahrzehnten von ihnen verlangt, sie hören allmählich sogar auf, Kommunisten zu sein - und nun tut der Westen, was er vorher dem Osten vorwarf: Er beschränkt, erschwert oder sperrt den freien Fluß der Menschen über die Grenzen. Wie werden die Länder der Europäischen Gemeinschaft, und auch die Nordamerikaner, sich verhalten, wenn Tschechen und Slowaken, Ostdeutsche, Rumänan, Bulgaren und schließlich die Bürger der Sowjetunion ihren Paß, gültig für alle Länder, zu Hause haben und jederzeit reisen dürfen? Während die Regierungen das meiste Geld noch für den unwahrscheinlichen Fall ausgeben, daß die Armeen des Warschauer Pakts zum Atlantik marschieren, bereitet sich eine Invasion ganz anderer Art vor. Die Arbeit und Devisen suchenden Polen, die überall nach Westen vordringen, bilden nur die Vorhut.

Das gesamte östliche Europa, von Gorbatschow angefangen, fürchtet den westeuropäischen Binnenmarkt. Beruhigende Erklärungen, auch nach 1992 werde der Zaun um die Gemeinschaft nicht höher werden, überzeugen wenig und helfen nichts. Integrationsprozesse folgen, wenn sie in

Gang gebracht sind, ihren eigenen Gesetzen; die Konzentration nach innen führt unvermeidlich zu verstärkter Abschließung nach außen - es sei denn, es werde politisch dagegengehalten. Doch wer will das in Brüssel? Die Rangordnung der wichtigen Länder beginnt dort mit den westlichen Industriestaaten, von Nordamerika über Japan bis zu den vier »kleinen Tigern« in Ostasien; sie setzt sich fort mit ausgesuchten Ländern der Dritten Welt, meist ehemaligen Kolonialgebieten; erst dann folgt der Ostteil des eigenen Kontinents.

Die Bundesrepublik ist das einzige Mitglied der Gemeinschaft, dessen Interessen diese Rangordnung widerspricht. Wenn nicht Bonn sich dafür stark macht, den Binnenmarkt zum anderen Europa zu öffnen, wird niemand es tun. Heinrich Machowski (vom Deutschen Institut für Wirtschaftsforschung in Berlin) empfiehlt eine Freihandelszone der EG für die Länder der EFTA und des Rats für gegenseitige Wirtschaftshilfe (RGW). Wenn nicht die Bundesrepublik diese oder ähnliche Regelungen in Brüssel durchsetzt, wird sich der Graben zwischen den getrennten Teilen des Kontinents gerade zu einer Zeit vertiefen, da der Osten erstmals zu umfassender Mitarbeit fähig wird.

Der Bundesrepublik droht eine Spannung, die ihr jetzt bereits sehr zu schaffen macht und es in Zukunft noch mehr tun könnte. Sie muß einerseits auf die Wünsche und noch mehr auf die Ängste ihrer Vormacht Amerika Rücksicht nehmen, der schon seit Jahrzehnten zu Europa kaum mehr einfällt, als Westeuropa fest bei der Allianz zu halten. Der Zusammenhalt des Westens, von Tokio bis Bonn, sind für Washington das Maß aller Dinge – nur daran werden die Verbündeten gemessen, besonders die Bundesrepublik. Bonn muß weiterhin

Rücksicht auf Paris und die Brüsseler Gemeinschaft nehmen, wo ebenfalls der Westen beinahe absoluten Vorrang hat. Andererseits aber kann es die Bundesrepublik nicht verantworten, das östliche Europa seinem Schicksal zu überlassen. Sie hat, wenn es um die Bindung zu den Landsleuten und Nachbarn dort ging, zu viel versäumt, als daß sie zusehen könnte, wie eine historische Möglichkeit vorübergeht.

So folgen den Fragen an die DDR einige Fragen an die Bundesrepublik. Sie knüpfen an den Konflikt an, der zu Adenauers Zeiten die Bundesrepublik spaltete und seitdem nie ganz einschlief. Damals hieß die Frage: »Westintegration oder Wiedervereinigung?«, jetzt lautet sie: »Westeuropa oder Europa?« Die Gegensätze sind heute nicht mehr so scharf, weil alle Parteien sowohl den Westen als auch den Osten bedenken; heute geht es um die Verteilung der Gewichte. Aber auch dabei muß entschieden werden: Gibt man dem Westen, was er verlangt, und läßt dem Osten, was übrig bleibt? Oder gibt man dem Westen wie dem Osten, was sie jeweils brauchen? Wo ist der Standort der Bonner Politik: Sieht sie von West nach Ost oder von der Mitte nach beiden Seiten? Wie versteht sich die Bundesrepublik? Ist sie nur ein Mitglied der westeuropäisch-atlantischen Welt, das sich zum östlichen Europa kaum weiter öffnet als zum Süden, Westen oder Pazifik? Oder ist sie auch ein Land in der Mitte, dem beide Teile Europas beinahe gleich wichtig sind?

Ein historischer Kompromiß

Die Entwicklung beider deutschen Staaten verlief in Kurven, die einander gleichen. Am Beginn bestand, trotz scharfer politischer Gegensätze, noch eine Gemeinsamkeit, die aus der Einheit des untergegangenen Reiches herrührte; beide lebten noch aus denselben Quellen. Doch im Laufe der fünfziger Jahre entfernten sie sich voneinander, und in den Sechzigern entfremdeten sie sich; erst im Gefolge des Grundlagenvertrages von 1972 kehrten sich die Entwicklungslinien einander wieder zu. Sie nähern sich seitdem, ohne sich jedoch zu begegnen.

Am schwächsten zeigt sich dieser Prozeß bei der Aufarbeitung des nationalsozialistischen Erbes; erkennbar ist immerhin, daß in Bundesrepublik wie DDR die Bereitschaft wuchs, sich der Vergangenheit zu stellen. Die Emanzipation von den Vormächten vollzog sich zwar nicht gleichzeitig, aber in gleicher Richtung und aus vergleichbaren Gründen. Die Orientierungssuche zwischen West und Ost führte zu ähnlichen Ergebnissen; beide erwarben ein wachsendes Empfinden für die Bedeutung der Mitte, beide neigen mehr zum Westen als zum Osten. Die Frage der Einheit entzweite sie, trieb sie weit voneinander fort und brachte sie schließlich beide zu der Erkenntnis, daß sie zwei bleiben müssen, um das mögliche Maß an Einheit zu erreichen. In Berlin verfeindeten sie sich mehr als anderswo, aber fanden - obwohl später und noch ungenügend - schließlich zur praktischen Vernunft. Über Europa vermochten sie sich Jahrzehnte lang überhaupt nicht zu verständigen, doch inzwischen wissen sie, daß Europa ihr Schicksal bestimmt und daß sie auch mit deutschen Wünschen oft europäisch besser vorankommen als deutsch.

Der Wandel, der sich in diesen Annäherungen zeigt, wird erst im Rückblick auf die dunklen Jahrzehnte der Nachkriegsgeschichte ganz erkennbar. Was heute normal ist oder selbstverständlich, war damals unglaublich oder unvorstellbar. Die deutschen Verhältnisse unterschieden sich von allem Vor- und Nachher gerade dadurch, daß nichts normal war oder sich von selbst verstand. Im Vergleich zu damals leben jetzt Bundesrepublik und auch die DDR in goldenen Zeiten.

Bonn und Ost-Berlin, vielleicht ist dies ihre größte Leistung, haben sogar eine Grundlage geschaffen, auf der sich eine gemeinsame Zukunft errichten ließe. Eine Lösung oder doch Regelung der deutschen Frage zeigt sich in Umrissen: Zwei demokratische Staaten, der eine vielleicht demokratisch-sozialistisch, offen zueinander und in enger Verbindung miteinander, zwischen ihnen West-Berlin, das keinen mehr stört und beiden nützt.

Doch da die Deutschen sich nicht selbst geteilt haben, können sie auch eine gemeinsame Zukunft nicht selbst schaffen. Ob die DDR zu einer Demokratie wird, hängt von der Entwicklung im ganzen sowjetischen Bereich ab. Ob Westeuropa, soweit es kann, dieser Entwicklung zum Gelingen verhilft, hängt von den Regierungen der Brüsseler Gemeinschaft ab. Ob die militärischen Bedrohungen durch Abrüstung allmählich verschwinden, ob alle fremden Truppen aus europäischen Ländern abziehen und die Bündnisse entbehrlich werden, hängt im wesentlichen von Washington und Moskau ab. Ob der europäische Frieden einen soliden wirtschaftlich-technischen Unterbau erhält, weil sich zwischen Atlantik und Ural die Interessen und Verpflichtungen bis zu wechselseitiger Abhängigkeit verbinden, hängt von allen europäischen Staaten ab.

Diese vier Prozesse ergänzen und bedingen einander. Die Deutschen können sie nach Kräften unterstützen; und da es ihnen an Kräften nicht fehlt, kann ihre Unterstützung viel bewirken. Die wesentlichen Entscheidungen aber werden von anderen getroffen. Die Deutschen können ferner Europa das Angebot ihrer Zweistaatlichkeit machen, gebunden jedoch an zwei Bedingungen. Die Staaten müssen von ihren Bürgern angenommen werden und zueinander in einem Verhältnis stehen, wie es die gemeinsame Geschichte, Kultur und menschlichen Bindungen gebieten. Mehr aber als die freiwillige Hinnahme der Teilung kann niemand verlangen. Wenn die Deutschen sich mit zwei Staaten zufrieden geben, dürfen die anderen deren Zusammenleben nicht mehr stören.

Ein geteiltes, aber nicht getrenntes Deutschland wäre ein historischer Kompromiß, er würde das Land in der Mitte mit Europa versöhnen.

Zeittafel

1945

30.4. Hitler begeht Selbstmord.

8.5. Bedingungslose Kapitulation Deutschlands.

5.6. Übernahme der »obersten Regierungsgewalt in Deutschland« durch die Vier Mächte.

17.7. -2.8. Potsdamer Konferenz zwischen Stalin, Truman und Churchill (am Ende Attlee). Ziele für Deutschland: Entnazifizierung, Entmilitarisierung, Demokratisierung, Behandlung als »wirtschaftliche Einheit«. Das nördliche Ostpreußen wird sowjetischer, das übrige deutsche Gebiet östlich der Oder und Lausitzer Neiße polnischer Verwaltung unterstellt. Briten und Amerikaner stimmen einer Aussiedlung der Deutschen zu.

1946

21.4. -22.4. Vereinigung von SPD und KPD in der Sowjetischen Besatzungszone; die westberliner SPD hatte durch Urabstimmung am 31.3. die Teilnahme verweigert.

30.9. -1.10. Urteilsverkündung in Nürnberg. Zwölf »Hauptkriegsverbrecher« zum Tode, sieben zu hohen Freiheitsstrafen verurteilt, drei freigesprochen. Anschließend »Nachfolgeprozesse« gegen Diplomaten, Militärs, Wirtschaftsführer, Juristen.

1947

10.3. -24.4. Vierte Außenministerkonferenz über Deutschland scheitert in Moskau.

12.3. Truman-Doktrin verspricht »freien« Staaten materielle Hilfe gegen kommunistische Bedrohung.

5.6. Verkündung des Marshall-Plans für Wiederaufbau Europas.

6.8. -8.8. Münchner Treffen der Länderministerpräsidenten aller Zonen bleibt ergebnislos.

25.11. -15.12. Fünfte Außenministerkonferenz in London, keine Einigung über Deutschland.

1948

23.2. -6.3. Gründung eines westdeutschen Staats und dessen Einbeziehung in den Marshall-Plan von der Londoner Sechs-Mächte-Konferenz (Westmächte und Benelux-Staaten) empfohlen.

20.3. Ende der Vier-Mächte-Regierung über Deutschland; aus Protest gegen die Londoner Beschlüsse verläßt der sowjetische Vertreter den »Kontrollrat«.

20.6. Währungsreform in den drei Westzonen, anschließend Beginn der sowjetischen Blockade West-Berlins.

26.6. Beginn der Luftbrücke.

1.7. -26.7. Die elf westdeutschen Ministerpräsidenten finden sich zur Gründung eines Weststaats bereit.

1.9. Konstituierung des Parlamentarischen Rats zur Ausarbeitung einer Verfassung.

14.11. Bekanntgabe eines Verfassungsentwurfs für eine deutsche demokratische Republik in Ost-Berlin.

1949

25.1. Gründung des Rats für gegenseitige Wirtschaftshilfe (RGW oder Comecon) in Warschau.

4.4. Gründung der NATO.

12.5. Ende der Blockade Berlins.

23.5. Verkündung des Grundgesetzes.

14.8. Wahl zum ersten Deutschen Bundestag, der am 15.9. Adenauer zum ersten Bundeskanzler wählt.

7.10. Gründung der Deutschen Demokratischen Republik (DDR).

1950

6.7. Die DDR erkennt die Oder-Neiße-Grenze an, »Görlitzer Vertrag«.

12.9. -18.9. Westdeutscher Wehrbeitrag von Außenministerkonferenz der Westmächte in Washington beschlossen.

1951

18.4. Vertrag über die Montanunion, die Europäische Gemeinschaft für Kohle und Stahl (Frankreich, Italien, Bundesrepublik, Benelux), erster Schritt zur Integration Westeuropas.

27.9. Handelsabkommen der DDR mit der Sowjetunion, es folgen langfristige Abkommen mit den Volksdemokratien.

1952

10.3. Erste sowjetische Note mit dem Angebot, ein neutralisiertes Deutschland wiederzuvereinigen. Grundriß eines Friedensvertrages.

25.3. Antwort der Westmächte: zuerst freie gesamtdeutsche Wahlen, dann Gespräche über Friedensvertrag.

9.4. Zweite sowjetische Note: Gleichzeitig Gespräche über Friedensvertrag und freie gesamtdeutsche Wahlen, aber unter Kontrolle der Vier Mächte, nicht der Vereinten Nationen, wie die Westmächte vorschlugen. Der Notenwechsel setzt sich bis zum 23.9. ergebnislos fort.

26.5. Unterzeichnung des »Deutschlandvertrages« über die Souveränität der Bundesrepublik.

27.5. Unterzeichnung des Vertrages über die Europäische Verteidigungsgemeinschaft (EVG) in Paris durch die Außenminister der sechs Montanunion-Staaten.

9.7.–12.7. Die 2. Parteikonferenz der SED beschließt den »Aufbau des Sozialismus« und reiht sich damit unter die Volksdemokratien ein.

23.7. Statt der fünf Länder wird die DDR in vierzehn Bezirke gegliedert, dem Föderalismus der Bundesrepublik steht nun der Zentralismus der DDR gegenüber.

10.9. Wiedergutmachungsabkommen Bonns mit Israel und der Jewish Claims Conference unterzeichnet.

23.10. Verbot der neonazistischen Sozialistischen Reichspartei durch das Bundesverfassungsgericht.

1953

5.3. Stalin stirbt.

15.4. Das Politbüro der KPdSU empfiehlt dem ZK der SED eine Milderung der Politik.

28.5. Verkündung höherer Arbeitsnormen.

9.6. Auf sowjetisches Drängen Einleitung des »Neuen Kurses«; Zurücknahme zahlreicher Verschärfungen beim »Aufbau des Sozialismus«.

16.6. Demonstration der Bauarbeiter in der ostberliner Stalinallee, ausgelöst durch die, nicht zurückgenommene, Erhöhung der Arbeitsnormen.

17.6. Demonstrationen, Streiks, Aufruhr in Ost-Berlin und 272 Orten in der DDR mit mindestens 300 000 Teilnehmern. Niederschlagung durch die sowjetische Armee.

9.7. Politbüromitglied und Innenminister Berija in Moskau aller Ämter enthoben.

24.7.–26.7. Staatssicherheitsminister Zaisser und der Chefredakteur von »Neues Deutschland«, Herrnstadt, aus dem ZK ausgeschlossen. Ulbricht »Erster Sekretär des ZK«.

1954

25.1.–18.2. Außenministerkonferenz der Vier Mächte ohne Ergebnis für die deutsche Frage.

25.3. Sowjetunion erklärt die DDR für souverän.
30.8. Ablehnung des EVG-Vertrages durch die französische Nationalversammlung.
27.9. -23.10. Auf Konferenzen in London und Paris werden die Souveränität der Bundesrepublik, ihr Beitritt zur NATO und die Gründung der Westeuropäischen Union (WEU) beschlossen, einer Verteidigungsorganisation innerhalb der NATO (Frankreich, Großbritannien, Benelux, Italien, Bundesrepublik). Gesamtbezeichnung aller Abkommen: »Pariser Verträge«.
29.11. -2.12. Konferenz der europäischen Oststaaten erklärt in Moskau: Remilitarisierung der Bundesrepublik schließe Abkommen über Wiedervereinigung aus.

1955

14.1. Sowjetische Regierung erklärt, gesamtdeutsche »freie Wahlen« unter »internationaler Aufsicht« zuzulassen, wenn alle Teile Deutschlands frei bleiben von militärischen Bindungen.
5.5. -6.5. Die Bundesrepublik wird souverän, tritt der NATO bei, die drei Westmächte verpflichten sich zur Unterstützung der Wiedervereinigung.
14.5. Gründung des Warschauer Pakts unter Teilnahme der DDR.
18.7. -23.7. Erster Versuch zur Ost-West-Entspannung, Gipfelkonferenz der Vier Mächte in Genf über europäische Sicherheit und Wiedervereinigung.
26.7. Der Erste Sekretär der KPdSU, Nikita Chruschtschow, erklärt in Ost-Berlin, die »politischen und sozialen Errungenschaften« der DDR könnten nicht preisgegeben werden.
9.9. -13.9. Adenauer auf sowjetische Einladung in Moskau: Aufnahme diplomatischer Beziehungen, die Entlassung der letzten Kriegsgefangenen zugesichert.
20.9. Ulbricht in Moskau, die DDR erhält die Kontrolle über die Land- und Wasserwege nach West-Berlin – abgesehen vom Verkehr der drei Westmächte.

1956

18.1. Schaffung der Nationalen Volksarmee (NVA), die aus der Kasernierten Volkspolizei hervorgeht.
14.2. -25.2. XX. Parteitag der KPdSU. Entstalinisierung, Kriege nicht mehr unvermeidlich, friedliche Koexistenz.
19.3. Allgemeine Wehrpflicht in der Bundesrepublik.

17.8. Verbot der Kommunistischen Partei Deutschlands durch das Bundesverfassungsgericht.

21.10.–11.11. Aufstand in Ungarn, Niederschlagung durch sowjetische Streitkräfte.

31.12. Ulbricht empfiehlt erstmals Konföderation zwischen beiden deutschen Staaten als »Zwischenlösung« bis zur Wiedervereinigung.

1957

7.3.–9.3. Prozeß gegen intellektuelle Parteiopposition, Wolfgang Harich zu zehn Jahren Zuchthaus verurteilt.

25.3. Unterzeichnung der »Römischen Verträge«: Die Montanunion wird durch die europäische Wirtschaftsgemeinschaft (EWG) und Atomgemeinschaft (EURATOM) mit dem Ziel erweitert, einen gemeinsamen Markt zu schaffen.

3.10. Der polnische Außenminister Rapacki schlägt, vor den Vereinten Nationen, eine atomwaffenfreie Zone in Mitteleuropa vor.

19.10. Bonn bricht diplomatische Beziehungen zu Jugoslawien ab, das die DDR anerkannt hatte; erste Anwendung der »Hallstein-Doktrin«.

1958

3.2.–6.2. Ulbrichts »Kronprinz« Schirdewan und andere Vertreter eines »entstalinisierten« Sozialismus (mit Rücksicht auf die deutsche Einheit) entmachtet.

19.3. Adenauer schlägt Moskau vor, der DDR den Status Österreichs zu geben.

27.11. Chruschtschow-Ultimatum: Moskau erklärt die Rechte der Westmächte in Berlin für verwirkt und verlangt, binnen sechs Monaten einen Freie-Stadt-Status für West-Berlin zu vereinbaren, sonst würden die sowjetischen Berlinrechte an die DDR übertragen.

1959

10.1. Sowjetischer Entwurf für einen Friedensvertrag mit zwei deutschen Staaten oder einer deutschen Konföderation.

Januar Erste Fassung des Globke-Plans.

18. und 20.3. Deutschlandpläne der SPD und FDP: Wiedervereinigungsverhandlungen zwischen den Vier Mächten sowie zwischen Bundesrepublik und DDR. Ziel: ein vereintes, blockfreies Deutschland in einem gesamteuropäischen Sicherheitssystem.

11.5. -5.8.	Genfer Außenministerkonferenz der Vier Mächte und, an»Katzentischen«,derBundesrepublikundDDR-ohne Ergebnis. Letzter Wiedervereinigungs-Plan des Westens.
1960	
Januar bis April	In einer feldzugähnlichen Kollektivierungskampagne werden 500000 Bauern in die Genossenschaften gebracht, Einzelbauern gab es danach - fast - nicht mehr.
16.5. -17.5.	Die Gipfelkonferenz der Vier Mächte in Paris scheitert, bevor sie beginnt.
30.6.	Bundestagsrede Herbert Wehners, mit der die SPD Adenauers West-Verträge und -Bindungen akzeptiert und als Grundlage künftiger Außen- und Einheitspolitik betrachtet.
1961	
3.6. -4.6.	Chruschtschow setzt den neuen amerikanischen Präsidenten Kennedy wegen Berlin unter Druck.
25.7.	Kennedy proklamiert seine Entschlossenheit, *West*-Berlin zu verteidigen.
13.8.	Abriegelung Ost-Berlins nach West-Berlin, drei Tage später Beginn des Mauerbaus. Davor Anschwellen der Flüchtlingsflut, seit Anfang 1961: 155402.
1962	
24.1.	Allgemeine Wehrpflicht in der DDR.
6.6.	Adenauer schlägt der Sowjetunion, vertraulich, einen zehnjährigen »Burgfrieden« vor, wenn die Menschen in der DDR freier leben könnten.
18.10. -28.10.	Kuba-Krise, verursacht durch die Stationierung sowjetischer Raketen auf Kuba.
1963	
22.1.	De Gaulle und Adenauer unterzeichnen den Vertrag über deutsch-französische Zusammenarbeit (Elysée-Vertrag).
7.3.	Beginn der Einrichtung westdeutscher Handelsmissionen im Osten. Auf Warschau folgen Missionen in Bukarest, Budapest und Sofia, mit Prag erst am 3.8.67.
15.7.	Vortrag Egon Bahrs in Tutzing: »Wandel durch Annäherung«.
17.12.	Passierscheinabkommen, das Westberlinern über Weihnachten und Neujahr Verwandtenbesuche in Ost-Berlin ermöglicht.

1964

12.6. DDR erhält Freundschafts- und Beistands-Vertrag mit Moskau, wie alle anderen Paktmitglieder ihn haben.

9.9. DDR-Rentner dürfen die Bundesrepublik besuchen.

25.11. Einführung eines Pflichtumtauschs für westdeutsche DDR-Besucher.

1965

24.2.–2.3. Besuch des Staatsratsvorsitzenden Ulbricht in Ägypten.

7.4. Letzte Plenarsitzung des Bundestags in Berlin, Westmächte verweigern weitere Genehmigung, um Konflikt mit Moskau zu vermeiden.

8.10. IOC beschließt, zwei getrennte deutsche Mannschaften bei Olympischen Spielen 1968 zuzulassen.

1966

11.2.–29.6. Briefwechsel und Verhandlungen zwischen SPD und SED über einen »Redneraustausch«.

25.3. »Friedensnote« der Bundesrepublik an alle Staaten, auch in Osteuropa.

13.12. Erstmals seit 1963 keine Passierscheinregelung mehr in Berlin, weil DDR formellen Vertrag verlangt.

1967

31.1. Diplomatische Beziehungen Bonns mit Rumänien.

8.2.–10.2. »Ulbricht-Doktrin«: Kein Mitglied des Warschauer Pakts soll diplomatische Beziehungen zu Bonn aufnehmen, bevor Bonn die DDR anerkannt hat.

15.3.–7.9. Die DDR wird in das bilaterale Vertragsnetz des Ostens einbezogen: Freundschafts- und Beistandsverträge mit Warschau, Prag, Budapest und Sofia.

10.5.–29.9. Briefwechsel zwischen den beiden deutschen Regierungschefs Kiesinger und Stoph.

1968

11.6. DDR führt Paß- und Visumzwang im Reiseverkehr mit der Bundesrepublik sowie für den Transit nach West-Berlin ein.

21.8. Warschauer Pakt (außer Rumänien) besetzt die Tschechoslowakei, Ende des »Prager Frühlings«.

1969

5.3. Letzte Tagung der Bundesversammlung in Berlin, vorher Störungen im Verkehr nach West-Berlin.

8.5. Anerkennung der DDR durch Kambodscha, Irak,
-11.7. Sudan, Syrien, Süd-Jemen, Ägypten.

30.5. Bundesregierung beschließt »flexible« Handhabung der Hallstein-Doktrin.

28.10. Regierungserklärung von Bundeskanzler Brandt: Zwei Staaten in Deutschland, die für einander nicht Ausland sind.

18.12. Ulbricht schickt Vertragsentwurf für die Beziehungen Bundesrepublik-DDR.

1970

30.1. Verhandlungen zwischen Staatssekretär Bahr und Au-
-22.5. ßenminister Gromyko. Thema: Gesamtverhältnis der Bundesrepublik zum östlichen Europa.

19.3. Treffen zwischen Brandt und Stoph in Erfurt.

21.5. Treffen zwischen Brandt und Stoph in Kassel.

12.8. Unterzeichnung des Moskauer Vertrages.

27.11. Erstes Treffen der Staatssekretäre Bahr und Michael Kohl, Eröffnung einer ständigen deutsch-deutschen Verhandlungsschiene.

7.12. Unterzeichnung des Warschauer Vertrages.

1971

3.5. Ulbricht wird als Parteichef von Erich Honecker abgelöst.

3.9. Unterzeichnung des Vier-Mächte-Abkommens über Berlin, das aber erst in Kraft treten kann, wenn die deutsch-deutschen Zusatzvereinbarungen ausgehandelt und die Ostverträge ratifiziert sind.

20.10. Brandt erhält den Friedens-Nobelpreis.

17.12. Bahr und Kohl unterzeichnen das Transit-Abkommen, die deutsche Ergänzung zum Vier-Mächte-Abkommen.

1972

12.5. Bahr und Kohl paraphieren den Verkehrsvertrag, den ersten selbständigen deutsch-deutschen Vertrag, verbunden mit »menschlichen Erleichterungen«.

17.5. Der Bundestag billigt - bei weitgehender Stimmenthaltung der CDU/CSU - den Moskauer und Warschauer Vertrag.

21.12. Bahr und Kohl unterzeichnen den Grundlagenvertrag.

1973

5.1. Die Niederlande erkennen die DDR an, im Laufe des Jahres folgen 46 weitere Staaten, darunter Großbritannien und Frankreich.

18.9. Bundesrepublik und DDR werden Mitglieder der Vereinten Nationen.

5.11. DDR verdoppelt Pflichtumtausch für Westbesucher.

1974

14.3. Bundesrepublik und DDR eröffnen ihre Ständigen Vertretungen in Ost-Berlin und Bonn.

25.4. Festnahme eines DDR-Spions im Kanzleramt bekanntgegeben, am 6.5. tritt Bundeskanzler Brandt zurück.

4.9. Die USA erkennen die DDR an.

7.10. Die deutsche Nation wird aus der DDR-Verfassung getilgt.

1975

4.3. Bundesrepublik und DDR erstmals als neue Mitglieder bei der Genfer Abrüstungskonferenz.

30.7.–1.8. Unterzeichnung der KSZE-Schlußakte durch die Staats- und Regierungschefs der 35 Teilnehmerstaaten. Am Rande Gespräche zwischen Kanzler Schmidt und Honecker.

19.12. Vereinbarung Bonn–Ost-Berlin über Grunderneuerung der Autobahn Marienborn–Berlin.

1976

7.1. Tindemans-Bericht: EG soll sich zur Europäischen Union weiterentwickeln.

30.3. Vereinbarung Bonn-Ost-Berlin über Post und Fernmeldeverkehr.

24.7.–14.8. Mehrere Grenzzwischenfälle verschlechtern deutsch-deutsche Beziehungen.

1977

27.9. Bundesvorstand der DDR-Gewerkschaften (FDGB) besucht Vorstand der bundesdeutschen Gewerkschaften (DGB).

1978

6.3. Entspannung im Verhältnis Kirche–Staat nach Gespräch Honeckers mit DDR-Kirchenleitungen.

11.9. Bundesbauminister Haack als erster Fachminister zu Besuch in der DDR.

16.11. Vereinbarung über Bau einer Autobahn Berlin–Hamburg.

29.12. Abschluß der Arbeit der Grenzkommission zur Markierung der Grenze zwischen Bundesrepublik und DDR.

1979

10.6. Erste Direktwahl zum Europäischen Parlament.

16.9. DDR-Bauminister Junker als erster DDR-Minister in der Bundesrepublik.

12.12. NATO-Doppelbeschluß: 572 US-Mittelstreckenraketen sollen ab 1983 in Westeuropa stationiert werden, zugleich Angebot an Moskau, über Mittelstreckenraketen in Europa zu verhandeln.

27.12. Sowjetische Truppen marschieren in Afghanistan ein.

1980

4.1. US-Regierung kündigt wirtschaftliche und politische Sanktionen gegen die Sowjetunion an.

30.1. Das für Februar oder März vorgesehene Treffen Schmidt–Honecker wird wegen Verschlechterung des Ost-West-Klimas abgesagt, ohne daß Verstimmung entsteht.

16.4. Günter Mittag, ZK-Sekretär für Wirtschaft, besucht Schmidt in Bonn.

30.4. Ausbau der Autobahn Berlin–Eisenach vereinbart.

8.5. Schmidt und Honecker sprechen am Rande der Beisetzung Titos. Einigkeit, daß beide deutsche Staaten Wirkungen der Afghanistan-Krise von sich fernhalten sollten. Honecker empfiehlt Schmidt, am geplanten Moskau-Besuch festzuhalten.

30.6. -1.7. Schmidt in Moskau: Beide Seiten erklären Fortsetzung der Entspannung für nötig.

22.8. Schmidt sagt Treffen mit Honecker wegen kritischer Lage in Polen ab.

9.10. DDR erhöht Mindestumtausch für Westbesucher auf 25 DM.

13.10. Honecker betont in Gera die Grundsatzforderungen an die Bundesrepublik: Anerkennung der DDR-Staatsbürgerschaft, Botschaften statt der Ständigen Vertretungen, Regelung des (noch umstrittenen) Grenzverlaufs an der Elbe. Auflösung der Staatsanwaltschaft in Salzgitter, die gegen Verbrechen in der DDR ermittelt.

1981

20.11. Großgeschäft westeuropäischer Staaten mit Moskau: Erdgas aus Sibirien gegen Großröhren für die Leitung.

11.12. -13.12. Schmidt besucht Honecker am Werbellinsee: Deutsche Staaten dürfen Ost-West-Verhältnis nicht zusätzlich belasten, weitere Verträge und Erleichterungen vorgesehen.

13.12. Verhängung des Ausnahmezustands (»Kriegsrecht«) in Polen.

29.12. Präsident Reagan kündigt Sanktionen gegen Polen und die Sowjetunion an.

1982

19.9. Bundesjugendring besucht FDJ-Zentralrat in Ost-Berlin: Ausweitung des Jugendtourismus.

1983

28.4. Honecker sagt Besuch in der Bundesrepublik ab.

29.6. Bundesregierung verbürgt Bankenkredit von einer Milliarde an die DDR.

24.7. Strauß besucht Honecker am Werbellinsee.

15.9. Der Regierende Bürgermeister von Berlin, Richard v. Weizsäcker, besucht Honecker.

10.11. Lutherfeier in Eisleben mit Honecker, Johannes Rau, Ministerpräsident von Nordrhein-Westfalen, Friedrich Vogel, Staatsminister im Kanzleramt.

1984

14.2. Bundeskanzler Kohl und Honecker sprechen am Vorabend der Beisetzung Andropows in Moskau.

30.4. 25 000 DDR-Bürger durften seit Jahresanfang in die Bundesrepublik übersiedeln.

25.7. Bundesregierung verbürgt Bankenkredit von 950 Millionen an die DDR.

1985

8.5. Bundespräsident Richard v. Weizsäcker gedenkt des 8. Mai 1945, die Rede wird eineinhalb Millionen Mal verlangt und verteilt.

19.6. Vertragsentwurf von SPD und SED für chemiewaffenfreie Zone in Europa.

1986

28.2. Die Regierungen der EG-Mitgliedsstaaten unterzeichnen die »Einheitliche Europäische Akte« in Den Haag, die bis 1992 zum gemeinsamen »Binnenmarkt« führen soll.

25.4. Erste Städtepartnerschaft vereinbart: Saarlouis-Eisenhüttenstadt.

6.5. Kulturabkommen Bundesrepublik-DDR unterzeichnet.

21.10. SPD und SED legen »Grundsätze für einen atomwaffenfreien Korridor in Mitteleuropa« vor.

1987

27.8. SPD-SED-Erklärung über den »Streit der Ideologien und die gemeinsame Sicherheit«.

7.–11.9. Honecker besucht die Bundesrepublik.

28.12. Fast jeder fünfte DDR-Bewohner hat 1987 die Bundesrepublik besucht.

1988

7.–9.1. Honecker in Frankreich.

17.1. Unabhängige Friedensgruppen und einige Ausreisewillige wollen mit eigenen Transparenten an Demonstrationsmarsch zu Ehren von Rosa Luxemburg und Karl Liebknecht teilnehmen. Über hundert Festnahmen – Konflikte, die sich durch die folgenden Monate ziehen.

13.8. Seit dem Mauerbau kamen 188 Menschen beim Versuch, in den Westen zu gelangen, um: 77 an der Berliner Mauer, 111 an der Grenze beider deutscher Staaten.

9.11. Gedenkveranstaltungen zur Erinnerung an die Judenverfolgung fünfzig Jahre vorher; Teilnahme westdeutscher Politiker an Veranstaltungen in der DDR und umgekehrt.

CIP-Titelaufnahme der Deutschen Bibliothek

Bender, Peter:
Deutsche Parallelen : Anmerkungen zu einer gemeinsamen Geschichte zweier getrennter Staaten / Peter Bender. - 1. Aufl.
- Berlin : Siedler, 1989
ISBN 3-88680-252-3

Der Siedler Verlag ist ein gemeinsames Unternehmen der Verlagsgruppe Bertelsmann und von Wolf Jobst Siedler

Schutzumschlag: Jürgen Stockmeier, Berlin
Satz: Bongé + Partner, Berlin
Druck und Buchbinder: May & Co., Darmstadt
Printed in Germany 1989
ISBN 3-88680-252-3